러셀의 교육론

On Education
by Bertrand Russell

러셀의 교육론
On Education

버트런드 러셀 지음 | 안인희 옮김

서광사

이 책은 Bertrand Russell의 *On Education*(The Bertrand Russell Peace Foundation
Ltd, 2010)을 완역한 것이다.

러셀의 교육론

버트런드 러셀 지음
안인희 옮김

펴낸이—김신혁, 이숙
펴낸곳—도서출판 서광사
출판등록일—1977. 6. 30.
출판등록번호—제 406-2006-000010호

(10881) 경기도 파주시 회동길 77-12 (문발동)
대표전화 · (031) 955-4331 / 팩시밀리 · (031) 955-4336
E-mail · phil6161@chol.com
http://www.seokwangsa.co.kr / http://www.seokwangsa.kr

제1판 제1쇄 펴낸날 · 2011년 9월 10일
제1판 제3쇄 펴낸날 · 2019년 3월 30일

ISBN   978-89-306-5502-6   93370

이 책은 버트런드 러셀의 *On Education*을 번역한 것이다. 처음 제목만 보고는 단순히 아동교육의 지침서 같은 책으로 알았는데 페이지를 넘길 때마다 러셀의 크기가 점점 더 확대되어 그 무게를 이기지 못하고 도중하차한 기억이 난다. 그때 이 책을 언젠가는 완독해서 가능하면 번역해야겠다는 결심을 했다. 러셀에 대해 처음 알게 된 이 책에 대한 애착과 미련이 은퇴 후 20년이 지난 지금도 남아 있어 이제 그 꿈을 이루었다고 할까. 그러나 이렇게까지 시간이 걸릴 줄은 미처 몰랐다.

솔직히 러셀에 대해 아는 게 별로 없다. 다만 언젠가 일본 사람이 번역한 책에서 읽은 몇몇 문장은 지금도 기억에 남아 있다. 지금은 책 제목도 희미하지만 일반 사람들과 주고받은 서신을 통해 러셀이 질문을 받고 대답을 하는 형식으로 구성된 책이었다. 그중 열세 살의 미국 소년이 던진 질문에 그가 답한 것이 기억난다. 소년의 '교육이란 무엇입니까' 라는 질문에 러셀이 해 준 대답을 대충 적어 보면,

'나는, 교육의 목적은 지금까지 무심히 지나쳐 버린 것에 대해 의심하고 질

문을 던지는 젊은이들에게 용기를 주는 것이라고 믿습니다. 중요한 것은 마음의, 정신의 자유입니다. … 많은 것을 안다는 것은 중요하지 않습니다. 중요한 것은 마음의 자유입니다. 인간은 찬성할 수 없는 것에 찬성하지 않을 권리와 새롭게 생각을 개발할 의무가 있다는 것을 믿는 것이 더 중요하다고 생각합니다.'

이 글에서 러셀의 교육철학은 분명하게 드러나 있다. 인간의 자유와 그 자유를 지킬 수 있는 용기와 인내심, 그리고 지성에 대한 정열, 사랑으로 인도되는 지식의 수용 등, 교육의 문제는 이런 근본적인 고찰에서 출발해야 한다. 오늘날 산적한 교육문제는 이와 같은 근본의 부재 혹은 무지에서 비롯된 것으로 본다. 이것이 왜 지금도 러셀의 철학이 필요한지에 대한 대답이 될 것이다.

차례에서 짐작할 수 있듯이 러셀의 교육철학의 본질은 두 가지로 요약할 수 있다. 그것은 성격교육과 지식교육이다. 그는 특히 인간형성의 기초가 되는 이상적인 성격을 형성하기 위해 어린이 교육이 얼마나 중요한지를 다루었다. 다음으로, 지식교육은 성격교육과 더불어 러셀의 교육철학이 도달하고자 하는 교육목적이며, 행복한 세상을 여는 열쇠는 바로 다름 아닌 지식교육의 완성으로, 이는 러셀 교육이 지향하는 이상(理想)이다. 그의 지성 존중 사상은 이 책의 일관된 주장으로, 이 책은 교육철학 연구에 필수 참고서라 할 수 있다.

끝으로 러셀의 교육철학의 특징을 가장 잘 나타내는 한 가지 점을 짚어 보고 그에 대한 견해를 적어 보겠다. 대학교육은 더 이상 교육학의 기술 또는 방법이 중요치 않다. 중요한 것은 주제(subject)에 대한 지식과 그 주제에 대해 지금까지 연구해 온 것에 대한 정열이다. 러셀이 의미하는 정열은 대학에서 시간을 낭비하는 게으른 학생들, 어슬

렁거리며 공부 외의 다른 것에 관심을 갖는 학생들을 추방하는 것을 의미한다. 이 책은 결국 교육학 전문서적은 아니다. 그보다는 한층 차원 높은 고전의 가치를 지닌 보편성을 띤 교양도서의 하나로서 모든 사람이 교육학을 전공하기 전에 읽어야 할 필독서가 아닌가 하는 생각이 든다.

 이 글을 마감하기 전에 전하고 싶은 말이 있다. 고맙다는 말을 전하고 싶다. 우선 이 나이에 이르기까지 건강을 지켜 주신 부모님께, 그리고 컴퓨터 작업을 해 주고, 번역 원고를 읽어 주고, 조언을 아끼지 않은 동생 안미자 교수와, 이 책의 말미에 해제 「버트런드 러셀의 생애와 사상」을 써 준 민경훈 논설위원에게 고마움을 전한다. 특히 이 책을 출판해 준 서광사 여러분께, 잘 팔리지도 않는 철학책을 고집하는 그분들의 고귀한 생각에 존경과 감사를 전하고 싶다.

2011년 6월
안인희

| 차 례 |

세상에는 필자와 같은 부모들, 말하자면 어린아이를 될 수 있는 한 잘 가르치고 싶은데, 대부분의 현존하는 교육제도가 잘못되어 있어 아이를 학교에 보내고 싶지 않은 부모들이 많다고 생각한다. 이 같은 부모들의 어려움은 개개인의 어떤 노력에 의해서도 해결되지 않는 것들이다. 물론 보모나 가정교사를 두고 집에서 가르칠 수도 있겠지만, 그러나 이 계획은 아이들의 자연적인 욕망인 또래 친구들과의 교제, 다시 말해서 그것 없이는 교육의 근본적인 요소가 빠지게 되는, 친구와의 사귐을 빼앗는 것이 된다. 그뿐만 아니라 남자아이나 여자아이나 자신이 다른 아이와 다르다는 '이상한' 느낌을 갖는 것은 대단히 잘못된 것이다. 아이들은 이런 느낌을 갖게 된 원인이 부모에게 있다는 것을 알게 되면 부모를 대단히 원망하게 되고, 그래서 부모가 싫어하는 것이라면 무엇이든 좋아하게 된다. 양심적인 부모는 이런 생각을 감안해서 자기 아이들을 단지 현존하는 어떤 학교도 만족스럽지 않다는 이유로, 혹은 다소 마음에 드는 학교가 있다 해도 그런 학교가 집 근처에는 없다는 이유로, 여러 가지 큰 결함에도 불구하고 학교에 다니게 한다. 이렇게 해서 양심적인 부모들은 지역사회의 개선을 위해서뿐만 아니라 자신의 아이들을 위해서 교육개혁을 주장하게 된다. 그런데 만일 그 부모가 부자라면 자기의 개인적인 문제를 해결하기 위해 모든 학교가 좋아야 할 필요는 없는 것이다. 다만 지리적으로 편리한 학교만 있으면 된다. 그러나 단순 노동자의 경우는 초등학교의 개혁 이외에는 아무것도 할 수 없는 것이다. 따라서 한쪽 부모가 다른 쪽의 부모가 원하는 개혁에 반대할 수도 있기 때문에 결국 끈질긴 교육선전 이외에는 어떤 것도 소용이 없는 것이다. 게다가 그 교육선전은 개혁자의 아이들이 성인이 된 다음에야 그 효력이 어떤 것인지 알게 되는 것이다. 이렇게 우리 아이들에 대한 사랑에서 시작한 교육문제는 점차 확대되어 정치학이나 철학의 넓은 세계로 이끌려 나오게 된다.

이 책에서, 나는 이 넓은 분야에 대해서는 가능한 한 멀리 떨어져 보려고 한다. 내가 말하고 싶은 대부분은 이 시대의 주요한 논쟁이 되는 견해와 상관없는 것으로 본다. 그렇다고 전혀 무관할 수는 없을 것이다. 우리가 바라는 어린이를 위한 교육은 인간 성격에 대한 우리의 이상, 그리고 그런 이상이 지역사회에서 담당해야 할 역할에 대한 우리의 희망과 무관할 수 없다. 어린이를 위해 평화주의자는 군국주의자가 좋다고 보는 교육을 원하지 않을 것이다. 공산주의자의 교육관은 개인주의자의 교육관과 같지 않을 것이다. 좀 더 근본적인 분열은 교육을 어떤 정해진 신념을 주입하는 수단으로 보는 사람들과 한편, 교육은 독립적 판단을 길러 주어야 한다고 생각하는 사람들 간에는 어떤 합의점도 찾을 수 없다는 것이다. 이런 문제가 불거져 나올 때 이를 회피하는 것은 태만한 것이다. 동시에 교육학과 심리학 같은 새로운 지식은 궁극적인 문제와는 무관하지만, 교육과는 밀접한 관련을 맺고 있는 무시할 수 없는 무게를 지니고 있다. 이 지식은 이미 대단히 중요한 성과를 거두고 있다. 그러나 그 지식의 대부분은 아직도 충분히 교육적 성과를 보여 주지 못하고 있다. 특히 출생 후 5년간은 그렇다고 본다. 이 5년간은 예전과는 비교할 수 없을 만큼 큰 의미를 지닌 것으로, 그만큼 부모가 담당해야 할 교육적 중요성도 늘어나게 되었다. 가능한 한 논쟁적인 문제는 피하고 싶은 게 나의 목적이다. 어떤 영역에서는 논쟁적인 저술이 필요하겠지만, 부모에게는 그들 자손의 행복을 진심으로 바라고, 이런 희망이 근대적인 지식과 결합되면 여러 가지 교육문제의 대부분이 결정될 것이다. 내가 말하고 싶은 것은 내 아이들을 키우면서 어려웠던 문제에서 얻은 결론이다. 따라서 그건 딴 세상 일이 아니며 이론적인 것도 아니다. 내가 바라는 것은, 내 결론에 동의하든 반대하든 간에, 내가 경험한 곤란한 일에 직면한 부모들의 생각을 분명히 하는 데 도움이 되었으면 한다. 부모의 의견은 대단히 중요하다. 왜냐하면 전문적 지식이 없기 때문에 부모는 가끔 최고의 교육학자들에게는 장애가 되기도 한다. 만일 아이를 위해 좋은 교육을 원한다면, 이런 교육을 할 수 있는 능력을 갖춘 교사는 반드시 있다고 나는 확신한다.

나는 이 책의 본문에서 먼저 교육의 목적에 대해 고찰해 보겠다. 즉 우리가 바라는 것이 개인을 위한 교육목적 그리고 사회를 위한 목적이면 좋겠다. 말하자면 어린이라는 현재의 원료에 교육을 적용하여 산출되는 결과를 합리적으로 희망하는 것이다. 나는 인종의 개량 문제는 무시한다. 그것이 우생학에 의한 것이든 혹은 다른 과정을 통한 자연적인 혹은 인위적인 것이든 상관없다. 왜냐하면 이것은 기본적으로 교육문제 이외의 것이기 때문이다. 한편, 나는 근대 심리학이 발견한 여러 가지 성과에 큰 무게를 두고 싶다. 그중에는 예전에 가장 열렬한 교육자가 생각했던 것보다 훨씬 넓은 범위에서 인간의 성격이 어렸을 때 받은 교육에 의해 결정된다는 것을 보여 주었다. 나는 성격교육과 지식교육을 구분한다. 즉 후자는 엄격히 말해 교육이라기보다 수업(instruction)이라는 것이 더 적합하다. 이 같은 구분은 결정적인 것은 아니지만 편리한 것이다. 수업을 받으려는 학생에게 요구되는 덕목이 있고, 또한 다른 여러 덕목을 성공적으로 실천하기 위해서는 많은 지식이 요구되는 경우가 있다. 이와 같은 논의를 목적으로 한다면 지식을 가르친다는 것과 성격교육은 분리될 수 있어야 한다. 나는 성격교육을 먼저 다룰 것이다. 왜냐하면 이것은 특별히 어렸을 때 중요하기 때문이다. 그러나 이 문제는 청년기를 통해서도 계속 다루어져야 하고 같은 제목으로 성교육의 중요한 문제도 포함시켜야 한다. 끝으로, 지식교육, 즉 읽기, 쓰기와 같은 초보적 지식으로부터 대학교육에까지 이르는 지식교육에 대해 그 목적과 교과내용, 그리고 그 가능성을 논의할 것이다. 어른이 된 남녀가 생활에서, 그리고 세상에서 배우게 되는 교육에 대해서는 이 책에서 다루지 않겠다. 그러나 성인 남녀 모두에게 어렸을 때 받는 교육에서 가장 명심해야 할 목적의 하나는 경험에서 배우는 능력을 갖추는 것이다.

1

교육의 이상
Educational Ideals

01

근대교육 이론의 전제조건

지금까지 출판된 최상의 교육론을 읽어 보더라도 그 이론에 변화가 있다는 것을 알 수 있다. 19세기 이전의 위대한 교육개혁가로 꼽을 수 있는 사람은 로크와 루소 두 사람이다. 두 사람 모두 그 명성에 합당한 사람들이다. 왜냐하면 그들이 쓴 교육론은 당시 만연하던 교육 이론의 오류를 부정했기 때문이다. 그러나 그 두 사람 중 누구도 모든 근대교육자들이 했던 만큼 자기의 주장을 더 발전시키지는 못했다. 예를 들자면, 둘 다 자유주의와 민주주의를 지향하는 학자들이면서도 귀족출신 아이를 위해 한 사람이 전 생애를 바치는 교육을 생각했던 것이다. 이런 방법의 결과가 아무리 훌륭하다 해도 적어도 근대정신을 지닌 사람이라면 그것을 진지하게 생각할 사람은 아무도 없을 것이다. 왜냐하면 모든 어린이에게 개인교사가 각각 그의 전 생애를 바친다는 것은 수학적으로 불가능하기 때문이다. 따라서 이런 제도는 특권층에나 해당되는 것으로 적어도 공정한 사회에서는 존재할 수 없는 제도이다. 현대인은 자기 자녀들이 어떤 특혜를 누리기를 바라지만 그 방법이 모든 아이들에게 또는 적어도 그것을 이용할 능력이 있는 모든 아이들에게 개방될 수 있는 교육방법 이외에 다른 방법으로 이론적인 문제가 해결되리라고는 생각하지 않는다. 그렇다고 지금 당장 모든 아이들에게 개방된 것이 아니라고 해서 부유층에게 주어진 교육의 기회를 희생하라는 것은 아니다. 그렇게 하는 것은 정의를 위해 문명이 희생하는 것이 될 것이다. 내 말은, 우리의 미래를 위한 교육제도는 모든 남녀 어린이들을 위해 최선의 교육을 제공하는 데 그 목적이 있어야 한다는 것이다. 이상적인 교육제도는 당장 실현되는 것이 아니라 해도 민주적이어야 한다. 이것은 상당히 널리 인정되어 있다고 본다. 이런 의미에서 나는 민주주의의 입장을 지킬 생각이다. 그러므로 내가 주장하는 것이 무엇이건 그것은 보편성이 있다고 본다. 어떤 개인이 보다 좋은 교육을 확실하게 이용할 수 있는 기회와 지성을 지녔다면, 부모는 괜히 시간을 끌다가 일반학교에서 하고 있는 해로운 교육에 일부러 아이를 희생시킬 필요는 없다고 생각한다. 로크나 루소의 교육론에는 이 정도의 희박한 민주주의 원리조차 빠져 있다고 본다. 루소는 귀족제도를 반대한 사람인데도 교육에 관한 한 그 반대의 의미가 무엇인지 파악하지 못한 것 같다.

민주주의와 교육에 관한 문제는 분명히 해야 할 중요한 문제다. 획일성이라는 죽은 표준을 고집한다면 그건 큰 불행을 가져올 것이다. 남녀를 불문하고 어떤 아이는 다른 아이보다 똑똑하며, 고등교육을 받으면 더 많은 좋은 것을 얻어 낼 수 있다. 어떤 교사는 다른 교사보다 더 많은 훈련을 받았고 적성에 더 맞는 교사가 있다. 그러나 모든 아이들이 이 몇 안 되는 우수한 교사에게서 수업을 받는다는 건 불가능하다. 고등교육이 모든 사람에게 바람직한 일이라 해도, 나는 그렇게 생각하지 않지만, 당장 모든 사람이 받는다는 것은 불가능하다. 따라서 섣불리 민주주의 원리를 적용했다가는 결국 아무도 고등교육을 받아서는 안 된다는 결론을 내리게 될 것이다. 만일 이와 같은 원리를 기계적으로 적용한다면 아마 과학의 진보에 치명적인 것이 되고 교육의 일반적인 수준을 앞으로 백 년 동안 불필요하게 저하시킬 것이다. 현재의 기계적인 평등을 위해 진보가 희생되어서는 안 된다. 우리는 조심스럽게 교육적 민주주의에 접근하지 않으면 안 된다. 그렇게 해서 그동안 사회적 부정과 연결되었던 귀중한 교육적 성과를 가능한 한 파괴하는 일이 없도록 해야 한다.

그러나 어떤 교육방법이 보편성을 띠기 어려울 때 우리는 이 방법을 만족스러운 것으로 보기 어렵다. 부잣집 아이들은 어머니 외에 간호사, 간호보조원과 집안일을 하는 하인들에 둘러싸여 있다. 어떤 사회제도를 세운다 해도 이러한 많은 보살핌은 모든 아이들에게 제공될 수 없는 것이다. 그렇게까지 조심스럽게 보살핌을 받는 아이가 필요 이상의 도움으로 무엇을 얻었는지 매우 의심스러운 일이 아닐 수 없다. 어떤 경우건, 편견 없는 사람이라면 정신박약이나 천재와 같은 특별한 이유 외에는 어린이에게 특별대우를 하는 것은 권장할 일은 아니다. 오늘날 현명한 부모는 가능한 한 자신의 자녀들을 위해 사실상 일반화되지 않은 교육방법을 택하고 싶어 한다. 실험을 위한 것이라면 새로운 방법을 시도하는 기회를 갖는 것도 바람직하다. 그러나 그 실험이 좋은 결과를 가져왔다면, 소수특권층에 한정되지 않고 보편성을 지녀야 한다. 다행히 근대교육 이론과 실제의 몇몇 훌륭한 요소들 중에는 대단히 민주주의적인 기원이 있다. 예를 들면, 몬테소리 여사의 경우를 들 수 있는데, 그녀의 연구는 처음 빈민가의 보육학교에서 시작되었다. 고등교육에서 특별한 재능을 위한 특별한 교육의 기회는 불가피한 것이다. 그렇지 않고 누구나 이용할 수 있는 제도하에서 소수의 아이가 피해를 당해야 할 이유는 전혀 없는 것이다.

교육에 관해 민주주의와 관련된 또 다른 경향이 있는데, 즉 교육을 장식적인 것보다 실용적인 것으로 보는 것이다. 장식적인 것과 귀족주의의 관계는 베블렌[1]의 『유한계급론』[2]에서 철저하게 밝힌 바 있다. 그러나 우리의 관심사는 교육에 관련된 부분뿐이다. 남자를 위한 교육에서 이 문제는 고전적 교육과 '근대적' 교육의 대립과 밀접한 관계를 맺고 있다. 여자를 위한 교육문제는 '숙녀'의 이상과 경제적 자립을 위한 교육 간의 갈등의 한 부분이다. 그런데 여성교육에 관한 한 교육문제의 전부가 이미 성적 평등에 대한 욕망으로 왜곡되어 버렸다. 다시 말하면, 그 자체로 보면 하나도 좋을 것이 없는데도 덮어놓고 남자와 똑같은 교육을 받겠다는 의도가 있다. 결과적으로, 여성교육자들은 같은 또래의 남자들에게도 불필요한 지식을 여학생들에게 제공하고 있다. 따라서 여성교육의 어떤 부분은 모성을 위한 기술적 훈련이어야 한다는 의견과 대립관계를 이루게 되었다. '숙녀'의 이상이 붕괴한 것은 이런 경향의 주목할 만한 한 예에 불과한 것이다. 그러나 이러한 두 가지 경향의 대립은 여성 문제에 관한 한 어떤 점에서는 그리 심각한 것은 아니라고 본다. 문제의 혼잡을 피하기 위해 나는 당분간 남성교육에 대한 것만 생각해 보기로 하겠다.

여러 가지 각각의 논쟁이 서로 대립하고 그 하나하나에서 또 다른 문제가 생기게 되는데 이러한 대립에 일부 다음과 같은 현실적인 문제가 있다. 아이들에게 주로 고전을 가르칠 것인가 아니면 주로 과학을 가르칠 것인가? 여러 가지 견해 가운데 하나는 고전이 장식적인데 비해 과학은 실용적이라는 견해다. 또한 교육은 가능한 한 빨리 일정한 상업이나 직업을 위한 기술교육을 해야 하는가? 또다시 실용적

1 옮긴이 주: T. Veblen(1859-1929)은 미국의 경제학자이다.
2 T. Veblen, *Theory of the Leisure Class*, London : George Allen and Unwin Ltd.

인 것과 장식적인 것의 대립이 결정적인 것은 아니지만 문제가 된다. 아이들이 정확하게 발음하고 예절을 지키도록 가르침을 받아야 하는 가 아니면 이런 것들은 단지 귀족주의의 잔재에 불과한 것인가? 예술 감상은 예술인 이외의 사람에게 어떤 가치가 있는가? 철자법은 표음 법으로 해야 하는가? 이와 같은 모든 것 또는 많은 다른 여러 가지 논 쟁은 실용적이냐 장식적이냐의 대립된 형식으로 논의된다.

그럼에도 이러한 모든 논쟁은 비현실적이라고 나는 믿는다. 용어 가 분명해지면 논쟁은 해소된다. 우리가 만일 '실용적'이라는 용어를 넓게, 그리고 '장식적'이라는 말을 좁게 해석한다면, 한쪽은 그것으 로 족하고 그 반대의 해석을 내린다면 다른 쪽이 그것으로 족하게 될 것이다. 가장 넓은 의미로 그리고 가장 정확한 뜻으로 용어를 사용할 때 어떤 행동은 그것이 좋은 결과를 보여 줄 때 '실용적'이 된다. 그 리고 그러한 결과가 '좋다'라고 하는 것은 단순히 '실용적'인 것 외 에 어떤 의미가 있어야만 한다. 아니면 우리는 어떤 진정한 정의도 내 릴 수 없다. 어떤 유용한 행동은 유용한 결과를 가져온다고 말하는 것 은 의미가 없다. '실용적'이라는 것의 본질은 그것이 단지 유용하다 는 것 외에 어떤 결과를 이끌어 내는 데 있다. 그것이 단순히 '좋은' 것이라는 마지막 결과를 얻을 때까지의 긴 연결고리가 필요하다. 쟁 기는 땅을 팔 수 있기 때문에 유용하다. 그러나 땅을 판다는 것 자체 만으로 좋은 것은 아니다. 씨를 뿌릴 수 있게 해 주기 때문에 유용한 것이다. 그것은 곡식을 얻을 수 있기 때문에 유용하고, 우리의 생명을 유지하게 하는 식량을 생산하기 때문에 유용한 것이다. 그런데 생명 은 그 자체로 무언가 내재적인 가치를 지니지 않으면 안 된다. 만일 생명이 단순히 다른 생명을 위한 수단일 뿐이라면 그것은 전혀 유용 한 것이 못 된다. 생명은 환경에 따라 나쁘게도 혹은 좋게도 될 수 있

다. 따라서 좋은 생명을 위한 수단이 된다면 유용할 수도 있다. 그러
므로 우리는 유용성이라는 연결고리를 넘어 그 고리가 걸린 말뚝을
찾아내지 않으면 안 된다. 그렇지 않으면 고리의 어느 부분에서도 유
용성을 찾기 어려울 것이다. '유용성'을 이런 식으로 정의할 때 교육
이 유용한지 아닌지의 문제는 일어나지 않는다. 물론 교육의 과정은
목적에 대한 수단이며 목적 그 자체가 되어서는 안 된다. 그러나 유용
성을 주장하는 사람들은 그렇지 않다. 그들이 촉구하는 것은 교육의
결과가 유용해야 한다는 것이다. 한마디로, 그들은 교육받은 사람이
란 기계를 어떻게 만드는지 아는 사람이라고 할 것이다. 만일 우리가
그 기계의 용도를 묻는다면, 그 대답은 다음과 같다. 우리 몸에 편리
한 것 ― 즉 음식이나 옷, 집, 그 밖의 모든 생활필수품이나 편리한 것
을 만드는 일이라고. 결국 유용성의 옹호자는 어떤 의미에서 그의 견
해에 문제점이 있기는 하지만 그의 본질적인 가치를 단지 신체적인
만족에 두고 있다는 것을 알게 된다. 그에게 '유용하다'는 것은 신체
적인 욕구나 욕망을 만족시켜 주는 것이다. 그러나 정말 그들이 주장
하는 것이 이런 것이라면 많은 사람들이 굶어 죽어 가는 세상에서는
육체적인 만족이 다른 어떤 것보다 시급한 문제이기 때문에 정치가로
서는 틀린 말이 아니다. 그러나 그가 궁극적인 철학을 제안할 때는 분
명 잘못되었다는 것을 알게 된다.

이와 같은 논쟁의 다른 한쪽을 고려할 때도 같은 종류의 분석이 필
요하다. 다른 한쪽을 '장식적'이라 한다면 물론 유용성을 주장하는
쪽에 한 걸음 양보하는 것이다. 왜냐하면 '장식적'이라는 말은 다소
별 볼 일 없는 것으로 생각되기 때문이다. '장식적'이라는 말을 '신
사'나 '숙녀'의 전통적인 개념에 적용한다면 적절한 설명이 될 것이
다. 18세기 신사는 세련된 억양을 쓰고, 적절하게 고전을 인용하고,

유행하는 옷을 입고, 격식을 차릴 줄 알고 그리고 언제 결투를 청해야 명예로운지를 아는 사람이다. 『머리털 도둑』[3]에 나오는 남자는 다음과 같다.

> 호박색 코담배 갑을 당연한 듯 자랑하며
> 구름무늬의 지팡이를 점잖게 들고 있다.

그가 받은 교육은 가장 좁은 의미의 장식적인 것이다. 그러나 우리 시대는 그 남자와 같은 사치를 부릴 수 있는 부자가 그리 많지 않다. 옛날식의 '장식적' 교육의 이상은 귀족주의적이다. 돈이 많아 일할 필요가 없는 계층을 전제로 한다. 멋진 신사, 멋진 숙녀는 역사의 시각으로 관찰하면 매력적이다. 그들의 전기나 별장은 우리에게 일종의 즐거움을 주는 것이지만 더 이상 우리 후손들에게 물려줄 수 없는 것들이다. 그들의 수월성은 그게 진짜라 해도 결코 최고라 할 수는 없고 게다가 믿을 수 없을 만큼 많은 돈이 들어간 것들이다. 호가스의 『진 레인』(Gin Lane)은 이와 같은 수월성을 위해 지불된 대가를 생생하게 알게 해 준다. 그러나 오늘날 누구도 이 같은 좁은 의미의 장식적인 교육을 주장하지는 않는다.

　그러나 이것은 현실적인 문제는 아니다. 현실적인 문제는 다음과 같은 것이다. 교육의 목적을 어디에 두느냐, 즉 직접적인 유용성이 있는 지식으로 정신을 채우는 데 목적을 두느냐, 아니면 학생에게 그 자체로 좋은 것이기 때문에 지적 소유물을 제공해야 하느냐에 관한 것

3　옮긴이 주: Alexander Pope(1688-1744, 영국 고전주의 시인)의 서사시 *The Rape of the Lock*.

이다. 1피트는 12인치이고 3피트는 1야드라는 것을 아는 것은 유용하다. 그러나 이런 지식은 아무런 본질적인 가치가 없다. 미터법을 쓰는 곳에 사는 사람들에게는 전혀 무가치한 지식이다. 한편, 『햄릿』을 감상하는 일은 실생활에서는 별 유용성은 없다. 단 한 남자가 자신의 숙부를 죽여야 하는 극히 드문 경우를 제외하고는. 반면에, 『햄릿』을 알지 못한다면 한심한 사람이 될지도 모르는, 그런 정신적 자산을 주어 어떤 면에서는 더욱 탁월한 인간으로 만들 수도 있다. 유용성이 교육의 유일한 목적이 아니라는 것을 주장하는 사람들이 선호하는 지식은 지금 말한 후자의 종류이다.

공리적 교육을 주장하는 사람들과 그 반대자들 간의 논쟁에는 다음의 세 가지 서로 다른 중요한 문제가 있다. 첫째는 귀족주의와 민주주의의 논쟁이다. 귀족주의 주장은, 특권 계급은 그들에게 적합한, 한가한 시간을 메울 수 있는 것을 가르쳐야 하고, 한편 종속적인 계급은 그들의 노동력을 다른 사람에게 유용한 것으로 써먹을 수 있는 것을 가르쳐야 한다는 것이다. 이런 견해에 대한 민주주의자들의 반박은 다소 혼란스러운 것이다. 그들은 귀족주의자들에게 유용하지 않은 것을 가르치는 것을 싫어하지만 동시에 임금 노동자들을 위한 교육은 단지 그것이 그들에게 유용하다는 이유만으로 한정되는 것에 반대한다. 따라서 민주주의자들은 임금 노동자들에게도 라틴어나 희랍어를 가르쳐야 한다고 요구한다. 이런 태도는 어떤 점에서는 이론적인 투명성의 결핍을 지적할 수 있지만 전체적으로는 옳다고 본다. 민주주의자는 사회를 두 부분, 즉 실용적인 부분과 장식적인 부분으로 나누는 것을 원하지 않는다. 따라서 지금까지 주로 장식적이었던 계층에 유용한 지식을 실용적인 계급에게도 단지 좀 더 재미있게 제공하려 한다. 그러나 민주주의 그 **자체**로서는 이 두 가지 요소를 어떤 비율로

혼합시킬지 결정하지 않는다.

　두 번째 문제는 단순히 물질적인 재물만을 추구하는 사람들과 정신적인 즐거움에 관심을 갖는 사람들에 관한 것이다. 오늘날 잘사는 영국인이나 미국인이 만일 마술에 걸려 엘리자베스 여왕 시대로 옮겨진다면 그들은 현대로 돌아오고 싶어 할 것이다. 셰익스피어, 롤리와 필립 시드니경이 살았던 사회, 즉 훌륭한 음악, 아름다운 건축물이 있는 사회지만 욕실이나 커피, 차, 자동차, 기타 당시에는 없는 여러 가지 종류의 풍부한 물질적 편안함이 없다면 그들은 안락함을 얻지 못할 것이다. 대단히 보수적인 전통에 빠져 버린 사람이 아니라면 그의 중요한 교육목표로 보다 풍부한 생활필수품의 제조를 늘리는 것을 생각할 것이다. 그들은 의약품과 위생법을 포함시키겠지만 문학이나 예술 혹은 철학에 대해서는 어떤 관심도 없을 것이다. 이런 사람들이 르네상스 시대부터 설정한 고전 교과목을 공격하기 위해 박차를 가할 가능성은 의심할 여지가 없는 것이다.

　이와 같은 태도에 대해 정신적인 재산이 순전히 물질적인 것보다 높다고 우기는 것은 공평해 보이지 않는다. 나는 이런 주장이 옳다고 믿지만 그렇다고 전부가 옳다는 것은 아니다. 왜냐하면, 물질적인 재산이 어떤 가치도 지니지 않는 곳에서는 물질적인 해악이 정신적인 수월성의 가치를 능가할 만큼 나쁠 수도 있다는 것이다. 기근이나 질병 그리고 이에 대한 공포가 언제나 존재하는 것으로 예측이 되면서 인류의 대다수의 생활에 어두운 그림자를 드리웠다. 새는 대개 굶어서 죽는다. 그러나 새는 먹이가 많을 때는 행복하다. 왜냐하면 새는 미래를 생각하지 않기 때문이다. 기근에서 살아남은 농민은 그때의 기억이나 두려움에서 영원히 벗어나지 못할 것이다.

　사람은 죽는 것보다 소량의 먹을거리라도 얻기 위해 장기간 고된

노동을 하게 된다. 그런데 동물은 죽음으로 그 대가를 치르게 된다 해도 쾌락을 위해서라면 주저 없이 달려든다. 이와 같이 대부분의 사람들은 전혀 즐거움이라고는 없는데도 참고 사는 것이다. 그렇지 않으면 생명이 단축될 수 있기 때문이다. 역사상 최초로 산업혁명과 그 부산물 덕택에 오늘날 누구나 납득할 만한 행복의 기회를 얻을 수 있는 사회를 만들 수 있게 되었다. 만일 우리가 원하기만 하면 물질적인 해악을 최소한으로 줄일 수도 있게 되었다. 과학과 조직에 의해 호화스럽게는 아니라도 세계 전 인구의 식량과 주택 문제는 고통 없이 해결될 수 있을 것이다. 질병과 싸우며 만성적인 고질병을 최소화할 수도 있을 것이다. 또한 식량공급의 획기적인 개선으로 말미암아 인구의 증가를 막을 수도 있을 것이다. 인간의 잠재의식적 정신을 어둡게 하는 최대의 공포, 즉 잔인성이나 억압, 전쟁으로 이어지는 공포도 더이상 대단한 것이 안 될 만큼 감소될 것이다. 이 모든 것은 인간 생활에 헤아릴 수 없을 만큼 가치를 지닌 것으로, 따라서 그것이 실현될수 있는 교육에 대해 반대한다는 것은 있을 수 없다고 본다. 그러한 교육에서 응용과학은 주요한 요소가 된다. 즉 물리학, 생리학, 심리학이 없이는 새로운 세계를 건설할 수 없다. 그러나 우리는 라틴어나 희랍어 없이도, 단테나 셰익스피어 없이도, 바흐나 모차르트 없이도 신세계를 건설할 수 있다. 이 점은 실용주의 교육에서 충분히 논쟁할 수있는 것이다. 나는 이 점을 강력하게 주장하는데 왜냐하면 그것을 강하게 느낄 수 있기 때문이다. 그럼에도 그 문제에는 또 하나 다른 면이 있다. 여가활동이나 건강을 얻었다 한들 그 사용방법을 모른다면 무슨 소용가치가 있는가? 다른 전쟁과 마찬가지로 물질적 해악과의 전쟁에서도 인간이 평화의 기술적인 방법을 거부할 만큼 과격해서는 안 된다. 이 세상의 궁극적인 선이 악에 대항하는 투쟁으로 말미암아 멸망되어서는 안 된다.

　이 점은 앞서 지적한 논쟁 중에 세 번째 문제로 이어진다. 즉 비실용적인 지식만이 본질적인 가치가 있다는 것은 사실인가? 어떤 것이든 본질적 가치가 있는 지식은 비실용적이라는 게 사실인가? 내 경우를 들어 보자. 나는 젊은 시절 라틴어와 희랍어를 배우는 데 꽤 많은 시간을 보냈다. 지금 생각하면 거의 완전히 허송세월한 것이다. 고전에 관한 지식은 그 후 내 생활에서 일어나는 어떤 문제에도 도움이 되지 않았다. 고전을 배운 사람들의 99퍼센트가 그런 것처럼 나 또한 즐겁게 읽을 정도로 숙달하지는 못했다. 나는 'supellex'의 소유격을 배웠는데 그걸 지금까지 외우고 있다. 이 지식은 1야드가 3피트라는 지식보다 본질적인 가치를 지녔다고 보기 어렵다. 나에게 그 유용성이 있다면 그것은 내가 지금 설명하는 데 참고가 되는 예를 드는 데 써먹은 것뿐이다. 반면, 내가 수학이나 과학에서 배운 것은 단지 무한한 유용성뿐만 아니라 그 자체에 본질적인 가치를 지니고 있다고 본다. 즉 사색과 반성의 주제를 제공해 줄 뿐만 아니라 거짓이 가득 찬 세상에서 진실을 판가름하는 시금석이 되어 주기도 한다. 물론 이것은 내 개인의 특성상 그렇다는 것이다. 그러나 내가 확신하는 것은 고전을 학습함으로써 얻는 능력은 현대인에게 아직도 희귀한 특성으로 남아 있다는 것이다. 프랑스 문학이나 독일 문학은 분명히 가치가 있다. 또한 이 두 가지 언어는 쉽게 배울 수 있을 뿐만 아니라 여러 실제적인 면에서 매우 실용적이다. 라틴어나 희랍어에 비해 불어나 독일어는 압도적으로 유용하다. 이런 지식의 중요성을 과소평가하지 않으면서도 우리는 다음과 같은 요구를 정당하게 할 수 있다고 본다. 즉 전문적인 교육은 제외하고, 이 같은 지식은 가령 문법과 같은 기술적인 문제에 막대한 시간과 정력을 요구하지 않는 그런 방식으로 제공

되어야 한다. 인간의 지식의 총량과 인간 문제의 복잡성은 점차 증가
하고 있다. 따라서 각 세대는 어떤 새로운 문제가 생길 때마다 시간을
들여 그 교육방법을 철저히 연구해야 한다. 우리는 타협이라는 방법
으로 균형을 잡아야 한다. 교육에 인문주의적인 요소는 남아 있어야
한다. 그러나 이 같은 요소는 충분히 단순화되어야 하며 다른 요소들,
즉 그것 없이는 과학에 의한 새로운 세계가 결코 만들어질 수 없는 그
런 요소들에게 자리를 양보해야 한다.

　나는 교육에서 인간성연구의 요소가 공리적인 요소보다 덜 중요하
다는 것을 암시하는 것은 아니다. 위대한 문학, 세계사, 음악, 미술,
건축에 대해 어느 정도 지식이 있다는 것은, 만일 상상력의 세계를 충
분히 발전시켜야 한다면 반드시 필요한 것들이다. 그리고 세상이 어
떻게 변할지 알게 되는 것은 오직 상상력을 통해서 가능하다. 상상력
없이는 '진보'는 기계적이고 별 가치가 없을 수 있다. 그러나 과학 또
한 상상력을 자극할 수 있다. 내가 어렸을 때는 전혀 흥미를 끌지 못
한 채 억지로 읽었던 영문학이나 불문학, 독문학의 걸작보다 천문학
이나 지질학이 훨씬 유익했다. 이 문제는 개인적인 것이다. 사내아이
나 여자아이는 각기 다른 분야에서 자극을 받는다. 내가 말하고 싶은
것은, 어떤 한 과목을 완전히 익히는 데 불가피하게 요구되는 난해한
기술이 있다면 전문가를 양성하는 경우를 제외하고는 그 과목이 실용
성이 있으면 좋겠다는 것이다. 르네상스 시대에는 현대어로 된 위대
한 문학은 거의 없었다. 지금은 그 수가 엄청나다. 희랍전통의 가치의
대부분은 희랍어를 모르는 사람들에게도 그 가치를 전달할 수 있다.
라틴어의 전통에 관해서는, 그 가치는 사실상 대단한 것이 못 된다.
따라서 특별한 재능이 없는 청소년들에게는 특별한 기술 없이 배울
수 있는 교육의 인문주의적 요인을 제공해야 한다. 어려운 학습은 고

학년이 되었을 때, 원칙적으로 수학과 과학에 한해야 한다고 생각한
다. 그러나 특별한 재능이나 어떤 강한 소질이 나타날 때는 예외를 허
용해야 한다고 본다. 무엇보다 융통성을 배재한 어떤 규칙도 허용해
서는 안 된다.

지금까지 우리는 어떤 지식을 가르칠 것인지 고찰해 보았다. 이제
나는 좀 다른 차원의 문제로 넘어가겠다. 부분적으로 교수법에 관계
된 것이고, 또 다른 부분으로는 도덕교육과 품성교육에 관한 것이다.
여기서 우리의 관심은 정치학이 아니고 심리학과 윤리학이다. 심리학
은 최근까지 단순히 학문적인 연구 분야일 뿐 실제적인 응용에는 별
도움이 되지 못했다. 그러나 지금 이런 상황은 완전히 바뀌었다. 예를
들면, 산업심리학, 임상심리학, 교육심리학이 있고 이런 분야는 모두
대단한 실제적 중요성을 지니게 되었다. 심리학이 앞으로 현존하는
여러 제도에 미치는 영향이 급속히 증대하리라는 것을 우리는 희망하
고 또 기대할 수 있다. 교육에서는 이미 그 효과가 지대하고도 유익한
것으로 되어 있다.

우선, 먼저 '버릇들이기'의 문제를 다루어 보겠다. 버릇에 대한 우
리의 고정관념은 단순하다. 어린이나 소년은 그가 싫어하는 것을 하
도록 명령을 받는다. 아니면 좋아하는 것을 못하게 한다. 그가 말을
안 들으면 매를 맞거나 심한 경우 빵과 물만 주고 독방에 감금되기도
한다. 예를 들어, 『페어차일드 가족』[4]에서 어린 헨리가 어떻게 라틴어
를 배웠는지 읽어 보자. 헨리는 라틴어를 배우지 않고는 결코 목사가
될 수 없다는 말을 듣는다. 그러나 이런 설교에도 불구하고 이 어린
소년은 아버지가 바라는 만큼 열심히 라틴어 공부에 집중하지 않았

---

4 옮긴이 주: Sherwood, Mary Martha(1775-1851), *The History of Fairchild Family*.

다. 그래서 그는 다락방에 감금되어 물과 빵만 허락되었고 누나들과 말도 할 수 없었다. 누나들은 동생이 불명예스러운 짓을 했기 때문에 말을 해서는 안 된다는 명을 받았다. 그럼에도 누나들 중 하나가 동생에게 먹을 것을 몰래 갖다 주었다. 하인이 그 사실을 고자질해서 그 누나 또한 벌을 받았다. 책에 적힌 대로 얼마 동안 다락방에서 지낸 후 이 소년은 라틴어 공부가 좋아지기 시작해서 그 후에는 열심히 공부하게 되었다. 체호프의 이야기와는 대조적인데, 새끼 고양이에게 쥐를 잡는 법을 가르친 숙부에 관한 이야기다. 이 숙부는 쥐 한 마리를 새끼 고양이에게 던졌다. 그러나 새끼 고양이는 아직 수렵 본능이 충분히 발달되지 않아 쥐에 관심이 없었다. 숙부는 고양이를 때렸다. 다음 날도 또 다음 날도 계속 같은 일이 벌어졌다. 드디어 이 교수(숙부)는 새끼 고양이가 바보라 교육이 불가능한 동물이라 치부했다. 새끼 고양이가 다 자라 어른 고양이가 되었을 때, 다른 점에서는 정상인데 쥐만 보면 무서워하고 식은땀을 흘리며 도망을 치는 거다. 체호프의 이야기는 다음과 같은 결론을 맺는다. '새끼 고양이처럼 나 또한 나의 숙부에 의해 라틴어를 배우는 영광을 가졌다.' 이 두 이야기는 예전의 전통적인 버릇 들이기와 그에 대한 현대적인 반항을 잘 설명해 주고 있다.

그러나 현대적인 교육자가 덮어놓고 버릇 들이기를 금하는 것은 아니다. 그는 새로운 방법으로 탄탄하게 버릇 들이기를 한다. 이 문제에 대해 지금까지 한 번도 새로운 방법을 연구한 적이 없는 사람들은 잘못된 생각을 갖기 쉽다. 나는 이전부터 몬테소리 여사는 버릇을 가르치지 않는다는 것을 알고 있었다. 그래서 어떤 방법으로 방 안 가득한 아이들을 다루는지 궁금해했다. 여사가 저술한 교육방법을 읽은 후, 그녀가 버릇을 무시할 의도가 전혀 없고 여전히 중요하게 생각하고 있다는 것을 알게 되었다. 나는 세 살된 내 아들을 몬테소리 학교에서 반나절을 보내게 했다. 아이는 빠른 속도로 버릇 있는 아이로 변했고 즐겁게 학교 규칙에 적응하고 있음을 알게 되었다. 게다가 아이는 강요받는다는 어떤 느낌도 없어 보였다. 학교 규칙을 놀이의 규칙과 같은 것으로 알고 받아들였을 뿐이다. 옛날에는 어린이란 배우려는 의욕이 없다고 생각했기 때문에 위협을 가해 억지로 배우게 했다. 그러나 그것은 전적으로 교육학에서 말하는 기술부족에 원인이 있는 것으로 밝혀졌다. 배워야 하는 내용 — 예를 들면, 읽기와 쓰기 — 을 적당히 몇 단계로 나누어 각 단계에 맞게 가르치면 즐겁게 배울 수 있다. 그리고 아이들이 좋아하는 것을 할 때는 외부의 통제는 물론 불필요하다. 최소한의 규칙 — 다른 아이를 방해하지 말 것, 어떤 어린이도 동시에 한 가지 이상의 교재를 가져서는 안 된다 — 은 어렵지 않게 알아듣고 당연한 것으로 받아들인다. 이렇게 해서 아이들은 자율이라는 것을 배우게 되고 자율은 한편으로 좋은 습관, 또 한편으로는 구체적인 사례를 들어 어떤 목표에 달성하기 위해서는 때로는 충동을 억제하는 것이 좋다는 것을 깨닫게 한다. 자율은 놀이에서 배우는 것이 쉽다는 것을 누구나 알고 있다. 그러나 지식을 획득하는 데에도 이와 같은 동기를 실제에서 활용할 수 있을 만큼 충분히 재미있을 수 있다는 것을 아는 사람은 없었다. 이제 우리는 이 같은 일이 가능하다는 것을 알게 되었다. 그리고 또한 이것은 단순히 유아교육에만 가능한 것이 아니라 모든 단계에서 실행되리라고 생각한다. 나는 그런 일이 쉬운 것이라고 말하지 않는다. 이런 원리를 발견하는 교육자들은 천재라 하겠지만 그 원리를 응용하는 교사들은 천재일 필요는 없다. 교사들에게 필요한 것은 오직 올바른 종류의 훈련과 동시에 어느 정도의 동정심과 인내심이다. 기본적인 생각은 단순하다. 즉 올바른 버릇 들이기는 외적인 강요에 의해서가 아니라 바람직하지 못한 활동보다는 바람직한 활동에 자율적으로 연결되는 마음의 습관이다. 놀라운 것은 이와 같은 생각을 교육실천을 위한 방법으로 찾아 크게 성공했다는 사실이다. 이 점에서 몬테소리 여사는 최고의 칭찬을 받을 만하다.

교육방법의 변천사는 그동안 원죄설에 대한 신앙이 무너지면서 많은 영향을 받아 왔다. 현재 거의 소멸된 이 전통적인 견해는, 우리는 누구나 천벌을 받은 어린이로 사악한 성질을 지니고 태어난다는 거였다. 따라서 우리 마음에 어떤 좋은 것이 있기 위해서는 은총의 어린이가 되어야 한다. 그러기 위해서는 부단히 자신을 징계하는 과정이 필요하다. 많은 현대인은 이런 이론이 우리의 선조들의 교육에 얼마나 많은 영향을 미쳤는지 믿을 수 없을 정도다. 딘 스탠리(Dean Stanley)가 저술한 아놀드 박사의 전기에서 인용한 두 가지 예는 이런 현대인의 생각이 잘못되었다는 것을 의미한다. 스탠리는 아놀드 박사의 수제자이다. 『톰 브라운의 학교생활』(*Tom Brown's School Days*)에 나오는 저 선량한 아서와 같은 아이다. 딘 스탠리는 나의 사촌으로 어렸을 때 그의 안내를 받아 웨스트민스터 사원에 간 적도 있었다. 아놀드 박사는 영국 사립학교[5]의 위대한 개혁자이다. 영국 사립학교는 그를 영국의 영광으로 생각하며 아직도 그의 원리에 준해 대부분 학교를 운영하고 있다. 따라서 우리가 아놀드 박사를 논할 때 우리는 지난 과거의 문제를 다루는 것이 아니라 현존하는 상류계급의 영국신사를 양성하는 데 효율적인 교육에 관한 문제를 다루는 것이다. 아놀드 박사

---

5   옮긴이 주: public school은 영국에서는 사립학교를, 미국에서는 공립학교를 뜻한다. 학교 재정을 국가에서 부담할 경우 공립이고 개인이나 사적인 단체가 부담할 때는 사립이다.

는 때리는 벌을 줄이고, 그것도 유년시기에만 허용하고, 나중에 그의 전기 작가가 전하듯이 '거짓말, 음주, 만성적인 게으름과 같은 도덕적 비행'에 한해서만 적용하도록 했다. 그러나 어떤 진보적 신문 기자가 매를 드는 것은 전적으로 폐지되어야 할 비열한 벌칙이라고 했을 때, 박사는 대단히 화를 냈다. 그는 인쇄물에서 다음과 같이 답했다.

> '나는 이런 표현이 어떤 감정에서 나왔는지 잘 알고 있다. 그것은 개인의 독립이라는 저 오만한 생각에 뿌리를 둔 것이다. 그 개인의 독립이라는 것은 합리적인 것도 아니고 기독교적인 것도 아닌 오직 기본적으로 야만적인 것이다. 이런 생각은 기사도 시대의 온갖 저주를 유럽에 퍼부었으며 현재는 자코뱅주의식 저주로 우리를 위협한다. … 죄나 과실에 대해 수모라고 생각하는 진정한 남자다운 의식을 거의 찾아볼 수 없는 이 시대에 개인의 잘못을 바로잡는 체벌이 수모라는 이 기상천외의 생각을 받아들일 지혜가 어디에 있을까? 체벌이 나쁘다는 생각은 젊은이에게 최고의 훈장이 되고 또한 고귀한 인간성의 최적의 약속이 되는 겸손함, 맑은 정신 그리고 순수성에 역행하는 것이다. 그 이상의 잘못이 또 있을까.'

박사의 수제자들은 당연히 '겸손한 마음'이 부족한 인도의 원주민을 매질하는 것이 옳다고 믿는다.

여기 또 다른 예문을 들 수 있다. 이미 스트레이치(Strachey)의 『빅토리아 시대의 위인들』(*Eminent Victorians*)에 일부 인용된 것이지만, 너무 적절한 말이라 한 번 더 인용하지 않을 수 없다. 아놀드 박사는 휴일이면 코모(Como) 호숫가의 경치를 즐겼다. 그가 즐기는 방식을 알기 위해 아내에게 쓴 편지를 살펴보자.

'나를 둘러싸고 있는 이 숨 막히는 아름다운 경치를 보면서 도덕적 악에 대해 생각한다는 것은 끔찍한 일입니다. 마치 천당과 지옥이 거대한 심연으로 서로 갈라져 있는 것이 아니라 그 사이가 가깝게 붙어 있으니 우리들 각자가 결코 멀리 떨어져 있지 않는 것 같습니다. 도덕적 죄악감이 이 아름다운 경치에 대한 나의 기쁨만큼 강렬했으면 좋겠습니다. 왜냐하면 다른 어떤 곳보다도 깊은 도덕적 죄악감에서 신에 대한 구원의 지식이 머물 수 있기 때문입니다! 우리가 늘상 하듯 도덕적 선을 찬미하는 것으로는 충분치 않습니다. 우리는 그럴 수 있지만, 아직 우리들 자신을 선에 일치시키지 않고 있습니다. 그러나 만일 우리가 악이 주재하는 곳에 사는 인간이 아니라 인간 내부에 남아 있는 악을 철저히 미워한다면, 또한 이 점을 우리들 자신의 지식으로 확실하게, 명백하게 새겨 놓는다면 그것은 신과 그리스도의 느낌을 공유하는 것입니다. 그리고 우리의 성령과 하느님의 성령을 공감하는 것입니다. 아! 그러나 그것을 말하고 이해하는 것은 쉬운 일이지만, 그것을 행하고 느낀다는 것이 얼마나 어려운 것인지, 이런 일에 자신 있는 사람이 있을까요? 아무도 없을 것입니다. 다만 진실로 자기의 부족함을 통탄하는 자 이외에는. 사랑하는 아내와 아이들에게 언제까지나 예수 그리스도를 통해 신의 축복이 있기를.'

이 천성이 친절한 신사가 가학 증세에 빠져 아무런 양심의 가책 없이 사랑의 종교를 실천한다는 미명하에 아이들에게 매질을 했다는 것을 생각하면 애처로운 마음이 생긴다. 이와 같은 망상에 빠진 인간을 생각하면 불쌍한 생각이 든다. 이 신사가 말하는 '도덕적인 악'을, 그중에는 아이들의 습관적인 게으름도 포함하는데, 증오하는 분위기를 조성해 그 결과로 수십 년 동안의 잔혹한 행위로 이어졌다는 것을 생각하면 이것은 비극이 아닐 수 없다. 전쟁, 고문, 억압 등, 순진한 사람들이 스스로는 '도덕적 악'을 응징한다는 생각으로 행한 것들을 생각하면 소름이 끼친다. 고맙게도 오늘날 교육자들은 어린이를 '악마의 수족'으로 보지 않는다. 그러나 성인들 중에, 특히 벌을 줄 때는 아직도 그와 같은 생각이 많이 남아 있다. 유아원이나 일반학교에서는 대부분 사라졌지만.

아놀드 박사와는 정반대의 입장으로 그보다는 훨씬 덜 파괴적인 것이지만 역시 과학적으로는 잘못된 것인데, 어린이는 선천적으로 선하고 단지 어른들의 악을 통해 타락한다는 견해가 있다. 이러한 견해는 전통적으로 루소와 연결되어 있다. 루소의 생각은 추상적인 것일 수 있지만 『에밀』을 읽어 보면 어린이가 모범적인 인간이 되기 위해 많은 도덕적 훈련을 받아야 한다는 것을 알 수 있다. 사실 어린이는 태어나자마자 '선'하거나 '악'한 것은 아니다. 어린이는 단지 약간의 반사작용과 본능이 있을 뿐이다. 이런 것들이 환경에 따라 습관을 만들고, 습관은 건전하게 혹은 불건전하게 되기도 한다. 어린이는 주로 어머니와 유모가 얼마나 지혜로운지에 따라 달라진다. 신생아는 믿을 수 없을 만큼 유연성이 많다. 대부분의 어린이는 좋은 시민이 될 수 있는 원자재이며 동시에 범죄인의 원자재도 된다. 과학적인 심리학이 제시한 것을 보면 평일에는 매질을 하고 주일에 설교를 하는 방식은 도덕을 몸에 익히게 하는 좋은 방법이 될 수 없다고 한다. 그렇다고 좋은 방법이 아주 없다고 말하는 것은 아니다. 예전의 교육자들이 아이들을 괴롭히는 데 즐거움을 느꼈다는 새뮤얼 버틀러(Samuel Butler)의 견해를 부정하기는 어렵다. 그게 아니라면 어떻게 그렇게 오랫동안 무익한 비극이 계속되었는지 이해가 안 된다. 건강한 어린이를 행복하게 만드는 것은 어려운 일이 아니다. 대부분의 어린이들은 잘만 보살펴 준다면 건강해진다. 유년기의 행복은 최선의 인간을 만드는 데 절대적인 요건이 된다. 아놀드 박사가 '도덕적 악'으로 규정한 습관적 태만은 아이들이 정말로 가치 있는 지식을 배우고 있다고 생각한다면 결코 있을 수 없는 것이다.[6] 그러나 반대로 가르치는 지식이 무가치한 것이며 또한 이를 가르치는 사람이 잔인한 폭군으로 비칠 때, 아이는 자연적으로 체호프의 고양이처럼 된다. 정상적인 어린이라면 누구나 배우겠다는 욕망이 있고 이 자발적인 욕망은 걷기 시작할 때나 말하기 시작할 때의 노력에서 보여 주듯이 강한 추진력이 된다. 회초리를 추진력으로 바꿔 놓은 것은 우리 시대의 대단한 발전의 하나로 본다.

이제, 현대적 경향들에 관한 이 사전 연구에서 내가 마지막으로 지적하고 싶은 것은 유년기에 특별한 관심을 쏟아야 한다는 점이다. 이점은 인격교육에 관한 우리 생각의 변화와 밀접한 관계가 있다. 구식 관념에 따른다면 도덕은 본질적으로 의지의 문제이다. 다시 말하면, 우리는 악의 욕망으로 가득 차 있는 존재이기 때문에 의지라는 추상적 능력에 의해 이 욕망이 억제된다는 것이다. 이 나쁜 욕망은 뿌리째 뽑아 버리기는 불가능한 것이다. 따라서 우리가 할 수 있는 것은 욕망을 억제하는 것뿐이다. 이는 마치 범죄인과 경찰의 관계와 비슷하다. 범죄인이 한 사람도 없는 사회가 있으리라고는 아무도 상상하지 못했다. 따라서 할 수 있는 일은 경찰력을 강화해 대부분의 사람들이 범죄를 두려워하게 하고 소수의 예외만이 체포되어 벌을 받게 하는 것이었다. 현대 심리학적 범죄학자들은 이와 같은 견해에 동의하지 않는다. 대부분의 경우 범죄의 충동은 적절한 교육을 받음으로써 미연에

---

6   아놀드 박사의 학생들은 편두통으로 고통을 받았는데, 편두통이 습관적인 태만의 원인이 된다고 해서 매질로 치료해야 한다는 의사는 아무도 없다.

방지할 수 있다고 본다. 그리고 사회에 적용이 된다면 개인에게도 적용이 되는 것이다. 특히 어린이는 어른이나 친구들에게 인정을 받고 싶어 한다. 보통 어린이들은 그들이 처해 있는 상황에 따라 좋은 방향으로 혹은 나쁜 방향으로 나아가는 충동을 갖고 있다. 게다가 어린이는 그 시기가 새로운 습관의 형성이 쉬운 때다. 따라서 좋은 습관은 대부분의 도덕을 거의 자동적으로 얻게 될 수도 있다. 한편, 나쁜 버릇을 그대로 놔두고 단지 겉으로 드러나지 못하게 의지력으로 억제하는 구식 도덕은 만족스러운 방법이 아니라고 밝혀졌다. 나쁜 욕망은 댐으로 막힌 강물처럼 의지의 용의주도한 감시를 피해 다른 출구를 찾는다. 젊었을 때 아버지를 죽이고 싶었던 사람은 나중에 자기 자식을 때리는 것으로 대리 만족을 얻는다 — 자신은 지금 '도덕적 악'을 추방하고 있는 거라고 하면서. 잔인한 행동을 정당화하는 이론은 언제나 의지에 의해 뒤틀어져 버린 욕망에 뿌리를 두고 있다. 이 욕망은 의지에 의해 본래의 방향에서 벗어난 잠재의식 속에 숨어 있다가 마침내는 죄에 대한 증오심이나 혹은 이와 비슷한 것이 되어 자기도 모르는 사이에 나타나게 된다. 따라서 의지로 나쁜 욕망을 억압하는 것은 경우에 따라 필요하지만 도덕을 가르치는 기술로서는 부적절한 것이다.

우리는 이와 같은 고찰을 통해 정신분석의 영역에 들어서게 된다. 정신분석의 세부로 들어가면 다분히 환상적이며 적절한 증명이 결여된 것으로 보인다. 그러나 내 생각에 그 전반적인 방법은 대단히 중요한 것으로 생각되고 또한 도덕훈련을 위해 올바른 방법을 찾아내는 데 필요하다고 본다. 많은 정신분석학자들이 유년기를 대단히 중요시하는 것은 좀 과장된 느낌이 든다. 실제 분석가들은 어린이가 세 살 때 이미 그 성격이 결정적으로 고정되어 버린다고 말한다. 그러나 그런 일은 없는 것으로 확신한다. 그것은 사실이 아니지만 그럼에도 그 방향은 옳다. 과거에는 유아심리학이 무시되었으나 오늘날 유행하는 주지주의적 방법은 더 이상 그것을 무시할 수 없게 만들었다. 수면 문제를 들어 보자. 모든 어머니는 아이가 잠을 자 주기 바란다. 자는 것이 건강에도 좋고 또 엄마들도 편하기 때문이다. 엄마들은 아기 침대를 흔들어 준다든지, 자장가를 불러 준다든지 하는 기술을 개발했다. 그런데 이 기술이 전혀 잘못되었다는 것을 알게 된 것은 사실을 과학적으로 연구한 남자들 때문이다. 이 방법은 어떤 날은 성공적인 것처럼 보이지만 결국 나쁜 습관을 형성하게 된다. 모든 어린이는 자기중심적이라 법석을 떠는 것을 좋아한다. 자지 않으면 어른의 주의를 끌게 된다는 것을 알게 되면 어린이는 이내 이 방법을 배우게 된다. 결과는 건강에도, 성격에도 유해한 것이 된다. 이런 경우, 중요한 것은 습관을 형성하는 것, 즉 침대와 수면을 결부시키는 것이다. 이 일이 잘되면 어린이는 병이 나거나 혹은 고통스럽지 않은 한 눈을 뜬 채 누워 있지는 않을 것이다. 그러나 일이 잘되게 하려면 상당한 훈련이 필요하다. 단순히 어리광을 받아 주면 안 된다. 왜냐하면, 눈 뜨고 누워 있는 것이 즐거움을 주기 때문이다. 그 밖의 다른 좋고 나쁜 습관 형성도 이와 비슷한 과정을 거치게 된다. 이러한 모든 연구는 아직 초보 단계에 있다. 그러나 그 중요성은 이미 대단히 크며 앞으로 더욱 강조될 것이다. 성격교육은 분명히 탄생과 더불어 시작되어야 하고 그러기 위해서는 유모나 무지한 어머니가 하고 있는 대부분의 방법을 금지해야 한다. 또한 일정한 학습은 이전에 생각했던 것보다 더 빨리 시작하는 것이 좋다는 것도 확실해졌다. 왜냐하면 어린이의 주의력에 긴장을 줄 필요도 없고 학습을 즐겁게 할 수 있기 때문이다. 이상 두 가지 점에서 최근의 교육 이론은 근본적인 변혁을 이루었고 앞으로도 매년 더욱더 많은 유익한 결과를 내게 될 것이다. 따라서 좀 더 자란 다음에 해야 할 교육을 논하기 전에, 다음 단원에서는 유년기의 어린이 성격형성을 위한 훈련에 대해 더욱 상세하게 고찰하겠다.

교육의 목적

어떻게 교육을 해야 할지 생각하기 전에 교육이 달성해야 할 그 결과에 대해 분명한 것이 있어야 한다. 아놀드 박사는 '겸손한 마음'을 원했는데, 그것은 아리스토텔레스의 '관대한 인간'이 갖지 않는 성질이다. 니체의 이상은 기독교의 이상이 아니다. 칸트도 마찬가지다. 즉 기독교는 사랑을 명령하는데 칸트는 사랑이 그 동기가 되는 어떤 행동도 진정한 도덕이 될 수 없다고 가르친다. 그리고 좋은 성격의 구성 요소에 대해 동의하는 사람들도 그 요소의 상대적인 중요성에 대해서는 의견이 다를 수 있다. 어떤 사람은 용기를, 다른 사람은 배우는 것을, 또 다른 사람은 친절한 마음을 혹은 정직을 강조할 것이다. 어떤 사람은 브루투스 원로와 같이 가족의 애정보다 국가에 대한 의무를 우선시하고 다른 사람은 공자와 같이 가족의 화목을 첫째로 본다. 모든 이 같은 차이는 교육에서도 발생한다. 우리는 우리가 최선이라고 생각하는 교육에 대해 분명한 입장을 밝히기 전에 우리가 교육으로 배출하려는 인간이 어떤 부류의 인간인지 고찰할 필요가 있다.

물론 어리석은 교육자도 있다. 그가 목표로 하는 것과 다른 결과가 나올 때 그렇다. 유리아 히프[1]는 빈민학교에서 겸손이라는 것을 배우고 나온 인물인데 학교는 그 목표와 전혀 다른 결과를 얻은 것이다. 그러나 대체로 유능한 교육자들은 지금까지 성공했다고 본다. 예를 들면, 중국의 학자, 근대의 일본사람, 예수회, 아놀드 박사, 그리고 미국 공립학교의 정책을 이끈 사람들이 성공한 경우다. 그들의 교육은 그 방법이 각기 다르기는 했지만 그러나 대체로 그 결과는 달성된 것으로 보인다. 교육의 목표를 정할 때 어떤 생각을 가져야 하는지 결정하기 전에 잠시 여러 가지 다른 교육제도를 고찰해 보는 것도 쓸데없는 일은 아닌 것 같다.

　중국의 전통적인 교육은 어떤 면에서 아테네 전성기의 교육과 비슷하다. 아테네의 소년들은 호메로스(Homer)를 처음부터 끝까지 암기하는 교육을 받았다. 중국 소년들도 같은 방법으로 철저하게 공자의 가르침을 배웠다. 아테네인은 여러 신에 대한 숭배를 배우고, 그 숭배의식은 외형적인 것으로 각자의 자유로운 지적 탐색을 방해하는 것은 아니었다. 비슷한 방법으로 중국인들도 조상숭배 의식을 가르쳤다. 그러나 그런 의식이 포함하고 있는 신앙을 강요하는 일은 결코 없었다. 편안하고 우아한 회의주의야말로 교육받은 어른에게 기대할 만한 태도였다. 즉 어떤 것이든 토론할 수 있으나 반드시 극단적인 결론으로 끌어가야 한다는 것은 무가치한 것이며 저속한 것이었다. 의견이라는 것은 식탁에서 즐겁게 토론하는 것이지 그것 때문에 싸우는 일이 되어서는 안 되었다. 칼라일(Carlyle)은 플라톤을 가리켜 '시온[2]

1　옮긴이 주: 유리아 히프(Uriah Heep)는 Charls Dickens(1812~1870)의 소설 *David Copperfield*에 그려진 인물이다.
2　옮긴이 주: 시온(Zion)은 팔레스타인 지방의 이름으로 유대인이 신성시하는 이상향이다.

에서 느긋하게 보내는 품위 있는 아테네 신사'라고 평했다. 이와 같은 '느긋하게 보낼 수 있는 여유'는 역시 중국학자들에게도 있다. 그런데 이것은 일반적으로 기독교 문명이 배출한 학자에게는 결핍된 것이다. 단, 헬레니즘 정신을 깊이 흡수한 괴테와 같은 경우는 예외다. 아테네 시민도 중국인과 마찬가지로 생활을 즐기고 싶어 했다. 그리고 절묘한 미적 감각으로 세련된 즐거움의 개념을 알고 있었다.

그러나 이 두 개의 문명 사이에는 큰 차이가 있다. 그것은 넓은 의미에서, 희랍인들은 정력적이며, 중국인들은 게으르다는 사실이다. 희랍인은 그들의 정력을 예술이나 과학에, 또한 서로 멸망시키는 일에 열중했고 이 모든 일에서 그들은 선례가 없는 성공을 거두었다. 정치와 애국심은 희랍인들에게는 정력을 소모하기 위한 실천적인 출구를 제공했다. 즉 한 정치가가 추방되는 경우, 추방자의 일당을 이끌고 그의 출신 지역을 공격했다. 그러나 중국의 관리는 관직을 박탈당하면 깊은 산속에 들어앉아 자연을 즐기며 시를 썼다. 그 결과 희랍 문명은 스스로 붕괴되었지만 중국의 문명은 오직 외부에 의해 붕괴되었다. 그렇다고 이와 같은 차이를 전적으로 교육에 돌릴 수는 없다. 왜냐하면 일본의 유교사상은 — 일종의 포부르 생 제르맹[3]을 형성한 교토의 귀족을 제외한다면 — 결코 그와 같은 게으른 교양 있는 중국 문인들의 특징인 회의주의를 낳지 않았기 때문이다.

중국의 교육은 안정성과 예술을 산출했지만, 동시에 과학 혹은 진보를 산출하는 데는 실패했다. 이것은 아마 회의주의에서 나온 것으로 해석할 수도 있다. 정열적인 신념은 진보 아니면 재난을 산출하게 되지만 안정성은 그와 같은 것을 낳지는 않는다. 과학은 전통적 신앙을

---

3 옮긴이 주: Faubourg Saint Germain은 프랑스 파리 교외에 있는 고전적 도시이다.

공격할 경우에도 그 자체의 신앙을 유지한다. 또한 과학은 문학적인 회의주의의 분위기에서는 거의 발전하기 어렵다. 근대의 여러 발명에 의해 일반화된 호전적인 세계에서 자국의 보전을 위해 필요한 것은 힘이다. 그리고 과학 없이는 민주주의는 불가능하다. 중국문명은 소수 문화인에 한정된 것이고 희랍문화는 노예제도하에 형성된 것이다. 이와 같은 이유로 중국의 전통적 교육은 현대사회에 부적절했으며 중국인 스스로 이를 폐기하게 되었다. 어떤 의미에서는 중국의 문인과 유사한 18세기의 문인도 같은 이유로 더 이상 존재할 수 없었다.

근대 일본은 모든 열강 국가 중에서도 두드러지게 나타난 경향, 즉 위대한 국가 형성을 교육의 목표로 정한 가장 명백한 실례를 보여 주었다. 일본교육의 목표는 국가에 헌신하는 국민을 길러 내는 것으로 그러기 위해 국민의 감정을 훈련시키고, 지식 습득을 통해 국가에 유용한 신민을 양성하는 데 있다. 이 두 개의 목표를 추구하는 방법적 기술에 대해서는 나는 어떤 칭찬도 충분하게 할 수 없다고 생각한다. 페리 제독의 함대가 도착한 이후 일본인은 자기보존이 매우 곤란한 상황에 놓여 있었다. 따라서 자기보존이라는 것이 부당한 생각이라면 몰라도 그들의 성공은 그들의 방법이 옳았다는 것을 보여 준다. 그러나 그들의 방법이 타당하다는 것은 당시 일본이 절망적인 위기에 놓여 있었기 때문이다. 따라서 이런 방법은 절망적인 위기에 놓이지 않은 국가에서는 부당한 것이 된다. 신도[4]는 창세기에 못지않은 애매한 역사를 그 내용으로 하고 있으며 대학 교수도 함부로 다룰 수 없는 것이다. 일본의 신학적 폭군제도에 비하면 데이튼 재판[5]은 아무것도 아

---

4 옮긴이 주: 신도(神道)는 일본 고유의 종교로 국가와 조상을 숭배하는 국가주의적 종교이다.

니다. 일본에는 이에 못지않은 윤리적 폭군제도가 있다. 즉 국가주의, 효도, 황실숭배 등에 의문을 제기해서는 안 된다. 따라서 여러 종류의 진보는 불가능한 것이다. 이런 강철 같은 제도가 초래하는 큰 위험은 진보의 유일한 방법으로서 혁명을 도발할 수도 있다는 점이다. 이런 위험은 당장은 아니지만 실제 존재하고 있고 그 대부분이 교육제도에 원인이 있다.

이처럼 우리는 근대 일본에서 고대 중국과 정반대의 결함을 보게 된다. 중국 문인들이 회의적이고 게을렀던 데 비해 일본교육의 결과는 너무 독단적이고 정력적인 것이다. 회의주의에 빠지거나 반대로 독단에 얽매이는 것 둘 다 교육의 결과가 되어서는 안 된다. 교육의 결과는 다소 어려운 점이 있다 해도 어느 정도 지식을 획득할 수 있다는 신념이 있어야 한다. 즉 어떤 특정한 시대에 지식으로 통용된 것이 시대에 따라 잘못될 수 있다는 신념을 말한다. 또한 그 신념은 주의력과 노력으로 다소 정정될 수 있다는 신념을 말한다. 가령, 우리가 우리의 신념에 따라 행동할 때 사소한 잘못으로 말미암아 재난을 초래하게 된다면 우리는 행동에 극히 신중해야 한다. 그럼에도 우리는 행동할 때 신념에 따라 행동할 수밖에 도리가 없는 것이다. 이와 같은 정신 상태는 물론 쉽지 않다. 그것은 감정을 위축시키지 않으면서 고도의 지적 교양을 필요로 하기 때문이다. 그러나 아무리 곤란한 것이라 해도 불가능한 것은 아니다. 이것이 바로 과학의 본질이다. 지식 또한 다른 좋은 것들과 마찬가지로 곤란하지만 불가능한 것은 아니다. 이 곤란함을 잊어버리는 쪽은 독단론자이며 이 가능성을 부정하는 쪽은 회의론자다. 둘 다 잘못된 거다. 그리고 만일 그들의 잘못이

5　옮긴이 주: Dayton Trial은 미국 오하이오주 데이튼에서 열린 재판이다.

널리 퍼지게 되면 그 잘못은 사회적 재난을 야기할 것이다.

예수회 수사들은 제도를 보존하기 위한 수단으로 교육을 종속시킨 점에서 근대 일본과 비슷한 과오를 범했다. 이 경우, 그 제도는 가톨릭교회를 말한다. 그들의 관심은 무엇보다도 학생 개개인의 행복보다는 학생을 교회의 복지를 위한 수단으로 보는 데 있었다. 우리가 그들의 신학이론을 수용한다면 그들을 비난할 수 없다. 왜냐하면 영혼을 지옥에서 구원하는 것은 지상의 어떤 관심사보다 중요한 것으로, 이 일은 가톨릭교회에 의해서만 성취되는 일이기 때문이다. 그러나 그런 교리를 수용할 수 없는 사람은 예수회교육을 그 결과에 따라 판단할 것이다. 그 교육의 결과는 솔직히 말해 때때로 유리아 히프의 경우처럼 전혀 바람직하지 못했다. 볼테르[6]도 예수회교육의 산물이다. 그러나 전체적으로 또한 장기적으로 볼 때, 그들의 의도적인 성과는 달성된 셈이다. 즉 반종교개혁이나 프랑스의 프로테스탄트주의의 몰락은 대부분 예수회의 수고로 온 것이다. 이와 같은 목적을 달성하기 위해 그들은 예술을 감상적으로, 사상을 피상적으로, 그리고 도덕을 해이하게 만들었다. 결국 그들이 저지른 해악을 불식하기 위해서는 프랑스혁명이 필요했던 것이다. 교육에 관한 그들의 죄목은 학생에 대한 사랑보다 외부의 다른 목적을 위해 가르쳤다는 점이다.

영국 사립학교 중에는 오늘날까지도 세력이 남아 있는 아놀드 박사의 제도가 있다. 그 제도는 귀족주의라는 이름이 붙은 또 다른 결점을 갖는다. 그 학교의 목적은 국내에서 혹은 대영제국 어디에서나 권위와 권력의 지위를 얻기 위한 인재를 양성하는 데 있다. 귀족주의는

---

6 옮긴이 주: Voltaire, François M. A.(1694~1778)는 프랑스 계몽주의 사상가로 루소와 동시대 인물이다.

만일 그것을 영속시켜야 한다면, 몇 가지 덕목이 필요하고 이런 덕목
은 학교가 맡아 가르쳤다. 이런 교육의 성과는 학생이 정력적이고 금
욕적이며 신체적으로 건강하게 하고, 또한 확고한 신념과 높은 수준
의 공정성, 그리고 이 세상에서 중요한 사명을 띠고 있다는 확신을 갖
게 하는 것이었다. 이 결과는 놀라운 정도로 큰 성과를 거두었다. 지
성은 이런 성과에 희생되었다. 지성은 의혹을 낳게 할 수도 있기 때문
이다. 동정심도 희생되었다. 동정심은 '열등한' 인종 혹은 열등한 계
급을 통치하는 데 방해가 될 수 있기 때문이다. 친절은 강인함을 가르
치기 위해 희생되었다. 상상력은 고정관념을 위해 희생되었다. 세상
이 변하지 않았다면 이런 교육의 성과는 스파르타의 결점과 장점을
지닌 채 영원한 귀족주의로 남아 있었을 것이다. 그러나 귀족주의는
지나간 날의 것이 되었다. 그리고 피지배자는 아무리 현명하고 덕망
있는 통치자가 나왔다 해도 더 이상 복종하지 않게 되었다. 통치자는
잔인성에 빠져들고 또한 잔인성은 반역을 고무하게 된다. 근대의 복
잡성은 점차 더 많은 지성을 요구하는데 아놀드 박사는 이 지성을
'덕목'을 위해 희생시켰다. 워털루 전쟁은 「이튼」[7] 운동장에서 승리
의 기초를 닦았다고 하나 대영제국의 손실 또한 이 운동장에서 생긴
것이다. 현대사회는 다양한 형태를 요구한다. 즉 더 많은 상상력에 의
한 동정, 더 많은 지적인 유연성, 불독식 만용에 대한 더 많은 불신과
기술적 지식에 대한 더 많은 신뢰를 요구한다. 미래의 행정가는 자유
시민의 공복이어야 한다. 국민들이 숭배하는 자비로운 통치자가 되어
서는 안 된다. 영국 고등교육에서 배양된 귀족주의적 전통이 영국에
는 독이 된다. 이런 전통은 아마 더 이상 적응할 수 없다는 것을 알게

7　옮긴이 주: 1441년 헨리 6세가 설립한 Eton College는 정치 지도자를 다수 배출함.

될 것이다. 이 점에 대해 나는 굳이 내 의견을 내놓지 않겠다.

미국의 공립학교는 이전에 볼 수 없었던 큰 규모의 일을 성공적으로 이루었다. 즉 이질적인 인간의 집단을 동질적인 한 국민으로 바꾼 일이다. 이 일은 매우 성공적으로 이루어졌다. 그리고 전체적으로 볼 때, 공익이 되는 일이고 결국은 이를 성취한 사람들은 아낌없는 박수를 받아야 마땅하다. 그러나 미국은 일본과 마찬가지로 특수한 상황에 놓여 있어서 어떤 특수한 환경에서 옳은 것이 다른 데서도 언제나 이상적인 것이 될 필요는 없다. 미국은 종류에 따라 장점과 단점을 지녔다. 장점으로는, 높은 수준의 경제력과 전쟁에서 패배한다는 위험에서 자유로울 수 있다는 것, 그리고 중세로부터 전승된 속박에서 비교적 쉽게 해방될 수 있다는 점이다. 이민자들이 미국에서 발견한 것은 민주주의의 감성과 산업기술의 진일보한 발달단계가 일반화되었다는 것이다. 내 생각에는, 이 두 가지야말로 이민자들이 그들의 고국보다 미국을 선호하는 중요한 이유라고 본다. 그러나 실제로 일반적으로 이민자들에게는 두 개의 애국심이 있다. 즉 유럽에서 전쟁이 일어날 경우, 그들은 전에 그들이 속했던 나라를 위해 편을 든다. 반대로, 그들의 자녀들은 부모들이 속한 고국을 향해 전혀 충성심이 없고 다만 미국인일 뿐이다. 아이들의 이 같은 태도는 학교교육에서 결정된 것이다. 지금 우리의 관심사는 다만 학교교육의 공헌에 관한 것이다.

학교가 미국이 이루어 놓은 순수한 공헌에만 의존할 수 있는 한, 미국적 애국심을 가르치는 것을 잘못된 잣대로 잴 필요는 없다. 그러나 지난 세상이 새로운 세상보다 우수하다고 할 때, 그 순진한 우수성을 경멸하도록 주입시킬 필요가 있다. 서유럽의 지적 수준과 동유럽의 예술적 수준은 전체적으로 보면 미국보다 높다고 본다. 스페인과

포르투갈을 제외한 서유럽 전체를 통해서 보면 미국에서처럼 신학적인 미신은 많지 않다. 거의 대부분의 유럽 국가에서 개인은 미국에서보다 집단적인 지배를 덜 받는다. 즉 정치적 자유가 제한된 데 비해 개인의 내적 자유는 크다. 이런 점에서 미국 공립학교는 해롭다. 그 해악은 배타적인 미국적 애국심을 가르치는 데 필요불가결한 것이다. 이 같은 해악은 일본인이나 예수회 신도들의 경우와 마찬가지로 학생을 그 자체 목적으로 보지 않고 하나의 목적에 대한 수단으로 보기 때문에 생긴 결과다. 교사는 아이들을 국가나 교회보다 더 사랑해야 한다. 그렇지 않으면 그는 이상적인 교사가 아니다.

학생을 수단으로 보지 말고 목적으로 봐야 한다는 내 주장은 다음과 같은 반격을 당할 수도 있다. 즉 사람은 목적으로서가 아니라 수단으로서 더 중요하다는 것이다. 분명히 하나의 목적을 위해 산 사람은 죽으면 그의 목적도 사라진다. 그러나 그가 하나의 수단이 되어 남긴 것은 계속 이어진다는 것이다. 우리는 이것을 부인할 수 없다. 그러나 우리는 이로부터 추론되는 결과를 부정할 수는 있다. 하나의 수단으로서의 인간의 중요성은 선을 위한 것일 수도 있고 악을 위한 것일 수도 있다. 인간의 여러 가지 행동이 미치는 먼 훗날의 영향은 지극히 애매한 것이므로 어떤 현명한 인간이라 해도 그 결과를 계산에 넣기 어려울 것이다. 넓은 의미로 착한 사람은 착한 영향을, 그리고 나쁜 사람은 나쁜 영향을 줄 것이다. 이것은 물론 변경이 불가능한 자연의 법칙은 아니다. 예를 들면, 나쁜 사람이 폭군을 죽일 수도 있다. 왜냐하면 폭군이 처벌하려고 한 범죄를 그가 저질렀기 때문이다. 그 사람 또는 그의 행동이 나쁘다 해도 그의 행동의 결과는 좋을 수도 있다. 그러나 그럼에도 넓은 일반적인 규칙으로 말한다면, 본질적으로 우수한 남녀로 구성된 사회는 무지와 악의에 가득 찬 사람들의 사회보다 좋은 결과를 얻을 수 있을 것이다. 이와 같은 고찰 이외에도 어린이나 젊은이는 진심으로 그들의 행복을 원하는 사람들과 그들을 한낱 어떤 일을 위한 재료로밖에 보지 않는 사람들의 차이를 본능적으로 알고 있다. 교사의 애정이 결핍되면 지성이나 특성은 충분히 그리고 자유롭게 자랄 수 없다. 그리고 이런 종류의 사랑은 본질적으로 어린이를 하나의 목적으로 느끼는 데서 성립된다. 우리는 누구나 우리들 자신에 대해 이런 느낌을 지니고 있다. 우리는 우리들 자신을 위해 무엇을 원할 때, 처음부터 그것을 획득함으로써 어떤 큰 목표가 촉진될 수 있다는 증거를 요구하는 것은 아니다. 모든 평범한 애정을 가진 부모들이 그들의 자녀들에게서 느끼는 것은 그들이 건강하고 튼튼하게 잘 자라기를 바라는 것이다. 그리고 학교에서 잘 지내기 등등 그들 부모들이 스스로 바라던 것과 같은 방식이다. 즉 부모가 이런 일을 하는 데 자기희생의 노력이나 추상적인 정의론을 포함시키는 일은 없다. 이 같은 부모의 본능은 언제나 엄격하게 그들의 자녀들에게만 한정되는 것은 아니다. 누구든 어린이들의 좋은 선생이 되고자 하는 사람에게는 이 본능이 확산된 모습으로 분명히 있는 것이다. 자녀들이 커 가면서 이런 애정은 줄어들게 된다. 그러나 이런 애정을 가진 사람들만이 교육의 틀을 짜는 믿을 수 있는 사람들이다. 남자아이들을 위한 교육목적의 하나로, 사소한 이유로 사람을 죽이거나, 죽을 수 있는 인간을 양성하는 것으로 보는 사람들은 분명히 확대된 부모의 감정이 결핍된 것이다. 이런 사람들이 덴마크와 중국을 제외한 모든 문명국가에서 교육을 좌지우지하고 있다.

그러나 교육자는 청소년을 사랑해야 한다는 것만으로는 충분치 않다. 교육자는 인간의 우수성에 대해 올바른 개념을 가져야 한다. 고양이는 새끼들에게 쥐 잡는 것과 쥐와 장난치는 것을 가르친다. 군국주의자들도 젊은이들에게 이와 같은 짓을 한다. 고양이는 제 새끼를 사랑하지만 쥐를 사랑하지는 않는다. 군국주의자들도 자기 자식을 사랑하지만 적군의 아이들을 사랑하지는 않는다. 비록 인류를 사랑하는 사람일지라도 행복한 생활에 대한 잘못된 생각에서 잘못된 일을 할 수 있다. 따라서 더 나아가기 전에 나는 내가 생각하는 남자 혹은 여자의 우수성에 대해 설명하려고 한다. 단, 이런 우수성에 도달하는 교육방법 혹은 실제적인 적용에 대해서는 전혀 관여하지 않겠다. 결국 이 같은 밑그림은 교육에 대해 좀 더 상세하게 언급해야 할 때 우리가 원하는 방향으로 나아갈 수 있도록 도울 것이다.

그러기 위해 우리는 우선 다음과 같은 구분을 해야 한다. 즉 어떤 자질은 비례적으로 어느 만큼의 인간에게 바람직한 것이고, 어떤 자질은 보편적으로 모든 사람에게 바람직한 것인가에 대해서다. 우리는 예술가를 필요로 한다. 우리는 또한 과학자도 필요로 한다. 우리는 위대한 행정가를 필요로 하고 또한 우리는 농민을, 그리고 방앗간 주인과 제빵업자도 필요하다. 한 가지 방향으로 비상하게 우수한 사람을 양성하는 자질이 혹시 모든 사람에게 보편적인 것이 된다면 그것은 바람직하지 않을 것이다. 셸리(Shelley)는 시인의 일과를 다음과 같이 그리고 있다.

그는 새벽부터 어둠이 깔릴 때까지
호수에 반사되는 햇빛을 지켜보며
담쟁이넝쿨 꽃 속에 노란 벌을 지켜볼 것이다.
다른 일들은 어떤 건지 알 것도, 관심도 없다.

이런 습관은 시인에게는 칭찬을 받을 만하다. 그러나 가령 우편배달

부라면 찬사를 보낼 수 없다. 따라서 모든 사람에게 시인의 기질을 가르치려고 하는 입장에서 교육을 구상할 수는 없다. 그러나 어떤 특질은 보편적으로 바람직한 것이다. 지금 여기서 내가 고찰하고자 하는 것은 이런 특질에 대한 것이다.

나는 우수성에 대해 남녀의 차별을 두지 않는다. 아기를 돌봐야 하는 여성에게는 어느 정도의 직업훈련이 바람직하다. 그러나 이런 훈련도 농부와 방앗간에서 일하는 사람 사이의 차별 정도와 같은 종류일 뿐이다. 그것은 근본적으로 아무런 차이가 없다. 따라서 현 단계에서 더 이상의 고찰은 필요하지 않다.

나는 네 개의 특징을 제시하려고 하는데, 이 네 가지는 서로 관련된 모양으로 이상적인 성격을 형성하게 된다. 즉 활력, 용기, 감수성과 지성이다. 이 목록을 완전한 것으로 보는 것은 아니다. 그러나 나는 이것이 우리를 행복한 길로 인도한다고 본다. 그뿐만 아니라 젊은 이를 신체적, 정서적, 그리고 지적으로 적절하게 보호하면 누구나 이러한 특질을 가질 수 있다는 것을 굳게 믿고 있다. 차례대로 고찰해 보겠다.

활력은 정신적 특질이라기보다는 오히려 생리적인 것이다. 아마도 완전한 건강이 있는 곳이라면 언제나 존재한다. 나이가 들면서 점차 줄어들며 노년이 되면 소멸된다. 원기 왕성한 아이는 학교에 입학하기 전에 이미 절정을 이룬다. 그런 다음 교육을 받으면서 점차 감소되는 경향이 있다. 활력이 있으면 어떤 특별한 즐거운 환경이 아니라도 즐거움이 샘솟는다. 활력은 기쁨을 증가시키고 고통을 적게 한다. 그래서 일어난 모든 일에 흥미를 유발하고 정신건강에 기본이 되는 객관성을 증진시킨다. 인간이 자기 자신에만 몰입하게 되면 보는 것, 듣는 것 혹은 자신의 피부 외부에 있는 것에는 흥미를 갖지 못하게 된다. 그렇게 되면 인간 자신에게는 대단히 불행한 것이며, 최선의 경우라 해도 권태를 낳게 되고, 최악의 경우 우울증에 걸리게 된다. 이것은 또한 극히 예외의 경우를 제외하고 유용성에 치명적인 방해가 된다. 활력은 외부 세계에 관한 흥미를 촉진시킨다. 또한 곤란한 일을 극복하는 힘을 준다. 그뿐만 아니라 질투심에 안전장치가 되어 주기도 한다. 활력은 그 자신의 생활을 유쾌하게 하기 때문이다. 질투는 사람을 불행하게 하는 큰 원천의 하나이기 때문에 활력은 대단히 중요한 가치를 지닌 것이다. 물론 여러 가지 나쁜 성질이 활력과 양립할 수 있다. 예를 들면 건강한 호랑이의 경우가 그렇다. 한편, 많은 좋은 특질이 활력의 결핍과 양립할 수도 있다. 예를 들면, 뉴턴이나 로크는 거의 활력을 갖지 못했다. 이 두 사람은 신경질과 질투심을 가졌는데 만일 좀 더 건강했더라면 이 두 가지의 결점에서 자유로웠을 것이다. 만일 뉴턴이 건강하고, 일상생활의 즐거움을 누렸더라면 약 백 년 이상 끌었던 라이프니츠와의 논쟁으로 영국의 수학을 엉망으로 만드는 일은 없었을 것이다. 따라서 여러 가지 제한이 있지만, 나는 이상적인 특질 가운데서도 활력은 모든 사람이 지녀야 할 중요한 것으로 간주한다.

우리들의 목록 중 두 번째의 특질, 용기는 여러 가지 형태를 지녔고 그 모두가 복합적이다. 공포가 없다는 것도 하나의 용기이고 또한 공포를 자제하는 힘도 다른 용기이다. 다시 말해서, 두려워하는 게 합리적일 때 두려워하지 않는 것도 용기이고, 다른 하나는 두려워하는 것이 비합리적일 때 두려워하지 않는 것도 용기이다. 불합리한 공포가 없다는 것은 분명히 좋은 것이다. 또한 공포를 이겨내는 힘이 있다는 것도 좋은 일이다. 그러나 합리적인 공포가 결여된 것은 논쟁이 가능한 문제가 된다. 이 문제는 용기의 다른 형식을 언급할 때까지 보류

하기로 한다.

불합리한 공포는 대부분의 사람들의 본능적인 정서생활에서 대단히 큰 역할을 한다. 이런 병리학적 형태, 즉 피해망상증이나 근심걱정 증세 혹은 그 정도로 심각하지 않은 것 등의 경우, 이런 공포는 정신과 의사의 치료를 받는다. 그러나 좀 더 가벼운 형태의 공포는 정신이 온전하다고 생각되는 사람들 중에도 얼마든지 나타난다. 뭔지 위험하다고 생각하는 막연한 느낌, 좀 더 정확히 말해 '걱정거리'라고 할 수 있는 정도의 것이며, 쥐나 거미 같은 위험하지 않은 것에 대한 가벼운 두려움이다.[8] 지금까지 많은 공포는 본능적인 것으로 생각되는 게 보통이었다. 그러나 오늘날 많은 연구자들은 그와 같은 견해에 동의하지 않는다. 약간의 본능적인 공포 — 가령 큰 소리에 깜짝 놀란다든지 하는 것 — 는 있다고 본다. 그러나 대부분의 공포는 경험에 의한 것 또는 암시에 의한 것이다. 예를 들어, 어둠에 대한 공포는 전적으로 암시에 의한 것이다. 척추동물은 일반적으로 자연의 적에 대해 본능적인 공포는 없다. 다만 그들의 연장자로부터 배운 것이다. 이렇게 생각하는 데는 그만 한 이유가 있다. 사람이 동물을 기르면서 척추동물 가운데 흔히 볼 수 있는 공포는 없다는 것이 밝혀졌다. 그런데 공포는 전염성이 매우 빠르다. 아이들은 어른 자신이 공포를 표현했다고 느끼기도 전에 공포에 전염된다. 아이들은 엄마나 유모가 겁먹은 것을 암시에 의해 재빨리 흉내 낸다. 지금까지 남자들은 불합리한 공포에 깊이 빠져든 여자들을 매력적이라고 생각해 왔다. 결국 이와 같은 여성의 공포는 남성에게 실제 아무런 위험을 당하지 않고도 보호자가

---

8 아동기의 공포와 근심에 대해서는 William Stern, *Psychology of Early Childhood* (London : George Allen and Unwin, Ltd, 1924), xxxv장을 보라.

되는 것처럼 보이는 기회를 제공했다. 그러나 이 남자들의 아들은 그의 어머니로부터 공포를 이어받는다. 만일 아버지가 어머니를 멸시하지 않았다면 잃지 않을 수도 있었을 용기를 되찾기 위해 나중에 다시 훈련을 받아야 했다. 여성을 예속시키려고 해서 일어난 해악은 이루 헤아리기 어려울 정도다. 공포의 문제 또한 하나의 흔한 예증에 불과한 것이다.

나는 이 시점에서 공포나 근심을 줄이기 위한 방법을 논의할 생각은 없다. 이 문제는 나중에 생각하기로 한다. 그러나 이 단계에서 한가지 질문이 있다. 즉 우리는 공포를 억압하는 방법으로 다루어야 하는가 아니면 좀 더 근본적인 치료를 찾아야만 하는가? 지금까지 전통적으로 귀족계급은 공포를 표현하지 않도록 훈련해 왔고, 다른 한편으로는 종속적인 국민이나 계층과 여성을 겁쟁이로 만드는 훈련을 해왔다. 용기에 대한 기준은 유치할 정도로 행동주의적이다. 즉 남자는 전쟁터에서 도망치면 안 되고, '남자다운' 운동시합에서 능숙한 선수가 되어야 하고, 화재가 났을 때, 난파했을 때 혹은 지진이 났을 때 자제력을 유지해야 한다. 남자는 단순히 올바른 일을 해야 할 뿐만 아니라 겁에 질리거나, 떨거나 혹은 숨을 헐떡거리는 등 남에게 공포의 표정을 쉽게 보여서는 안 된다. 내가 관찰한 이 모든 것은 대단히 중요한 것이다. 나는 모든 국가와 모든 계층에서 남성 여성의 구분 없이 용기를 기르기를 바란다. 그러나 그 방법이 억압적이면 실행에 옮겨졌을 때 언제나 해악이 따라온다. 용기 있는 모습을 만들기 위해 언제나 강력한 무기로 이용된 것은 수치심과 굴욕감이다. 그러나 실제로 그런 방법은 공포의 갈등을 일으키는 원인이 되는 것이다. 즉 그렇게 함으로써 세상의 비난이라는 위협이 더욱 강하게 돌아올 수 있다. '네가 위협당하는 경우 외에는 언제나 옳은 말을 해라'는 것이 나의 어린 시절에 배운 교훈이었다. 그러나 예외는 허용될 수 없다. 공포는 행동에 있어서뿐만 아니라 감정에 있어서도 극복되어야 한다. 의식적인 감정뿐만 아니라 무의식적인 감정에서도 극복되어야 한다. 귀족적인 코드를 만족시켜 주는 공포에 대한 단순한 외형적인 승리는 마음속에서 작동하는 충동을 제거하지는 못하며 공포의 결과라는 것을 인지하지 못한 뒤틀린 악을 낳게 된다. 지금 공포와의 결합이 분명한 저 '폭탄 파열에 의한 정신충격'에 대해 말하는 것이 아니다. 나는 오히려 지배계급이 그들의 지배권을 유지하기 위한 억압과 잔인성의 전체적 조직에 대해 말하는 것이다. 최근 상하이에서 한 영국 장교가 무장하지 않은 중국 학생에게 도망가기만 하면 경고 없이 배후에서 사살한다는 지령을 내렸다. 그는 분명히 전쟁터에서 도망치는 병사와 똑같은 공포에 사로잡힌 것으로 보인다. 그러나 군대의 귀족계급은 이런 행동을 그 심리적 원천까지 거슬러 생각할 정도로 똑똑하지는 않다. 그들은 오히려 이런 행동이 확고한 그리고 이에 적합한 정신을 나타낸 것으로 본다.

심리학과 생리학의 관점에서 보면 공포와 광폭은 매우 유사한 감정이다. 광폭한 사람은 최고의 용기를 지닌 사람은 아니다. 최근에 일어난 사건들, 흑인 폭동, 공산당원의 반란, 기타 귀족제도를 위협하는 세력을 탄압하는 방법은 언제나 똑같은 것으로 그 잔인성은 비겁한 것에서 파생된 것이다. 따라서 분명하게 드러난 여러 형태의 악덕은 똑같은 경멸을 받아 마땅하다고 본다. 나는 보통의 남녀들에게 공포 없이 살 수 있다는 것을 가르칠 수 있다고 믿는다. 지금까지 공포 없이 살았다는 사람들은 극소수의 영웅이나 성자 몇 명뿐이다. 그러나 그들이 했던 방법을 가르쳐 준다면 다른 사람들도 할 수 있을 것이다.

억압에 의한 것이 아닌 용기는 여러 가지 요인이 복합되어 있다.

가장 가까운 것부터 들자면 건강과 활력이 필수적인 것은 아니지만, 많은 도움이 될 것이다. 그리고 위험한 상황에서의 실천력과 기술은 매우 바람직하다. 그러나 우리는 이런저런 경우의 용기보다는 보편성 있는 용기를 고찰하며, 보다 근본적인 것을 요구해야 한다. 우리가 요구하는 것은 자존심과 생에 대한 비개인적인 인생관의 융합이라 하겠다. 자존심부터 관찰하자. 어떤 사람은 스스로 독자적인 인생을 산다. 그에 비해 다른 사람들은 이웃의 감정이나 말에 따라 사는 단순한 거울에 불과하다. 이 후자에 속하는 사람들은 진정한 용기를 결코 가질 수 없다. 즉 그들은 칭찬이 필요하고 칭찬을 잃을까 겁이 나서 몰리게 된다. '겸손'을 가르치는 것은 바람직한 것으로 생각되었으나 그것은 이와 동일한 악덕의 일그러진 형태를 낳는 수단일 뿐이었다. '겸손'은 자존심을 억압했으나 타인의 존경을 받고 싶은 욕망은 억압하지 않았다. 다만 신용을 얻는 수단으로 단순히 명목상으로 자기 비하를 했을 뿐이다. 따라서 겸손은 위선과 본능의 왜곡을 낳게 했다. 아이들은 이치에 맞지 않는 복종을 배우게 되고 그들이 자란 다음에는 남에게 복종을 강요하게 된다. 즉 복종하는 것을 배운 사람만이 어떻게 명령하는지 알게 된다는 것이다. 내가 말하고 싶은 것은 누구도 복종하는 방법을 배워서는 안 되고 또한 아무도 명령하지 말아야 한다는 것이다. 물론, 나는 협동적인 일을 할 때 지도자가 있어서는 안 된다는 말을 하는 것은 아니다. 그 지도자의 권위는 마치 축구팀의 주장과 같은 것이어야 한다. 즉 하나의 공동목표를 달성하기 위해 자발적으로 복종하는 권위다. 우리들의 목표는 우리들 자신을 위한 것이지 외부의 권위를 위한 것은 아니다. 또한 우리의 목표를 다른 사람에게 강제로 부과해서는 안 된다. 이것이 바로 내가 말하는, 아무도 명령해서는 안 되고 누구도 복종해서는 안 된다는 것이다.

가장 높은 수준의 용기를 위해 대단히 필요한 또 하나의 다른 것이 있다. 그것은 방금 지적한 것처럼 생에 대한 비개인적인 인생관이다. 희망 혹은 공포가 전적으로 자기 자신에게 집중된 사람은 평온한 마음으로 죽음을 바라보지 못한다. 죽음은 그의 정신적 세계 전체를 소멸시키기 때문이다. 여기서 다시 우리는 억압이라는 손쉬운 싸구려 방법이 전통적으로 이어져 온 것을 알 수 있다. 성인(聖人)은 '자아'를 거부하는 것을 배우지 않으면 안 된다. 또한 육체를 정화하고 본능적인 쾌락을 단념하지 않으면 안 된다. 이런 것을 해낼 수는 있다. 그러나 그 결과는 좋지 않다. 금욕적인 성인들은 그 자신의 쾌락을 거부하면서 다른 사람의 쾌락도 거부한다. 이는 어렵지 않은 일이다. 질투가 밑바닥에 버티고 있어 결국 그로 하여금 고통은 고귀한 것이고 따라서 고통을 주는 것이 정당하다고 생각하게 된다. 이렇게 되면 완전한 가치의 뒤바뀜이 일어난다. 즉 좋은 것은 나쁜 것이 되고 나쁜 것은 좋은 것이 된다. 모든 해악의 근원은 자연의 욕구나 본능을 넓히고 발전시키는 대신 부정적인 억압에 복종하는 데서 찾게 되기 때문이다. 인간의 본성 가운데는 별 노력 없이도 '자아'를 초월하게 하는 경우가 있다. 그중 가장 흔한 것이 사랑이며, 특히 부모의 사랑이다. 이것은 어떤 경우에는 전 인류를 포함할 만큼 보편적인 것이다. 다른 하나는 지식이다. 갈릴레오가 특별히 자비로운 사람이라고 상상할 필요는 없다. 그러나 그는 죽음으로도 꺾을 수 없는 하나의 목적을 위해서 살았다. 또 하나는 예술이다. 사람이 자신의 육체 외에 무엇에 대해 흥미를 갖는 것은 사실상 그의 생활을 그만큼 비개인적으로 만들게 한다. 이런 이유로, 역설적으로 보일지도 모르지만 넓게 그리고 활기찬 흥미를 가진 사람은 개인적인 우환에 구속된 불쌍한 우울증 환자보다 편안한 죽음을 맞이하는 데 어려움이 적을 것이다. 이와 같이 완전한 용기란 다양한 흥미를 갖는 사람에게서 발견된다. 그런 사람은 자아라는 것이 세계의 작은 부분에 지나지 않는다는 것을 느낀다. 자기 자신을 경멸해서가 아니라 자기 외의 많은 것을 높이 평가하기 때문이다. 이런 것은 본능이 자유롭고 지성이 활발하게 활동하지 않으면 거의 일어나지 않는다. 이 두 개의 결합으로 말미암아 주색에 빠지는 사람이나 금욕적인 사람에게는 이해가 안 되는 넓은 전망이 보인다. 그리고 이 같은 전망에서 보면 개인의 죽음 같은 것은 아주 사소한 것이 된다. 이 용기는 긍정적이거나 본능적이며, 부정적이거나 억압적인 것은 아니다. 완전한 성격의 중요한 구성요소의 하나로 내가 관찰한 것은 긍정적인 의미의 용기이다.

다음, 세 번째 목록에 있는 감수성은 어떤 의미에서 단순한 용기의 변형이다. 여러 가지 위험을 이해하지 못한 사람에게 용기 있는 행동은 그리 어렵지 않다. 그러나 이 같은 용기는 때로는 어리석은 것이 된다. 무지 혹은 건망증에 의해 생긴 행동을 우리는 결코 만족스러운 것으로 보지 않는다. 최대한의 가능성을 가진 지식과 그 실천만이 바람직한 본질적인 것이 된다. 그러나 인식한다는 것은 지적인 두뇌에서 나온다. 감수성은 내가 사용하는 의미에서는 정서에 속한다. 순수한 이론적인 정의를 내린다면 많은 자극이 사람에게 여러 가지 감정을 유발시킬 때 정서적으로 감수성이 있다고 한다. 그러나 넓은 의미로 본다면 그런 성질이 반드시 좋은 것일 필요는 없다. 만일 감수성, 감성이 좋은 것이 되려면 정서적 반응이 어느 의미에서 적절하지 않으면 안 된다. 단지 강도가 높아야 할 필요는 없다. 내가 말하고 싶은 감수성은 많은 사물에 의해, 그리고 옳은 일에 의해 유쾌한 것이 되기도 하고 혹은 그 반대가 되기도 하는 성질이다. 무엇이 옳은 일인지 설명하겠다. 첫째, 생후 5개월 된 아기들은 대부분 음식이나 따뜻함과 같은 단순한 감각적 즐거움을 넘어 사회적인 인정을 받는 즐거움으로 향한다. 이 즐거움은 일단 경험하면 대단히 급속하게 발전한다. 모든 아기들은 칭찬을 좋아하고 야단맞는 것을 싫어한다. 잘 보여야겠다는 이 소망은 전 생애를 통해 지배적인 동기가 된다. 이런 소망은 즐거운 행동을 유발하는 자극으로서, 또한 탐욕스러운 충동을 억제하는 제재로 대단한 가치가 있다. 우리의 칭찬이 좀 더 현명하다면 훨씬 더 소중한 것이 될 것이다. 그러나 최고의 칭찬을 받은 영웅들이 가장 수많은 사람을 죽인 사람들이라면 칭찬을 열망하는 것만으로는 즐거운 생활에 적합한 것이 될 수 없다.

다음으로 바람직한 감성의 발달단계가 되는 것은 공감이다. 순전히 신체적인 공감이 있다. 즉 어린이들은 동생이나 형 또는 여동생이 우는 것을 보고 따라 우는 경우가 있다. 내 생각에, 이것은 이후 더 발전할 수 있는 기초가 된다고 본다. 이런 경우, 필요한 것은 두 개의 방향으로 확대하는 것인데, 첫째는 고통 받는 사람이 특별한 애정의 대상이 아닌데도 공감을 느끼게 되는 경우이고, 둘째는 고통이 현재 일어난 것이 아니라 일어날 것을 단지 예감하는 경우 느끼게 되는 공감이다. 이 두 번째의 경우는 대부분 지성과 관계가 있는 것이다. 즉 잘 만든 소설이 생생하고도 감동적으로 그려졌을 때 고통에 대한 공감을 느끼는 경우와, 다른 한편으로 단지 통계지표만 보고도 정서적으로 감동을 받는 경우를 예로 들 수 있다. 추상적인 공감에 대한 능력은 대단히 중요한 것만큼 희귀한 것이다. 사람은 누구나 사랑하는 사람이 암으로 고통 받을 때 깊은 상처를 받는다. 많은 사람들은 병원에서 고통 받는 사람을 잘 모른다 해도 동정이 간다. 그러나 암으로 죽는 사람의 확률이 이러이러하다는 기사를 읽을 때 사람들은 대체로 순간적으로 개인적인 공포를 느낄 뿐이다. 혹시 자기가, 혹은 그의 사랑하는 사람이 이 병에 걸리지 않을까 하는 걱정에서 생긴 공포다. 전쟁의 경우도 마찬가지다. 사람들은 그의 아들이나 형제가 불구가 되었을 때 전쟁에 대한 공포를 느낀다. 그러나 한 백만 명이 불구가 된다고 그들이 전쟁에 대해 백만 배의 공포를 느끼는 것은 아니다. 개인적으로 일할 때 넘쳐날 듯이 친절을 베푸는 사람이라도 전쟁이 일어남으로써 얻게 된 수입이나 '후진국'의 어린이들을 고통스럽게 해서 얻은 수입이 있을 수 있다. 이 같은 모든 현상은 공감이 대부분의 사람들에게 한낱 추상적인 자극으로는 일어나지 않는다는 사실이다. 만일 이런 것이 구제될 수 있다면 근대사회의 대부분의 해악은 근절될 수 있다. 과학은 먼 거리에 사는 사람의 생활에 영향을 미칠 수 있는 힘을 증대시켰으나 그렇다고 해서 그들에 대한 동정심이 저절로 증가하는 것은 아니다. 가령, 당신이 상하이에 있는 직조회사의 주주라고 가정하자. 당신은 단지 투자자로서 경제적인 충고에 따르는 바쁜 사람일 뿐이다. 당신이 끌리는 흥미는 상하이도 아니고 면직물도 아니다. 오직 당신이 받는 배당금일 뿐이다. 그러나 당신은 죄 없는 사람들을 학살하는 세력의 한 부분이 되고 있다. 만일 어린아이들에게 부자연스럽고 위험한 노동을 강요하지 않았다면 당신의 배당금이 없어질 수도 있다. 그러나 당신은 그런 일에 무심하다. 왜냐하면 당신은 한 번도 그런 아이들을 만난 적이 없고 그리고 추상적인 자극이 당신을 움직이지 않기 때문이다. 이것이 바로 왜 대규모의 산업주의가 그렇게 잔인하고, 왜 약소민족의 억압을 묵인하게 되었는가에 대한 근본적인 이유이다. 추상적인 자극에 대한 감수성을 기르는 교육을 한다면 이런 일은 불가능하게 할 수도 있다.

인지적 감성을 이에 포함시켜야 하는데 이것은 실제 관찰의 습관과 같은 것이다. 그리고 이 문제는 지성과 관련지어 고찰하는 것이 더 자연스럽다. 심미적인 감성의 몇 가지 문제를 제기할 수는 있으나 여기서 논하고 싶지는 않다. 그래서 나는 우리의 목록에서 네 번째가 되는 성질 즉 지성으로 넘어가겠다.

전통적 도덕관의 가장 큰 결점의 하나는 지성이 낮게 평가받았다는 점이다. 이런 면에서 희랍인은 잘못이 없었다. 그러나 교회는 도덕 이외에 중요한 것은 없으며 그 도덕은 멋대로 '죄'의 딱지를 붙인 몇 가지 행동을 금지한 것이다. 이런 태도가 지속되는 한 지성이 인위적이고 관습적인 '도덕'보다 인간을 행복하게 한다는 것을 깨닫게 하기는 어렵다. 내가 말하는 지성은 실제의 지식과 지식의 수용성, 이 두 가지를 포함하는 것이다. 사실 이 두 가지는 밀접하게 관련되어 있다. 무식한 어른은 가르칠 수 없다. 예를 들어, 위생이나 음식 조절에 대해 과학이 언급한 것을 전적으로 믿지 못하기 때문이다. 독단주의의 정신으로 교육을 받지 않았다는 것을 전제로 한다면, 사람은 배우면 배울수록 더 많은 것을 배우기가 쉬워진다. 무지한 사람들은 지금까지 결코 그들의 생각하는 습관을 바꾸는 것을 강요당한 일이 없다. 그래서 그들은 불변의 태도로 굳어졌다. 그들은 회의적이어야 할 때 쉽게 믿어 버리고, 오히려 인정해야 할 때는 믿지 않는 것이다. '지성'이라는 말의 뜻은 분명히 이미 획득된 지식이 아닌, 획득할 수 있는 능력을 뜻할 때 더욱 적절하다고 본다. 그러나 이런 능력 혹은 재능은 피아니스트나 곡예사의 재능과 마찬가지로 연습 없이 얻을 수 있다고 보지는 않는다. 물론 지성을 훈련하지 않는 방법으로 정보를 전달할 수는 있다. 가능할 뿐만 아니라 쉬운 일이다. 그리고 종종 그렇게 해 왔다. 그러나 정보를 전달하지 않고, 아니면 어느 정도 획득 가능한 지식을 제시하지도 않고 지성을 연마하는 가능성을 나는 믿지 않는다. 더구나 지성 없이는 이 복잡한 세상은 존속 불가능한 것이다. 더 나아가 진보란 생각할 수도 없다. 그래서 나는 지성의 개발이야말로 가장 중요한 교육목적의 하나라고 본다. 이 말은 일견 평범하게 들릴 수도 있다. 그러나 실제는 그렇지 않다. 옳은 신념이라고 생각한 것을 주입하겠다는 욕망이 자칫 교육자들로 하여금 지성의 훈련을 무시하게 만들었다. 이 점을 분명하게 하기 위해 지성에 대한 정의를 좀 더 구체적으로 내려 보겠다. 즉 지성이란, 지성에 필수적인 정신적 습관을 발견하는 것이다. 이런 목적을 위해 나는 단지 지금까지 축적된 지식, 지성의 정의에 합당하게 포함될 수 있는 지식보다는 지식을 획득할 수 있는 능력에 대해서만 고찰해 보겠다.

지적 생활의 본능적인 기초는 호기심이다. 호기심은 초보적인 단계에서는 동물에도 있는 것이다. 지성은 활발한 호기심을 요구한다. 그러나 그것은 일정한 종류의 것이어야 한다. 마을 이웃집 사람들로 하여금 어두운 데서 커튼 너머로 훔쳐보게 하는 것은 전혀 높은 가치를 매길 수 없다. 널리 퍼진 헛소문에 대한 흥미는 지식에 대한 사랑이 아니라 악의에 찬 것이다. 사람들은 타인의 감추어진 덕성에 대해서는 소문을 내지 않는다. 오직 감추어진 결점에 대해서만 소문을 낸다. 따라서 대부분의 소문은 사실이 아니고 게다가 이 소문을 시정하려는 수고는 하지 않는다. 우리 이웃의 죄는 마치 종교적 위안이나 얻은 것처럼 기분 좋은 것이기 때문에 우리는 그 증거를 정밀하게 조사하기 위해 소문 퍼뜨리기를 멈추지 않는다. 한편, 소위 올바른 호기심은 지식에 대한 순수한 사랑에 의해 살아난다. 당신은 이런 충동을 고양이의 행동 속에서 볼 수 있다. 낯선 방에 들어선 고양이는 방안의 가구 하나하나의 냄새를 맡으며 돌아다니는 것을 볼 수 있다. 그와 같은 행동은 어린아이에게서도 볼 수 있을 것이다. 즉 평상시에는 닫혀 있는 찬장이나 서랍을 열어 보고 대단한 흥미를 보인다. 동물, 기계,

뇌우와 여러 가지 세세한 물건은 어린아이들의 호기심을 유발한다. 지식에 대한 어린이들의 갈망은 가장 지적인 어른들을 충분히 부끄럽게 만든다. 이러한 충동은 나이를 먹으면서 점점 약해진다. 그래서 마침내 익숙하지 않은 것에 단지 혐오감을 느낄 뿐 좀 더 자세히 알아보고 싶은 마음이 사라진다. 이 단계가 바로 '세상이 개판이고 우리가 젊었을 때와는 딴판'이라는 소리가 나오는 때이다. 그러나 옛날과 전혀 다르다는 것은 그 말을 하는 사람의 호기심이 없다는 말이다. 즉 호기심이 죽어 버리면 활발한 지성 또한 죽어 버린다.

그러나 아동기를 지나면서 호기심은 그 강도나 범위가 줄어든다 하더라도 상당 기간 동안 그 질은 발전시킬 수 있다. 보편적인 진리에 대한 호기심은 개별적인 사실에 대한 호기심보다 높은 수준의 지성을 시사한다. 넓게 말해서, 보편성의 정도가 높으면 높을수록 그 속에 포함된 지성은 그만큼 큰 것이다(그러나 이 규칙은 너무 엄격하게 생각해서는 안 된다). 개인적인 이해관계를 떠난 호기심은 말하자면 먹을 것과 연결된 호기심보다 한층 높은 수준으로 발전한 것이다. 낯선 방에 들어간 고양이가 냄새를 맡으며 돌아다니는 것은 전혀 과학적인 탐구는 아니다. 다만 잡아먹을 쥐를 찾는 것이다. 이해관계를 떠난 호기심이 최선이라는 것은 어쩌면 전적으로 정확하지 않을지도 모른다. 오히려 다른 이해관계가 직접적인 것이 아니고 또한 불분명할 때 그리고 어느 정도의 지성으로만 발견될 수 있을 때 호기심은 최선일 수 있다. 그러나 이 같은 견해는 지금 결정할 필요는 없다.

호기심이 결실을 맺기 위해서는 지식 획득을 위한 어떤 기술과 연결되어야 한다. 그것은 관찰하는 습관 그리고 지식의 가능성에 대한 신념과 인내심, 근면성을 들 수 있다. 이런 것들은 타고난 호기심의 소질과 적합한 지적 교육을 통해 저절로 발달될 수 있다. 그러나 우리의 지적 생활은 활동의 일부일 뿐이고 더욱이 호기심이 항상 다른 여러 가지 정서와 갈등을 일으키기 때문에 어떤 종류의 지적 덕성이 필요하다. 가령, 열린 마음과 같은 것이다. 우리는 습관과 욕망으로 말미암아 새로운 진리에는 먹통이 되어 있다. 과거 수년 동안 굳게 믿었던 것을 불신하는 것, 또한 우리의 자존심이나 또 다른 기본적인 감정을 지배하는 것을 의심한다는 것은 결코 쉬운 일이 아니다. 그렇기 때문에 열린 마음은 교육목적이 제시해야 할 특질의 하나가 되어야 한다. 현재 이것은 극히 한정된 범위에서 실행되고 있을 뿐이다. 1925년 7월 31일에 나온 신문『데일리 헤럴드』(*The Daily Herald*)에서 다음과 같은 글이 이를 설명하고 있다.

> '부틀 학교의 아이들 정신 상태가 교사들에 의해 형편없이 파괴되었다는 주장을 조사하기 위해 임명된 특별위원은 부틀 교구위원회에 그 결론을 제출했다. 특별위원의 의견은 그 주장에 증거가 있다는 것이다. 그러나 위원회는 "증거가 있다"는 말을 지워 버렸다. 그리고 "그 주장은 합리적인 조사가 필요한 이유를 제공한다"라고 했다. 위원에 의해 작성되었고 위원회가 채택한 답신은 다음과 같다. 앞으로 교사를 채용할 때 위원들은 하느님과 종교를 숭배하고 또한 국가의 공적, 종교적 제도를 존경하는 습관을 지닌 학생들의 양성을 책임질 것이다.'

그렇게 되면 앞으로 어떤 문제가 일어나든 부틀에서는 편견 없는 공정성이란 찾아보기 어려울 것이다. 위원회는 그들의 계획을 실행에 옮기는 최선의 방법을 위해 데이튼과 테네시에 대표를 파견할 것이다. 그러나 그럴 필요는 없을 것이다. 결의안의 내용으로 보면 부틀은 문맹정책을 시행하는 데 그 이상의 어떤 교육도 불필요한 것으로 보이기 때문이다.

용기는 신체적, 영웅적 자질과 마찬가지로 지적 성실성을 위해서
도 중요한 것이다. 우리가 사는 세상은 알 수 없는 것이 생각보다 훨
씬 더 많다. 인생은 그 첫 출발부터 불확실한 추리를 통해 마음의 습
관과 외계의 법칙을 혼동하고 있다. 모든 종류의 지적 체계, 즉 기독
교, 사회주의, 애국심 그리고 기타 등등 모두 마치 고아원처럼 노역에
대한 대가로 안전성을 주는 것과 같다. 생활이 어떤 한 가지 신조로
둘러싸이게 되면 자유로운 정신생활은 할 수 없는 것이다. 오직 하나
의 신조만이 밖에서는 스산한 겨울폭풍이 부는데도 포근하고 따뜻한
화롯불처럼 위로를 준다.

여기서 우리는 다소 어려운 문제에 봉착하게 된다. 즉 행복한 생활
이란 어느 정도의 범위에서 대중 집단으로부터 벗어나야 하는 것인
가? 나는 '집단 본능'이라는 말을 쓸 때 망설이지 않을 수 없다. 왜냐
하면 이 말의 정확한 뜻에 대해 이론이 분분하기 때문이다. 그러나 어
떤 해석이든 간에 묘사되는 현상은 비슷하다고 본다. 우리는 우리가
협력하고 싶은 집단 — 우리 가족, 우리 이웃, 대학동료, 우리 정당 혹
은 우리나라 — 과 잘 지내기를 바란다. 이것은 자연스러운 일이다.
왜냐하면 우리는 협동 없이는 생의 어떤 즐거움도 얻을 수 없기 때문
이다. 그뿐만 아니라 정서는 전염되는 것인데 특히 동시에 다수의 사
람들이 느끼는 경우에는 더욱 그렇다. 타인에게 전염되지 않고 어떤
흥분된 모임에 참여하는 사람은 거의 없을 것이다. 그곳에 있는 사람
들이 반대편 사람일 때도 반대한다는 이유로 흥분하게 된다. 이와 같
이 많은 사람들에게는 그들이 자기의 생각을 지지해 주는 다른 집단
을 생각할 때만 반대가 가능하다. 왜 성도(Communion of Saints)의
단결이 박해받는 자에게 위로가 된다는 건지 알 만하다. 우리는 대중

과 협력하기 위해 이 욕망을 묵인할 것인가 아니면 이 욕망을 약화시
키는 교육을 할 것인가? 양쪽 모두 일리는 있다고 본다. 옳은 대답은
그 어느 한쪽을 전적으로 찬성하는 것이 아니라 양쪽의 균형을 찾는
데서 나온다고 본다.

나는 이렇게 생각한다. 즐겁게 타인과 협력하려는 욕망은 당연히
강하고 정상적이어야 한다. 그러나 어떤 중요한 일이 생길 때는 이 욕
망이 다른 욕망에게 양보할 수 있어야 한다. 남을 즐겁게 해 주는 욕
망이 바람직하다는 것은 이미 감수성과 연결해 고찰한 바 있다. 이것
없이는 우리는 모두 촌놈이나 다름없을 것이다. 가족은 물론 모든 사
회집단도 존재할 수 없을 것이다. 어린이교육은 그 부모들의 찬성을
얻지 못한다면 매우 곤란할 수 있다. 정서적 감염성 또한 좀 더 현명
한 사람에서 좀 더 어리석은 사람에게 전염될 때 쓸모 있는 것이다.
그러나 광적인 공포나 광적인 격정의 경우는 말할 것도 없이 이 전염
성은 유해한 것이 된다. 따라서 정서적 수용성의 문제 또한 단순한 것
이 아니다. 순수하게 지적인 문제에서도 이는 결코 단순한 문제가 아
니다. 위대한 발견자들은 군중에 저항하지 않을 수 없었고 그들의 독
립정신으로 말미암아 적개심을 초래하게 되었다. 그러나 보통 사람들
의 의견은 그들 자신이 생각할 때 늘 그런 것처럼 그렇게 현명한 것은
아니다. 적어도 과학에서는 권위에 대한 보통 사람들의 존경은 전체
적으로 볼 때 유익하다.

생활환경이 특별히 다르지 않은 보통 사람이라면 한 인간의 삶에
는 막연히 군중 본능이라 할 수 있는 것이 지배하는 넓은 영역과 그
본능이 침투되지 않는 적은 영역이 있다고 생각한다. 이 적은 영역은
그 사람의 특수한 능력의 세계가 된다. 모든 사람이 좋아하지 않는 여
자라면 그녀를 좋아할 수 없다는 남자를 우리는 좋게 보지 않는다. 한

남자가 아내를 선택할 때, 그만의 독자적인 느낌으로 선택하는 것이
지 그가 속한 사회의 선택으로 정해서는 안 된다고 생각하기 때문이
다. 그의 판단이 그의 이웃 사람들의 판단과 일치할 때는 별문제가 없
지만 사랑에 빠진 사람은 그의 독자적인 판단에 따라야 한다. 이와 같
은 경우가 다른 여러 방면에도 해당된다. 농부는 경작지의 생산능력
에 대해서 그 자신의 판단에 따라야 한다. 물론 그의 판단이 과학적
경작에 대한 지식을 습득한 후에 생긴 것일지라도 말이다. 경제학자
는 금융의 유통 문제에 대해 독립된 판단을 내려야 하지만 보통 사람
은 권위자의 판단에 따르는 것이 좋다. 특별한 능력이 있는 곳에는 언
제나 독립성이 있어야 한다. 그렇다고 세상과 거리를 두면서 일종의
고슴도치처럼 털을 곤두세울 필요는 없다. 일상생활의 대부분은 협동
적인 것이다. 그리고 협동에는 본능적인 기초가 있어야 한다. 그럼에
도 우리에게 잘 알려진 일에 대해서는 우리 자신이 스스로 생각할 수
있는 것을 배우지 않으면 안 된다. 그리고 우리가 중요하다고 믿는다
면 그것이 인기 없는 의견이라 해도 그것을 주장하는 용기가 있어야
한다. 물론 이렇게 넓은 의미의 원칙을 특수한 경우에 적용한다는 것
은 쉬운 일이 아니다. 그러나 보통 사람들이 여기서 다루고 있는 도덕
성을 지니고 있는 세계가 있다면 그 세계는 오늘날처럼 어렵지는 않
을 것이다. 예를 들면, 이와 같은 세상에서는 박해를 받은 성자와 같
은 사람은 존재하지 않을 것이다. 선량한 사람은 초조해하거나 수줍
어할 필요가 없다. 그의 선의는 본능에 따라온 결과이며 동시에 그것
은 그의 본능적인 행복과 결합할 것이다. 이웃은 그를 미워하지 않을
것이다. 왜냐하면 그를 무서워하지 않기 때문이다. 개척자들에 대한
증오심은 그들이 불을 붙여 일어나는 폭동에 의한 것이지만, 이런 폭
동은 용기를 지닌 사람들에게는 존재하지 않는 것이다. 공포에 지배

당한 사람만이 큐클럭스클랜(Ku Klux Klan)[9]이나 파시스트당에 참가할 것이다. 용기 있는 사람들의 세상에 이러한 박해조직은 존재하지 않을 것이다. 또한 행복한 생활은 오늘날과 같은 본능에 대한 저항이 그렇게 크지 않을 것이다. 좋은 세상은 오직 공포가 없는 사람들에 의해 만들어지고 또한 유지될 수 있다. 이런 세상을 창조하는 과업에 성공하면 할수록 용기를 발휘할 기회는 줄어들 것이다.

활력, 용기, 감수성과 지성을 지닌 남녀의 세상은 교육이 산출할 수 있는 최고의 수준에서 지금까지 존재해 온 어떤 사회보다 차이가 날 것이다. 불행한 사람은 극소수가 될 것이다. 현재 불행의 주원인이 되는 것은 질병, 가난과 만족스럽지 않은 성생활이다. 이 모든 것은 점차 사라질 것이다. 건강은 거의 일반화되었고 노인들은 장수할 것이다. 빈곤은 산업혁명 후 전적으로 집단적인 어리석음 때문에 생긴 것이다. 감수성은 사람들로 하여금 빈곤에서 벗어나기를 바라게 할 것이고 지성은 그 방법을 알려 줄 것이다. 그리고 용기는 그 방법을 채택하도록 이끌 것이다. (비겁한 사람은 뭔가 달라지는 것보다 비참한 상태로 남아 있기를 바랄 것이다.) 현재 대부분의 사람들의 성생활은 다소 불만스럽다. 이것은 어느 부분은 교육의 잘못이다. 어느 부분은 권력집단이나 그룬디(Grundy) 부인과 같은 사람들에 의한 박해 때문이다. 불합리한 성에 대한 공포 없이 자란 여성들의 시대가 오면 이런 일은 끝나게 될 것이다. 여자들을 '정숙'하게 만드는 유일한 방법은 공포였다. 그래서 여자들을 심신양면으로 겁쟁이로 만들었던 것이다. 애정이 구속당했을 때 여자들은 남편의 마음속에 잔인성과

---

9 옮긴이 주: K. K. K.로 알려진 Ku Klux Klan은 미국 극우 백인 단체 이름으로 흑인을 박해하는 것을 최대 강령으로 하는 폭력 집단이다.

위선을 조장한다. 그리고 자녀들의 본능까지도 일그러뜨린다. 한 세대만이라도 여성이 공포를 지니지 않는다면 세상은 변화할 것이다. 즉 부자연스러운 모양으로 뒤틀리게 하지 않고 솔직하고, 분명하고, 관대하고, 사랑스러운 그리고 자유롭고 공포를 모르는 아이들의 세대가 되어 이 세상을 바꾸어 놓을 것이다. 그녀들의 열망은 태만하고, 비겁하고, 완고하고, 우매한 까닭에 일어난 오늘날의 고통과 잔인성을 일소할 수 있을 것이다. 이와 같은 악덕을 우리에게 제공한 것이 바로 교육이다. 또한 이와 정반대의 덕목을 우리에게 가르치는 것도 교육이다. 교육은 새로운 세상을 여는 열쇠이다.

이상, 일반적인 논의는 끝났다고 본다. 다음은 우리의 이상을 구현하기 위해 좀 더 구체적인 세부로 들어가야겠다.

2

성격교육
Education of Character

생후 첫해

아기가 태어난 후 첫해는 형식적 교육의 영역 밖에 있는 것으로 알려져 있다. 적어도 아기가 말할 수 있을 때까지, 더 이상 길지 않다면, 교육은 전적으로 엄마나 유모의 손에 의존하게 된다. 엄마나 유모는 본능적으로 아기에게 무엇이 좋은지를 안다고 생각했다. 그러나 사실상 그들은 몰랐다. 상당수의 아기들이 일 년 안에 사망했고 살아남은 아기들도 다수가 건강을 해쳤다. 잘못된 양육 때문에 해로운 마음의 습관이 이미 그 시기에 터를 잡은 것이다. 이런 모든 것은 극히 최근에 알려진 것이다. 과학이 육아 문제에 개입하자 꽤 많은 비난을 받았다. 왜냐하면 어머니와 아기의 감상적인 관계에 방해가 된다고 생각했기 때문이다. 그러나 감상과 사랑은 공존할 수 없는 것이다. 아기를 사랑하는 부모들은 아기가 살아남기를 원한다. 그 목적을 위해 지성을 적용할 필요가 생긴다면 그렇게 할 것이다. 따라서 우리는 아이가 없는 사람들이나 루소처럼 자기 아이를 고아원에 맡기는 사람들에게서 가장 강한 감상주의를 보게 된다. 최고의 교육을 받은 부모들은 과학이 언급하는 것이 무엇인지 알려고 노력한다. 교육을 받지 못한 부모들 또한 임산부 상담소에서 배우고 있다. 그 결과, 영아 사망률은 놀랄 정도로 감소되었다. 여기에 적절한 보호와 기술이 있다면 영아기에 사망하는 어린이는 극소수임을 충분히 짐작할 수 있다. 그뿐만 아니라 살아남은 어린이들이 심신 양면으로 보다 더 건강할 수 있다.

신체적 건강의 문제는 엄밀히 말해서 이 책에서 다루는 범위 밖에 있는 것이며 당연히 의사에게 맡겨야 하는 것이다. 나는 단지 이 문제가 심리학적 중요성을 가질 때만 언급할 것이다. 그러나 생후 첫해 동안은 신체적인 것과 정신적인 것을 구별하기 쉽지 않다. 하지만 교육자가 유아를 다룰 때 순전히 신체적인 실수 때문에 생긴 잘못을 나중에 알게 되면 고치기는 더 어려워질 수 있다. 따라서 우리는 본래 우리가 취급하는 범위 밖에 있다고 해서 전혀 이 문제를 다루지 않고 넘길 수는 없다.

신생아는 몇몇 반사운동과 본능을 갖고 태어나며 습관은 없다. 자궁 안에 있을 때 어떤 습관이 생겼다 해도 새로운 환경에서는 쓸모가 없다. 숨 쉬는 것조차 때로는 배워야 하는 경우가 있고 어떤 아기들은 빨리 이 학습을 하지 못해서 죽는 경우가 있다. 출생 시 충분히 발달된 본능이 있는데, 빨아들이는 본능이다. 아기가 이 본능에 충실히 따를 때 아기는 새로운 환경에서 편안한 느낌을 갖는다. 그러나 그 외에 눈을 뜨고 있을 때는 희미한 혼미 속에서 보내게 된다. 아기는 24시간 거의 대부분 잠을 잘 때, 이 상태에서 휴식을 취한다. 생후 2주가 지나면 모든 것은 달라진다. 아기는 규칙적으로 일어난 여러 가지 경험을 통해 여러 가지 기대를 하게 된다. 아기는 마침내 이미 하나의 보수주의자가 되고 어쩌면 그 후의 어떤 시기보다도 더 완전히 보수적일 수 있다. 어떤 새로운 것도 분노의 대상이 된다. 만일 말로 표현할 수 있다면 그는 이렇게 말할 것이다. '당신은 지금 내 일생 동안의 여러 습관을 바꾸고 있다는 것을 알고 있습니까?' 신생아가 획득하는 습관의 속도는 놀랄 만하다. 생후에 얻은 모든 나쁜 습관은 나중에 좋은 습관을 얻는 데 방해가 된다. 그렇기 때문에 영아기 첫 습관의 형성은 그만큼 중요한 것이다. 만일 첫 습관이 좋으면 나중에 수많은 어려움이 해결될 수 있다. 게다가 유아기에 몸에 배인 습관은 커서 마치 본능인 것처럼 느껴진다. 이런 습관은 본능과 같은 뿌리 깊은 근본적인 힘이 있다. 그 후에 생긴 새로운 대립된 습관은 그 같은 근본적인 힘은 가질 수 없다. 이런 이유로 최초의 습관은 충분히 신중함을 기해야 한다.

유아기의 습관형성을 생각할 때 우리는 두 가지 고찰을 하게 된다. 최초의 그리고 최대의 고찰은 건강이고, 다른 하나는 성격이다. 우리가 어린이에게 바라는 것은 어른의 귀여움을 받고 삶을 성공적으로 해결해 나가는 것이다. 다행히 건강과 성격은 동일한 방향을 향하고 있다. 즉 하나에게 좋은 것이 다른 하나에게도 좋은 것이다. 이 책에서 특별히 관심을 갖는 것은 성격이다. 그러나 건강에 대해서도 이에 못지않은 관심을 가져야 한다. 따라서 우리는 건강한 악한이냐 아니면 병약한 성자냐 하는 양자택일의 곤란을 겪을 필요는 없다.

오늘날 교육받은 어머니는 아기에게 울 때마다 젖을 주는 게 아니라 규칙적인 시간에 줘야 한다는 것을 알고 있다. 이와 같은 방법은 본래 아이의 소화작용에 좋기 때문이지만 이렇게 하는 것에는 충분한 이유가 있다. 이것은 또한 도덕교육의 관점에서도 바람직한 것이다. 아기는 어른이 생각하는 것보다 훨씬 더 약삭빠르다(미국식으로 귀엽다는 뜻이 아니라). 만일 아기가 울 때마다 좋은 결실을 얻게 된다면 아기는 운다. 나중에 커서 불평불만의 습관이 사람들의 귀여움을 받지 못하고 오히려 싫어하게 되는 원인이 된다는 것을 알게 되면 아이는 놀라게 되고 부모를 원망하게 된다. 아이들에게 세상은 냉담하고 인정이 없는 것으로 비친다. 그러나 만일 매력적인 여성으로 성장한 경우, 그녀가 불평불만을 쏟을 때도 귀여움을 받을 수 있다면 아동기 때부터 생긴 나쁜 습관은 더욱 굳어질 것이다. 비슷한 경우는 부자에게도 해당된다. 어렸을 때 올바른 방법으로 자라지 못하면 다 큰 다음에 그 능력에 따라 불평분자가 되거나 아니면 탐욕적인 사람이 된다. 필요한 도덕적 훈련을 시작하는 적절한 시기는 태어나는 순간부터이다. 왜냐하면 이 시기에는 도덕적 훈련을 기대에 어긋나지 않게 시작할 수 있기 때문이다. 자란 다음에는 이런 도덕적 훈련이 이와 대립되는 여러 습관과 부딪히게 될 것이고 결과적으로 성을 내고 분개할 것이다.

그렇기 때문에 아기를 다룰 때는 무시하는 것과 응석을 받아 주는 두 가지의 방법에 미묘한 균형이 필요하다. 건강에 필요한 모든 일은 해야 한다. 아기의 바람막이가 되어 주고 마른 기저귀로 따뜻하게 해 줘야 한다. 그러나 정당한 신체적 이유 없이 울 때는 그냥 울게 내버려 둬야 한다. 아니면 아이는 즉시 폭군으로 자라게 된다. 아이를 돌볼 때는 너무 야단스럽게 허풍을 떨지 말아야 한다. 필요한 것은 해야겠지만 그러나 지나친 동정의 표현은 하지 말아야 한다. 유년기의 어떤 시기에도 아기를 애완용 개보다 더 재미있는 노리개로 생각해서는 안 된다. 아기는 처음부터 어른이 될 가능성이 있는 사람으로 생각해야 한다. 어른들에게는 참을 수 없는 습관도 아기에게는 매우 즐거운 것일 수도 있다. 물론 아기는 실제로 어른의 습관을 가질 수 없다. 그러나 우리는 장차 아이들이 지녀야 할 여러 가지 습관을 몸에 배게 하는 데 장애가 되는 일은 모두 제거해야 한다. 무엇보다도 아이들에게 극복해야 할 자만심을 심어 주지 말아야 한다. 왜냐하면 어떤 경우에도 그런 자만심과 사실은 일치하지 않기 때문이다.

유아기 어린이교육이 어려운 것은 대부분 부모들의 세심한 균형 감각이 요구되기 때문이다. 건강을 지키기 위해 끊임없이 보살펴야 하며 주의를 기울여야 한다. 이런 일은 부모의 애정이 유난히 강한 경우를 제외한다면, 누구나 할 수 있는 정도는 된다. 그러나 애정이 있다 해도 현명한 것이 아닐 수도 있다. 아이에게 헌신적인 부모에게 어린이는 한없이 귀중한 것이다. 여기서 잘못하면 아이는 어른의 이 같은 애정을 눈치채고 자기 자신을 그 부모들이 느끼는 것과 동일하게 귀중한 것으로 안다. 그러나 그가 어른이 되었을 때 사회 환경이 그를 그만큼 좋아하지는 않을 것이다. 자신을 세계의 중심이라고 생각하는 아이의 이 같은 습관은 실망으로 이어질 것이다. 그렇기 때문에 생후 일 년뿐만 아니라 그 이후에도 부모들은 아이가 아프더라도 편안하게, 즐겁게 또는 아무 일도 아닌 것처럼 해야 한다. 예전에는 아기들을 응석받이로 가두어 놓고 동시에 팔다리는 묶어 언제나 덥게 입혀 길렀다. 아기들은 자발적인 활동이 저지당했다. 그 대신 아기들은 귀여움을 받고 노래도 불러 주며 안고 어르고 야단스럽게 자랐는데 이것은 잘못된 것이다. 이렇게 해서 아이들을 스스로는 아무것도 못하는 기생충과 같은 인간으로 만들기 때문이다. 올바른 규율은 다음과 같다. 즉 자발적인 활동을 장려할 것과 타인에게 요구하는 것을 억제하는 것이다. 당신이 얼마나 많은 것을 해 주고 있는지 또는 얼마나 많은 도움을 주는지를 아이에게 알려 주지 말아야 한다. 가능하면 아이 자신의 힘으로 해냈다는 성공의 기쁨, 즉 어른들에게 폭군적인 행동으로 얻어 낸 것이 아닌 성공의 기쁨을 맛보게 하는 게 좋다. 현대교육의 목적은 외적인 훈련을 최소한으로 줄이는 것이다. 필요한 것은 어린이 자신의 내부로부터의 자아훈련이다. 이와 같은 훈련은 다른 어떤 시기보다 생후 첫해 동안에 가장 쉽게 몸에 배게 할 수 있다.

예를 들면, 아기를 잠재우기 위해 유모차를 이리저리 끌고 다니지 말아야 한다. 혹은 안아 주거나 어른이 보이는 곳에 아기를 두거나 하지 말아야 한다. 당신이 한 번 그렇게 하면 아기는 다음에도 그렇게 해 주기를 바란다. 그렇게 되면 거의 믿을 수 없는 정도로 짧은 시간 내에 아기를 잠재운다는 게 보통 겁나는 일이 아닌 게 된다. 아기를 따뜻하게, 기저귀가 젖지 않게 하고 편안하게 해 주라. 그리고 자리에 내려놓고 잠시 내버려 두어라. 아기는 몇 분 동안 울지도 모른다. 그러나 아픈 데가 없다면 곧 울음을 그칠 것이다. 그리고 곧 깊은 잠을 잘 것이다. 더욱이 이런 방법은 달래고 어르고 하는 것보다 더 깊은 잠을 자게 한다.

신생아는 앞서 지적한 것처럼 습관이 없다. 다만 반사작용과 본능이 있을 뿐이다. 이 말은 아기의 세상은 '사물'로 구성된 것이 아니라는 것이다. '사물'에 대한 개념이 성립되기 위해서는 반복되는 경험이 필요하다. 침대의 감촉, 엄마 품의 냄새 혹은 우유병의 냄새, 엄마나 유모의 목소리는 금세 친숙하게 느껴진다. 엄마나 침대의 형태를 눈으로 보는 것은 시간이 좀 지나야 한다. 왜냐하면 신생아는 사물의 형태를 구분하기 위해 어떻게 초점을 맞춰야 할지 모르기 때문이다. 이것은 촉각과 시각과 후각 그리고 청각이 합쳐져 사물에 대한 상식적인 의미로 통합되었을 때 서서히 자란다. 또한 사물의 개념은 다른 사물의 개념을 기대하게 되는 것인데, 즉 여러 개념의 연합을 통한 습관의 형성을 통해 천천히 습득된다. 그렇다고 해도 한동안 사람과 사물의 차이를 느끼는 것은 쉽지 않을 것이다. 어떤 때는 엄마 젖을, 그리고 다른 때는 우유병으로 먹일 때 아기는 엄마 젖과 우유병의 차이를 느끼지 못한다. 이 시기의 교육은 전적으로 순전히 신체적 수단에 의존한다. 아기의 쾌감은 신체적인 것 — 주로 따뜻함과 먹을 것 —

이고 그리고 아기의 불쾌감 역시 신체적인 것이다. 행동의 여러 가지 습관은 유쾌한 것과 관련된 것이 무엇인지를 찾거나 아니면 불쾌한 것과 관련된 것을 피하는 것으로 형성된다. 아기가 우는 것은 때로는 불쾌한 것과 결합된 반사작용이며 어느 때는 유쾌한 것을 추구하는 행동이다. 처음에는 물론 전자에 한한 것이다. 더구나 설령 아기가 고통을 받는다 해도 가능한 한 빨리 제거되는 것이라면 당연히 우는 행위는 즐거운 결과를 기대하는 것이다. 따라서 아기는 신체적인 고통을 느껴 우는 것이 아니라 유쾌한 것을 바라고 울기 시작한다. 최초의 지적 승리가 이것이다. 그러나 아무리 해 봐도 정작 아플 때처럼 울 수는 없다. 엄마의 귀는 이 울음소리를 구별한다. 만일 현명한 엄마라면 신체적인 고통의 표현이 아닌 울음은 무시해 버리는 것이다. 아기를 어르거나 노래를 들려주며 즐겁게 해 주는 것은 쉬운 일이고 또한 즐거운 일이다. 그러나 아기는 놀랄 만큼 빨리 이런 즐거움을 더 많이 요구할 것이다. 그렇기 때문에 이런 즐거움은 곧 필요한 수면에 방해가 된다. 아기는 먹는 시간 외에는 거의 종일 자는 게 일이어야 한다. 이런 교훈은 아기에게 가혹한 것 같지만 사실 아기의 건강과 행복을 위해 좋다는 경험에서 나온 것이다.

그런데 어른들이 준비한 즐거움은 어느 정도의 한계가 있어야 하고 한편, 아기가 혼자서 즐기는 것은 최대한으로 즐길 수 있게 해 줘야 한다. 처음부터 아기에게는 근육운동을 위해 걷어차는 기회를 줘야 한다. 우리의 조상들이 해 온대로 포대기로 아기를 감싸는 일을 어떻게 그렇게 오랫동안 지켜 왔는지 참으로 이해할 수 없는 일이다. 이것은 아무리 애정을 쏟는 부모라도 게으름을 극복하는 것이 얼마나 어려운 것인지를 말해 준다. 왜냐하면 아기의 손발이 자유롭게 되면 어른의 일이 더 많아지기 때문이다. 아기가 눈을 맞추게 되면 곧 움직이는 것, 그중에서도 바람에 흔들리는 것들을 지켜보며 즐거워한다. 아기가 눈에 보이는 물건을 손으로 잡을 수 있을 때까지 아기가 즐기는 것은 얼마 되지 않는다. 그러나 얼마 안 있어 즐거운 일들이 엄청나게 많아진다. 얼마 동안은 물건을 잡는 동작이 아기가 깨어 있는 동안의 행복이 될 것이다. 딸랑이를 좋아하는 것도 이 시기이다. 이보다 조금 앞서 발가락과 손가락을 자유롭게 움직인다. 처음에 발가락의 움직임은 순전히 반사적인 것이다. 다음으로 아기는 스스로 마음대로 움직일 수 있다는 것을 알아낸다. 이 일은 마치 외국을 정복하는 제국주의자의 기쁨과 같은 것이다. 발가락은 육체의 다른 부분이 아니라 자아와 통합된 것이 된다. 이때부터 아기는 손이 닿는 곳에 물건이 있는 한 많은 즐거움을 찾게 된다. 더욱이 아기가 재미있어 하는 것은 대부분 유아교육이 요구하는 바 바로 그것이다. 물론 넘어지거나, 핀을 삼키거나, 다른 걸로 몸을 해치는 일이 허용되지 않아야 한다.

생후 첫 3개월은 대부분 먹는 시간을 빼고는 좀 지루하게 시간을 보낸다. 편안하면 잠을 잔다. 잠이 깰 때는 항상 뭔지 불편해서다. 인간의 행복은 정신능력에 달려 있지만 생후 3개월의 아기에게는 거의 배출구를 찾지 못한다. 왜냐하면 경험도 없고 근육통제력도 없기 때문이다. 어린 동물은 갓 태어났을 때를 훨씬 더 즐긴다. 왜냐하면 동물은 더 많이 본능에 의존하고 경험에 의존하는 일이 적기 때문이다. 그러나 아기는 본능으로 하는 일이 너무 적어 최소한의 즐거움이나 재미밖에 없다. 대체로 처음 3개월은 대단히 지루하게 산다. 그러나 이렇게 지루한 것 때문에 아기는 충분한 잠을 잘 수 있다. 만일 재미있는 일이 많다면 아기는 충분한 잠을 자지 못할 것이다.

생후 두 달 혹은 석 달째가 되면 아기는 웃게 된다. 그리고 사람에 대해 사물을 대할 때와는 다른 느낌을 느끼게 된다. 이때 엄마와 아기의 사회적 관계가 가능하게 된다. 아기는 엄마를 보면 즐거움을 표현할 수 있다. 또한 동물이 표현하는 반응이 아닌 여러 가지 반응이 발달한다. 그러면 곧 칭찬과 인정을 받고 싶은 욕망이 생긴다. 내 아들의 경우, 생후 5개월이 되었을 때 탁상 위에 놓인 좀 무거운 종을 쳐들려고 여러 번 시도한 끝에 성공하면서 아주 자랑스럽게 주변을 둘러보았다. 이 순간부터 교육자는 새로운 무기 즉 칭찬과 비난을 갖게 된다. 이 무기는 유년기를 통해 대단한 위력을 발휘하지만 그만큼 세심한 배려가 있어야 한다. 생후 첫해 동안은 전혀 야단치는 일이 있어서는 안 되고 그 후에도 자주 있어서는 안 될 것이다. 칭찬은 해로운 것은 아니다. 그러나 너무 쉽게, 자주 해 주면 그 가치를 잃게 된다. 또한 아기에게 지나친 자극을 주기 위해 칭찬해서도 안 된다. 처음으로 걸음마를 시작했을 때, 또는 알아들을 수 있는 말을 할 때 아무리 침착한 부모들이라 해도 칭찬을 참을 수 없을 것이다. 일반적으로 아기가 애를 쓰며 한 가지 어려운 일을 해냈을 때 칭찬을 해 주는 것은 적절한 보답이 된다. 그뿐만 아니라 아기가 배우려고 하는 욕구에 부모가 공감을 가졌다는 것을 알게 해 주는 것도 좋다.

그러나 전체적으로 어린이는 배우고 싶어 하는 욕구가 강하기 때문에 부모는 단지 기회를 제공하기만 하면 된다. 아이에게 기회를 주면 그의 노력으로 남은 모든 걸 다 해낼 수 있다. 아기에게 기어 다니는 것, 걸음마 하는 것, 그 밖에 근육을 자유롭게 쓰는 다른 요소를 가르칠 필요는 없다. 물론 우리는 아기에게 말을 걸어 말하는 것을 가르칠 수 있다. 그러나 말을 가르치기 위해 일부러 용의주도한 어떤 계획을 짤 필요는 없다고 본다. 아이들은 그들 눈높이에 맞추어 배우기 때문에 강제로 시도하는 것은 잘못된 것이다. 노력을 장려하는 가장 큰 동기는 일생을 통해 보면 최초의 어려운 일을 해낸 성공의 경험이다.

어려움의 정도가 너무 커서 아이가 실망하지 않도록 해야 하고 한편, 너무 작아 자극이 되지 못해서도 안 된다. 이는 세상에 태어나서 죽을 때까지 이어지는 근본적인 원리다. 배운다는 것은 우리가 우리 자신을 위해 무엇을 배우는가에 달려 있는 것이다. 어른이 할 수 있는 것은 아이들이 하고 싶어 하는 어떤 간단한 동작을 해 보여 주는 것이다. 예를 들어, 딸랑이를 흔들어 주거나 하는 것이다. 그 후의 것은 아이 자신이 어떻게 하는 것인지를 발견하도록 하면 된다. 다른 사람들이 하는 것은 단순히 욕심이 생기게 하는 자극일 뿐이다. 그것 자체는 전혀 교육과 상관이 없다.

유년기나 특히 생후 첫해 동안은 규칙적이고 일상적인 것이 가장 중요하다. 잠자는 것, 먹는 것, 대소변 보는 것 등 처음부터 규칙적인 습관이 되어 있어야 한다. 더욱이 주변 환경과 친밀해지는 것은 정신적으로 대단히 중요한 일이다. 이것은 사물을 인식하는 것을 배우게 해 주고 긴장을 풀어 주고 안정감을 준다. 나는 때때로 과학의 기초가 되는 자연의 획일성에 대한 신념은 전적으로 안정감에 대한 열망에서 나온 것으로 본다. 우리는 예상했던 것을 해낼 수 있다. 그러나 만일 자연법칙이 갑자기 바뀌어 버린다면 우리는 멸망할 수밖에 없다. 아기는 약하기 때문에 안전을 요구한다. 따라서 모든 일이 불변의 법칙에 따라 일어나는 것이라면, 또한 그렇게 되어 예견이 가능하다면 훨씬 더 행복할 수 있다. 좀 더 자라서 아동기에 들어서면 모험에 대한 애착이 발달하지만 생후 첫해 동안은 모든 것이 생소해 쉽게 놀라게 된다. 당신이 할 수 있는 것이라면 아이들이 공포를 느끼지 않도록 해 줘야 한다. 만일 아이가 아파하면 걱정이 될 것이다. 그러나 당신의 걱정이 암시에 의해 아이에게 전염되지 않도록 조심해야 한다. 흥분할 만한 것은 피해야 한다. 그리고 아기가 해야 할 일상적인 것, 즉 먹는 것, 잠자는 것, 대소변 보는 것 등이 안 될 때 당신이 걱정하는 것을 보여 줌으로써 아이가 자기중심이 되지 않도록 해야 한다. 이런 것은 생후 첫해 동안만 유용한 게 아니라 그 이후에도 적용된다. 가령 먹는 것과 같은 일상적이고 필요한 일 — 당연히 즐거운 일이 되어야 하지만 — 이 당신이 바라는 일이고, 그뿐만 아니라 당신을 기쁘게 하기 위해 바라는 일인 것처럼 알게 해서는 안 된다. 만일 그렇게 한다면 아이는 즉시 자기의 새로운 권력을 행사하는 원천을 쥐고 있는 것처럼 알고, 따라서 당연히 자동적으로 할 수 있는 일도 어른들이 어르고 달래 주고 해 주기를 기대한다. 설마 아이가 그런 행동을 할 정도의 지능은 없다는 생각은 버려야 한다. 아이가 지닌 힘은 약하고 지식은 한정되어 있다. 그러나 이런 제한이 작용하지 않을 때는 그의 지능은 어른과 같은 것으로 본다. 실제 아기는 생후 12개월 동안에 그 후 같은 기간 동안 배운 것보다 훨씬 많은 것을 배운다. 아기의 활발한 지능이 없다면 이런 것은 불가능한 것이 될 수도 있겠다.

결론으로, 아기는 아직은 어리지만, 커서 이 세상에 한몫을 담당하게 될 한 인간으로 존중해야 한다. 당신의 현재의 편의를 위해 또는 아기가 주는 즐거움을 위해 아기의 미래를 희생시켜서는 안 된다. 이 두 가지는 똑같이 해롭다. 따라서 올바른 방법으로 기르기 위해서는 생후 첫해에도 다른 시기에서와 같이 사랑과 지식의 결합이 필요하다.

공포

다음에 이어지는 단원에서, 나는 특히 두 살에서 여섯 살까지의 도덕 교육에 대해 여러 측면에서 생각해 보기로 한다. 여섯 살 정도면 도덕 교육은 거의 완성되어야 한다. 나중에 더 필요한 덕목은 이미 습득한 좋은 습관과 자극을 받아 생긴 욕심과 함께 스스로의 힘으로 발전시켜야 한다. 어렸을 때 도덕훈련을 소홀히 했거나 잘못 받았을 때는 나중에 더 많은 훈련이 필요하게 된다.

나는 12개월 된 아기는 앞서 논의한 여러 가지 방법으로 이미 훈련된 성격을 기초로 건강하고 행복한 아이가 되었다고 가정한다. 물론 이 세상에는 아직도 건강이 좋지 않은 아이들이 있다. 그들의 부모가 현대 과학의 힘을 빌려 세심한 주의를 기울였다 해도 말이다. 그러나 그런 어린이들의 수는 시대의 진보에 따라 크게 감소할 것이라고 믿는다. 지금이라도 만일 오늘의 지식이 적절하게 응용된다면 통계적인 숫자는 중요한 것이 못 되는 정도로 줄어들 것이다. 나는 여기서 잘못된 조기교육을 받은 아이들을 어떻게 해야 하는지는 생각하지 않겠다. 이 문제는 부모의 문제가 아니라 학교 교장의 문제이다. 내가 이 책에서 하고 싶은 말은 부모에게 하는 것이다.

생후 2년 된 아기는 대단히 행복한 생활을 한다. 걷기와 말하기는 새롭게 익힌 능력이고 그 때문에 자유의 감각과 힘이 생긴다. 이 두 가지는 하루가 다르게 발전한다.[1] 혼자서 놀 줄도 안다. 그리고 아기는 '세상을 보는 감각' 이 점점 활발해진다. 그건 어른이 지구 전체를 골고루 돌아다니면서 획득한 것보다 더한 것이 된다. 새, 꽃, 강이나 바다, 자동차, 기차나 증기선 등 모든 것이 즐거움과 흥미를 무진장 제공한다. 호기심은 끝이 없다. '보고 싶다' 는 욕구는 이 시기에 가장 자주 나오는 말이다. 침대와 유모차에 갇혀 있다 집 마당이나 들판 혹은 바닷가를 마음대로 뛰어다니다 맛본 해방의 기쁨은 대단하다. 소화기능은 보통 생후 첫해보다 더 강해져 먹는 음식도 다양해지고 씹어 먹는 일도 새로운 즐거움이 된다. 이런 여러 이유로 만일 어린이가 보살핌을 잘 받고 건강하다면 인생은 살맛나는 모험이 된다.

그러나 걷거나 뛰어다니는 것과 같은 더 큰 독립심이 생기면서 한편 겁이 생길 수 있다. 신생아는 쉽게 겁을 먹는다. 왓슨(Watson) 박사 부부에 의하면 아주 큰 소리가 나든지, 뭔가 떨어지는 느낌이 들 때 아기는 겁을 먹는다.[2] 그러나 신생아는 완전히 보호를 받기 때문에 공포에 대해 합리적인 훈련을 받을 기회가 거의 없다. 그래서 실제 위험이 있을 때 완전히 무력해져서 공포는 전혀 의미가 없다. 두 살과 세 살이 되면 새로운 공포가 생긴다. 이런 공포는 어디까지가 암시에 의한 것이고 어디까지가 본능적인 것인지는 토론의 여지가 있는 것이다. 사실상 첫 일 년 동안 공포가 없다 해도 공포가 본능적이라는 주

---

1 정확하다고 말하기 어렵다. 대부분의 아이들은 경험이 없는 부모들이 걱정하는 침체기 간이 있다. 이 기간에도 막연하게나마 진보는 계속된다.
2 '유아심리학 연구' , *Scientific Monthly*, December 1921, p. 506.

장에 단정적인 반증은 되지 못한다. 왜냐하면 본능은 어느 일정한 연령에 성숙할 수 있기 때문이다. 가장 극단적인 프로이트주의자(Freudian)라도 설마 성 본능이 출생 시에 성숙된다는 주장은 하지 못할 것이다. 저 혼자 뛰어노는 어린이는 걷지 못하는 아기보다 공포심이 있어야 한다. 따라서 필요에 따라 공포의 본능이 나타날 때 놀랄 것은 없다. 문제는 이것이 상당한 교육의 중요성을 시사한다는 것이다. 만일 모든 공포가 어른의 암시에서 생긴다면 아이 앞에서는 공포를 나타내거나 또는 싫어하는 내색을 하지 않는다는 간단한 방법으로 방지할 수 있다. 그러나 만일 반대로 공포가 본능적인 것이라고 한다면 좀 더 신중한 방법이 필요하다.

차머스 미첼(Chalmers Mitchell) 박사는 『동물의 유년기』(*The Childhood of Animals*)라는 책에서 수많은 관찰과 실험을 통해 유년기의 동물에게는 보통 유전적인 공포 본능이 없다는 것을 보여 주고 있다.[3] 원숭이나 몇몇 조류들을 제외한다면 유년기의 동물들은 그 부모가 보여 준 공포를 습득하지 않는 한 무서운 것이 없다. 자기 종족의 숙적인 뱀을 봐도 놀라지 않는다. 어린이는 생후 첫해 동안 동물을 무서워하지 않는다. 왓슨 박사는 한 어린이에게 쥐에 대한 공포를 주입하기 위해 쥐를 보여 줄 때마다 종소리를 크게 냈고, 몇 번이고 이를 반복해서 그 종소리가 공포심을 일으키고, 그럴 때마다 쥐를 무서워하게 만들었다. 아이는 큰 소리가 무서워 그 연상으로 쥐를 무서워하게 되었다. 그러나 동물에 대한 본능적인 공포는 생후 몇 개월된 아

---

3 이 부분은 같은 견해를 강력히 주장한 바우스필드(Paul Bousefield) 박사의 *Sex and Civilization*에서 인용하여 알게 되었다. 이 책에서 바우스필드 박사도 같은 의견임을 강하게 주장한다.

기에게는 전혀 나타나지 않는다. 어둠에 대한 공포 또한 같은 것이다. 어두움이 무서운 것이라는 암시를 받지 않은 어린이는 절대로 어둡다는 것을 무서워하지 않는다. 따라서 우리가 보통 본능적인 공포라고 생각한 대부분은 나중에 획득된 것이며 만일 어른들이 만들어 내지 않는다면 생기지 않는다는 견해에 상당한 근거가 있다.

이 문제를 새로운 시각으로 보기 위해 나는 나의 아이들을 주의 깊게 관찰해 보았다. 그러나 유모나 하녀가 아이에게 일러 준 모든 것을 내가 다 알 수 없기 때문에 사실에 대한 해석이 불분명할 때가 있다. 내가 할 수 있는 판단은 왓슨 박사의 견해 즉 생후 첫해 동안 공포가 없다는 것을 확인한 것이다. 생후 2년에도 아이들은 동물을 전혀 무서워하지 않았다. 한 아이가 한때 말을 무서워했다. 그것은 한 마리의 말이 큰 소리를 내고 갑자기 아이 옆으로 달려들었기 때문에 일어났던 일이다. 딸아이는 아직 두 살밖에 안 되어 그 후의 관찰을 위해서는 내 아들을 관찰대상으로 삼았다. 아들이 생후 2년이 지나고 나서 새 유모가 들어왔다. 그 유모는 평상시 겁이 좀 많고 특히 어둠을 두려워했다. 아이는 즉각 그녀의 두려움을 이어받았다(처음엔 우리도 몰랐던 일이다). 아이는 개나 고양이를 보면 도망치고 어둠컴컴한 부엌 찬장 앞에서 벌벌 떨기도 했다. 어두워지면 방 구석구석에 불을 켜게 했다. 심지어는 처음으로 여동생을 봤을 때도 아기를 무서워했다. 아마 그 아기가 자기가 모르는 종류의 이상한 동물이라고 생각했던 것 같다.[4] 이 모든 두려움은 그 겁쟁이 유모가 심어 준 것이다. 사실

---

4 이 공포는 기계장치로 작동하는 장난감에 대한 것과 같은 종류라고 생각한다 (이하 참조). 아들이 동생의 잠든 모습을 처음 보고 동생이 인형인줄 알았다가 동생이 움직이자 그는 놀랐다.

그 유모가 떠난 후부터는 두려움은 없어졌다. 그러나 같은 방법으로는 설명이 안 되는 다른 여러 가지 두려움도 있었다. 결국 이러한 공포는 유모가 오기 전에 일어난 것이며 또한 어떤 성인도 공포를 느낄 수 없는 그런 대상에 대한 것이다. 이런 공포의 대부분은 무섭게 움직이는 모든 것에 대한 공포다. 즉 어둠컴컴한 그림자나 기계장치로 작동하는 장난감에 대한 공포가 주된 것이다. 이와 같은 관찰 이후 내가 알게 된 것은 이런 종류의 공포는 유년기에 흔히 있는 것이고 또한 이런 공포가 본능적이라고 생각할 충분한 이유가 있다는 것이다. 이 문제는 윌리엄 스턴(William Stern)의 『유아기의 심리학』(*Psychology of Early Childhood*) 494쪽 이하에서 '신비스러운 것에 대한 공포'라는 제목으로 다음과 같이 쓰여 있다.

'이런 형태의 특별한 의미의 공포는 초기 아동심리학에서는 전혀 다루지 않았다. 그것은 최근 그루스(Groos)와 우리들에 의해 제시된 것이다. "낯선 것에 대한 공포는 위험하다는 것을 안 다음에 오는 공포보다 한층 더 원시적인 성질을 가지고 있다"(Groos, 284쪽)라고 그루스는 지적했다. 어린이가 만일 낯익은 것에 맞지 않는 무엇인가와 부딪혔을 때 다음과 같은 세 가지 문제가 생기게 된다. 첫째, 그 인상이 전혀 자기와 무관하기 때문에 단순히 무관한 것으로 여기고 전혀 의식하지 않는 것과 둘째, 평소의 지각작용에 걸림돌이 되었으나 혼란을 일으킬 정도는 아니고 오히려 놀라움이나 지식에 대한 욕망이나 판단 등 모든 사고력에 발동이 걸렸다고 보는 것이다. 세 번째는 새로운 것이 갑자기 강력한 힘으로 옛것을 뚫고 들어왔을 때 즉각적인 적응이 불가능해서 뜻하지 않은 혼란을 일으키는 것이다. 그래서 감정적으로 강한 불쾌감 또는 기분 나쁘게 신비스러운(괴기한) 공포감이 생긴다. 마침내 그루스는 예리한 통찰력으로 이 기분 나쁜 것에 대한 공포가 분명히 본능적인 것이고 또한 이 공포가 한 세대에서 다음 세대로 전달되는 생물학적인 필연에 응한 것이라고 지적하고 있다.'

스턴은 여러 가지 실례를 들었다. 특히 갑자기 펴진 우산에 무서움을 느끼거나 '기계장치로 작동하는 장난감'을 자주 무서워하는 것 등이 있다. 말이나 소와 같은 동물에 대한 공포는 상당히 큰 그리고 강한 것이었다. 내가 확인한 바에 의하면 이런 공포는 짐승의 떼가 맹렬히 질주하는 데서 오는 것이다. 내 아들도 이 점에서는 스턴이 기술한 것과 같다. 아들을 놀라게 한 것은 정체를 알 수 없는 희미한 그림자다. 그것은 거리를 스쳐가는(가령 대형 버스와 같은) 어떤 물체가 방안에 던진 그림자와 같은 것이다. 나는 손가락으로 벽에 혹은 마룻바닥에 그림자를 만들어 보여 주었다. 그다음 아이가 내 흉내를 내게 했다. 얼마 안 가 아이는 그림자가 무엇인지 알게 되고 그림자놀이를 즐기기 시작했다. 이와 같은 원리는 기계장치로 작동하는 장난감에도 해당된다. 아이는 그와 같은 장난감을 더 이상 무서워하지 않았다. 그러나 기계장치가 보이지 않을 때는 공포가 사라지는 과정에 시간이 걸린다. 누가 아이에게 방석을 준 적이 있었다. 그 방석은 앉거나 손으로 눌러 보면 애원하는 듯한 소리를 내서 아이는 상당 기간 불안해했다. 어떤 경우에도 우리는 아이가 무서워하는 것을 완전히 제거해 주지는 않았다. 우리는 간격을 두고 점점 불안을 제거하며 조금씩 친숙해지도록 유도했다. 공포가 완전히 사라질 때까지 계속했다. 일반적으로 처음 공포를 느끼게 한 이상스러운 것은 그 무서움이 사라진 다음에는 즐기게 되는 것이다. 내 생각에, 불합리한 공포는 절대 방치해서는 안 되고 불분명한 형태의 공포에 익숙하게 해 줌으로써 점차 극복할 수 있게 해야 한다.

그러나 우리는 전혀 반대의 과정을 택하기도 했다. 즉 두 개의 합리적인 공포의 경우 — 전혀 경험하지 못한 건데 — 이다. 나는 약 반년 동안 절벽이 많은 해안에서 보낸 적이 있다. 내 아들은 높은 곳에 대한 두려움이 전혀 없었다. 그래서 내버려 두면 그 절벽 위를 곧바로 달릴 수도 있었다. 어느 날 우리는 가파른 언덕에 앉아 있었다. 이 언덕의 끝은 약 100피트의 깎아지른 수직낙하 거리에 있다. 우리는 하나의 과학적 사실을 조용한 말투로 일러 주었다. 만일 네가 언덕 끝으로 달리다 떨어지면 접시가 떨어져 산산이 부서지는 것처럼 될 거라고 말했다. (아이는 근래에 접시 하나가 떨어져 산산이 부서지는 것을 본 적이 있다.) 아이는 한동안 조용히 앉아서 '떨어진다, 깨진다' 하면서 혼잣말을 하더니 그 언덕 끝에서 되돌아 더 멀리 가자고 했다. 그때 아이가 두 살 반 때였다. 그 후 아이는 높은 데를 무서워하고 우리가 아이에게서 눈을 떼지 않을 때에도 안전한 거리에 있었다. 그러나 지금도 내버려 두면 아이는 제 마음대로 할 것이다. 현재 세 살 9개월이 된 아이는 겁 없이 6피트나 되는 높은 데서 뛰어내리고 그냥 놔두면 20피트 높이에서도 뛰어내릴 것이다. 그러나 이와 같이 이해할 수 있도록 가르친 것이 분명히 엉뚱한 결과를 초래하지는 않았다. 이런 결과는 암시에 의하지 않고 사실을 가르쳐서 얻은 결과로 본다. 즉 사실을 가르치면 누구도 공포를 느끼지 않는다. 이건 아주 중요한 교육이다. 위험에 대한 합리적 이해는 필요하나 공포는 불필요하다. 물론 어느 정도의 공포의 요소가 없는 위험을 이해하지 못할 것이다. 그러나 그런 요소를 가르치는 사람이 공포심을 갖지 않는다면 상당 부분 감소될 수 있다. 어린이를 기르는 어른들은 절대 공포를 느껴서는 안 된다. 이것이 왜 여자도 남자와 같은 용기를 길러야 하는지에 대한 하나의 이유다.

 두 번째 예는 일부러 계획한 것은 아니다. 어느 날 세 살 4개월 된 아들과 산책을 했을 때 우리는 길에서 살모사를 발견했다. 아이는 그림에서 뱀을 본 적은 있었지만 실물을 본 적은 없었다. 아이는 뱀이 문다는 것을 알지 못했다. 아이는 뱀을 보자 반색을 했고 뱀이 미끄러지듯 달아나는 것을 보고 쫓아갔다. 나는 아들이 뱀을 잡지는 못할 것을 알았기 때문에 내버려 두었다. 그리고 뱀이 위험하다는 말도 하지 않았다. 그 후 유모는 넓은 초원을 뛰어다니는 것을 금했다. 뱀이 있을지 모르기 때문이다. 그 결과 아이는 가벼운 공포가 생겼는데 잘됐다는 생각도 든다.

 지금까지 가장 극복하기 어려운 공포는 바다에 대한 공포다. 두 살 반 된 아들을 처음으로 바닷물에 들어가게 했다. 처음엔 전혀 말을 듣지 않았다. 아이는 차가운 물을 싫어했고 파도소리에 겁을 먹었다. 파도는 언제나 쳐들어오기만 하고 나가지는 않는 것처럼 보였다. 큰 파도가 칠 때는 아이는 바다 근처에도 가지 않았다. 그때는 보통 두려움을 느끼는 시기이다. 즉 동물이나 이상한 소리, 그리고 여러 가지가 그를 놀라게 한다. 우리는 바다에 대한 공포를 서서히 극복하도록 했다. 우리는 아이를 바다에서 떨어진 얕은 풀장에 들어가게 했다. 그래서 단지 춥다는 것만으로 충격을 주지는 않게 했다. 따뜻한 4개월 동안의 마지막에는 파도에서 멀리 떨어진 얕은 물속을 걸어 다니며 즐거워했다. 그러나 물이 허리까지 오는 깊은 풀장 속에서는 여전히 무서워하며 울었다. 파도 소리에 익숙해지도록 우리는 아이를 파도가 보이지 않는 데서 한 번에 한 시간 동안 놀게 했다. 다음, 파도가 보이는 곳으로 데리고 갔다. 그다음, 파도가 들어왔다 나가는 것을 알게 해 주었다. 이 모든 것, 부모나 다른 아이들이 하는 행동을 보게 해서 결국 무서워하지 않고 파도 가까이에 가게 되었다. 나는 이 공포는 본능적인 것으로 확신한다. 왜냐하면 공포를 일으킬 만한 암시를 준 적이 없기 때문이다. 다음 해 여름, 세 살 반이 되었을 때 우리는 다시이 문제를 다루었다. 아이는 여전히 파도를 무서워했다. 그래서 다른사람들이 누구나 다 해수욕을 한다는 것을 보여 주는 등 달래 보았지만 별로 성공하지는 못했다. 그 후 우리는 구식방법을 써 보았다. 아이가 겁먹는 짓을 할 때 우리가 창피해한다는 것을 알게 하고, 한편,용기 있는 짓을 해 보일 때 우리는 따뜻한 말로 칭찬해 주는 방법이다. 2주일 동안 하루도 빼놓지 않고 우리는 울고 난리치는 아이를 얼굴만 빼고는 바닷속에 처넣었다.[5] 매일 조금씩 울며불며하는 짓이 줄어들었다. 완전히 끝날 때쯤 아이는 자진해서 바다에 들어가겠다고했다. 2주일 후에는 만족할 만한 결과가 나왔다. 아이는 더 이상 바다를 무서워하지 않았다. 그때부터 우리는 아이를 완전히 마음대로 하게 내버려 두었다. 아이는 날씨가 좋을 때는 언제든지 해수욕을 했다.분명히 최고의 즐거운 놀이가 됐다. 그러나 공포가 완전히 끝난 것은아니다. 그동안 그의 자부심이 부분적으로 공포를 억제한 것이다. 그러나 바다와 친숙해지면서 공포는 급속히 감소되었고 지금은 거의 완전히 사라졌다. 아이의 여동생은 20개월이 되었지만 바다를 무서워하지 않는다. 동생은 조금도 두려워하지 않고 곧장 바닷속으로 들어간다.

　내가 이 문제를 자세히 적은 것은 내가 한 일이 어느 정도는 그동안 존경해 온 근대 이론에 역행한 것으로 보기 때문이다. 교육에 강제력을 행사하는 것은 최소한으로 줄여야 한다. 그러나 공포를 극복하

5　아이와 같은 나이였을 때, 나는 얼마 동안 물속에 머리를 집어넣는 방법으로 배웠다. 이방법은 이상하게도 물을 좋아하게 만들었다. 그러나 이 방법을 권하지는 않겠다.

기 위해서는 가끔 쓸 만하다. 공포가 불합리하고 강하면 아이는 혼자의 힘으로 이를 극복하기 어렵다. 그리고 이것이 두려울 이유가 없다는 것을 이해하는 데 전혀 도움이 안 되는 경험을 앞으로도 하지 못하고 말 것이다. 어떤 상황이 아무런 위험이 없는 상태로 반복될 때는 친숙해지는 것만이 공포를 제거하게 된다. 무서운 경험을 꼭 한 번만 하는 것은 전혀 도움이 안 된다. 무서운 경험은 전혀 무섭지 않을 때까지 자주 반복해야 한다. 만일 이처럼 필요한 경험을 강제성 없이 경험하게 해 준다면 더 이상 좋을 수는 없다. 그렇지만 그게 아니라면 언제까지나 계속되는 공포를 지니는 것보다 강제성이 더 나을 수가 있다.

또 하나 주목할 만한 것이 있다. 내 아들의 경우도 그렇고 또 다른 경우도 그렇지만 공포를 극복하는 경험을 갖는 것이 대단한 즐거움이 된다. 사내아이의 자존심을 자극하는 일은 어렵지 않다. 즉 그의 용기를 칭찬해 주면 아이는 하루 종일 최고의 기분이 든다. 겁쟁이는 나중에 다른 아이들의 놀림을 받는 고통을 당하게 된다. 그때 가서 새로운 습관을 들인다는 것은 아주 어려운 일이다. 그렇기 때문에 공포에 대한 자기 통제를 어려서부터 몸에 익히고 또한 신체적 모험심을 어려서부터 배우는 것은 대단히 중요하다고 생각된다. 그러기 위해 얼마간의 강제적 방법을 쓰더라도 말이다.

부모는 그들의 잘못을 통해 배운다. 그렇기 때문에 어린이는 어른이 된 후에야 어떻게 교육을 받아야 옳았다는 것을 알게 된다. 그래서 지나치게 응석받이로 기르는 것이 하나의 올가미가 된다는 예를 하나 들겠다. 두 살 반이 된 아들이 자기 방에서 혼자 잠을 자게 되었다. 아이는 유모 방에서 한 걸음 승진한 것을 몹시 자랑스러워했다. 처음 아이는 밤새 조용히 잘 잤다. 그런데 어느 날 밤 무섭게 바람이 불어 귀가 멍해지는 것처럼 큰 소리에 담장이 무너져 버렸다. 아이는 놀래서 깨어 울고 말았다. 나는 즉시 아이에게 달려갔다. 아이는 악몽에서 깨어나 내게 달라붙었는데 그의 가슴은 심하게 뛰고 있었다. 곧 그의 공포는 가라앉았다. 그러나 아이는 깜깜하다고 투정을 부렸다. 그동안 어두운 밤 내내 잘 잤으면서도 말이다. 내가 아이 방을 나오자 다시 가벼운 형태의 공포가 되돌아오는 듯해 나는 야간 전등을 켜 놓았다. 그 후로 거의 매일 밤 아이는 큰 소리로 울기 시작했다. 결국 어른들을 달려오게 하고 자기를 달래 주는 기쁨을 얻기 위해 운다는 것을 알게 되었다. 그래서 우리는 어둠이 전혀 무서운 것이 아니라는 것을 잘 일러 주었다. 그리고 잠이 깨면 돌아누워 다시 자도록 일러 주었다. 정말 큰일이 벌어지지 않는 한 우리는 절대 오지 않을 것이라고 말했다. 아이는 주의 깊게 귀를 기울였다. 그리고 중요한 원인이 있는 경우 외에는 아이는 두 번 다시 큰 소리로 울지 않았다. 물론 야간 전등도 꺼 버렸다. 우리가 만일 응석받이를 더 계속했더라면 아이는 아마 당분간 더 길게 혹은 일생 동안 잠을 설칠 뻔했다.

나의 개인적인 경험은 이것으로 충분하다. 우리는 공포를 제거하는 방법에 대해 더 많은 일반적인 고찰에 들어가야 한다.

생후 첫해가 지난 다음, 신체적 용기를 가르쳐 주는 적절한 교사는 다른 아이들이다. 만일 자기보다 나이가 많은 오빠나 언니가 있다면 그들이 보여 주거나 가르쳐 주는 방법으로 용기를 자극하게 된다. 그래서 형들이 하는 것은 무엇이나 해 보고 싶어 한다. 학교에 가서 신체적으로 겁쟁이가 된다면 멸시를 당하기 때문에 교사가 이 일을 따로 역설할 필요는 없다. 적어도 사내아이들 사이에서는 그렇다고 본다. 여자아이의 경우도 남자아이와 같은 수준의 용기를 가져야 한다. 다행히 신체적인 면에서 '여자다워야' 한다는 가르침은 더 이상 없어졌다. 신체적으로 용감한 행위에 대한 자연적인 충동은 상당히 넓게 허용되었다. 그러나 이 면에서 남녀의 차이는 여전히 남아 있다. 나는 이런 차별은 당연히 없어져야 한다고 믿는다.[6]

내가 용기를 바람직하다고 하는 것은 전적으로 행동주의 학자들의 정의에 따른 것이다. 다른 사람이 공포에 사로잡혀 일에 실패할 때, 그 일을 할 수 있는 사람이 용기 있는 사람이다. 만일 그가 아무런 공포를 느끼지 않는다면 그만큼 좋은 거다. 나는 의지력으로 공포를 극복하는 것이 유일한 참된 용기라고 보지 않는다. 또한 최고의 용기로 보지도 않는다. 현대 도덕교육의 비결은 본래 자제력과 의지력에 의해 시도된 좋은 습관의 결과로 나와야 한다. 의지력으로 생긴 용기는 여러 신경질환을 초래할 수 있고 '탄환 충격에 의한 신경질환' 등 많은 실례를 보여 준다. 즉 억압된 공포가 내적 성찰에 의해 납득되지 않고 강제로 표출되는 경우이다. 나는 자제력이 전혀 무용하다고 말하는 것은 아니다. 반대로 자제력 없이는 아무도 견실한 삶을 살 수 없다고 본다. 내가 말하고 싶은 것은 교육이 미리 대비해 주지 못한 불투명한 상황에서만 자제력이 필요하다는 것이다. 실제 전쟁에서 요구되는 용기를 전 국민에게 훈련을 받게 하는 것은 어리석은 일이다. 비록 가능성이 있다 해도 말이다. 이 같은 용기는 예외적, 일시적인 요구에 불과한 것이다. 또한 참호 속에서나 필요한 습관을 젊은이에게 주입했을 경우, 그 외의 교육은 전부 엉망이 되는 그런 예외적인 것이다.

작고한 리버스(Rivers) 박사는 그의 저서 『본능과 무의식』(*Instinct and the Unconscious*)에서 내가 지금까지 알고 있는 공포에 대해 최

---

6 Bousfield의 *Sex and Civilization* 참조.

고의 심리학적 분석을 전개했다. 그가 지적하는 바에 의하면 위험한 상황에 대처하는 한 가지 방법은 교묘한 조작적 활동[7]이다. 이 방법을 적절히 사용하는 사람은 적어도 의식적으로 공포의 감정을 느끼지 않는다. 공포심에서 서서히 벗어나 기술을 잘 부리게 되면 결국 자존심과 노력 양쪽을 자극하는 값진 경험이 될 것이다. 자전거 타는 것을 배우는 것처럼 아주 간단한 것이지만, 이 또한 하나의 쉬운 방법으로 얻는 경험이다. 근대사회에서 기계가 발달함에 따라 이런 종류의 기술은 점점 더 그 중요성이 커지고 있다. 신체적 용기를 위한 훈련은 다른 사람과 육체적 경쟁을 통해서가 아니라 가능한 한 넓게 사물을 조작하는 기술을 가르쳐 주는 것이어야 한다. 이런 종류의 용기는 등산이나 항공기의 조종 혹은 강풍 속에서 조각배를 저어 간다든지 하는 것인데 전쟁에서 필요한 용기보다 훨씬 권장할 만한 것이다. 따라서 가능한 한 아이에게 축구 같은 것보다 오히려 다소 위험할 수도 있는 능란한 기술을 훈련하는 편이 낫다고 생각한다. 정복해야 할 적이 있다면 그것은 사람이 아닌 물건이기를 바란다. 내가 뜻하는 것은 이런 원리를 현학적인 데 응용하자는 것이 아니라 지금보다 운동경기에서 이 원리에 무게를 더 두어야 한다는 것이다.

물론 신체적인 용기에는 더 수동적인 면이 있다. 상처를 입었을 때 소란을 떨지 말고 참을 줄 알아야 한다. 즉 아이가 대단치 않은 재난을 당했을 때 지나치게 과장된 동정을 보여 주지 말아야 아이가 배울 수 있다. 어른이 된 후, 신경질 증후가 보이는 대부분의 경우는 주로 동정받으려는 지나친 욕구 때문이다. 사람은 귀여움을 받고 싶어 하

---

7 옮긴이 주: 조작적 활동(manipulative activity)은 계획된 신체적인 활동으로, 가령 자전거를 탄다든가 또는 손으로 조작하는 기술 등을 말한다.

고 친절하게 대해 주기를 바라는 마음에서 여러 가지 병을 만들기도
한다. 이런 경향은 보통 어린이가 간단한 상처를 입었을 때 큰 소리로
울지 못하게 함으로써 사전에 방지할 수 있다. 이런 면에서는 유아원
교육이 아직도 남자아이보다 여자아이에게 더 나쁘다고 본다. 남자아
이와 마찬가지로 여자아이에게도 지나치게 부드러운 것은 좋지 않다.
여성이 남성과 동등해야 한다면 엄격한 덕목에서도 밀리면 안 될 것
이다.

　이제 순전히 신체적인 용기가 아닌 다른 용기에 대해 알아보자. 이
런 용기는 대단히 중요한 것이다. 그러나 좀 더 근본적인 기초가 없다
면 이런 용기는 적절하게 발달하기 어렵다.

　신비스러운 것에 대한 공포는 어린이가 갖는 공포와 관련해서 이
미 언급한 바가 있다. 내가 믿는 바로는, 이 공포는 본능적인 것이며
또한 상당한 역사적인 중요성을 갖는다. 대부분의 미신은 이 공포에
서 유래한다. 일식, 월식, 지진, 역병, 기타 이런 종류의 것들은 비과
학적인 인간들 사이에서 왕성하게 미신을 조장한다. 미신은 개인적으
로나 사회적으로 대단히 위험한 형태이며 따라서 젊은이들이 이 속에
빠지지 않게 해 주는 것은 대단히 바람직한 일이다. 미신에 대한 적절
한 해독제는 과학적인 해명이다. 첫눈에 신비스럽게 보인 것을 일일
이 다 설명할 필요는 없다. 몇 가지 설명을 듣고 나면 다른 경우에도
해명이 가능하다고 짐작하게 된다. 중요한 것은 가능한 한 빨리, 신비
하다고 느끼는 것은 무지 때문이라는 것과 그것은 지적인 노력과 인
내심으로 없앨 수 있다는 믿음을 갖게 하는 것이다. 처음 아이들을 무
섭게 만든 신비스러운 것을 공포를 극복하자마자 즐기게 된다는 것은
대단히 주목할 만하다. 이렇게 해서 더 이상 신비스러움이 조장되지
않게 되면 곧 신비는 공부하고 싶은 자극으로 변한다. 내 아들은 세

살 반이 되자 몇 시간 동안 열중해서 정원에서 사용하는 살수 기계를 연구했다. 그래서 마침내 어떻게 물이 들어가고 어떻게 공기가 빠지는지, 그리고 어떻게 그 반대의 과정이 일어나는지를 이해하게 되었다. 일식, 월식과 같은 것도 비록 어린이라 해도 알아듣게 설명할 수 있다. 무서운 것이든, 흥미로운 것이든 가능한 한 설명을 해 주어야 한다. 이와 같은 변화, 즉 공포를 과학적 흥미로 바꾸는 이런 변형은 전적으로 일련의 본능에 따르는 것이며 또한 종족의 역사를 반복하는 과정을 통해 이루어진다.

이와 관련해서 어려운 문제들이 있고 그래서 많은 요령이 필요하다. 가장 어려운 것은 죽음의 문제다. 아이들은 식물이나 동물이 죽는 것을 곧 알게 된다. 아이들은 여섯 살이 되기 전에 아는 사람이 죽었다는 것을 알 기회가 생긴다. 영리한 아이라면 적어도 그의 부모도 죽을 수 있다는 생각이 떠오르게 된다. 또한 자신도 죽는다는 생각까지 하게 된다(이것은 더욱 어려운 상상이다). 이런 생각이 들자 질문은 끝도 없이 이어진다. 이에 대한 대답은 신중해야 한다. 종교적인 정통파에 속하는 사람들은 사후 생을 부정하는 사람들보다 문제를 어렵게 보지 않는다. 만일 당신이 후자의 입장에 선다면 이와 반대되는 의견은 말하지 말아야 한다. 즉 부모가 아이에게 거짓을 가르쳐서는 안 된다. 죽음이란 깨어나지 않는 잠을 자는 것이라고 하는 게 가장 좋은 설명이다. 이 말은 엄숙하게 하지 말아야 하며 보통 일상적으로 상상할 수 있는 것이어야 한다. 만일 아이가 자신의 죽음을 걱정하면 죽는 일이 몇 년 후에나 일어난다는 것을 알려 주어야 한다. 어렸을 때 죽음에 대해 금욕적인 경멸을 가르치는 것은 무익하다. 화제로 삼지 말아야 한다. 그러나 아이가 이 문제를 들고나오면 이를 회피해서는 안 된다. 어린이가 이 문제에 관해 전혀 신비스러운 것이 없다고 느끼게 해 줘야 한다. 만일 아이가 정상적이며 건강한 아이라면 이 방법은 아이가 더 이상 생각에 빠지는 일을 막아 줄 것이다. 어느 단계에서든 당신이 믿는 바를 모두 솔직하게 충분히 말해야 한다. 그리고 이 문제가 별로 흥미 있는 화제가 아니라는 인상을 전해야 한다. 늙은이나 젊은이를 막론하고 죽음에 대한 생각으로 많은 시간을 보내는 것은 좋은 일이 아니다.

특수한 공포를 제외한다면 어린이들은 자칫하면 막연히 걱정거리에 빠지기 쉽다. 이런 현상은 일반적으로 어른들의 지나친 억압 때문에 생기기 때문에 전보다는 덜하다. 끊임없는 잔소리, 떠들지 마라, 예의바른 행동을 해라 등등은 어린이 시기를 언제까지나 비참한 시기로 만든다. 나는 다섯 살 때를 기억하는데 유년기야말로 가장 행복한 시기라는 말을 들었을 때, 그때 그 말은 새빨간 거짓말이었다. 나는 아무리 달래도 못 말리는 깊은 슬픔으로 많이 울었다. 그리고 죽어 버렸으면 했다. 앞으로 그 긴 지루한 세월을 어떻게 참고 살까 걱정했다. 오늘날 그런 말을 아이들에게 한다는 것은 거의 상상이 안 된다. 어린이의 생활은 본능적으로 앞을 향하고 있다. 즉 언제나 나중에 일어날 수 있는 일들을 향해 있다. 이것이야말로 아이들의 노력을 자극하는 부분이다. 어린이에게 지난 일을 회상하게 만들어 앞날이 지난날보다 더욱 나쁘다는 것을 상상하게 한다면 어린이의 생명을 그 뿌리부터 말라 버리게 하는 것이다. 게다가 무심한 감상주의자들은 아이에게 유년기의 기쁨에 대해 말하면서 이런 주책을 떤다. 다행히 그 영향은 오래가지 않는다. 나는 대강 어른이 되면 공부하지 않아도 되고, 먹고 싶은 것도 먹고 아주 행복하리라 믿었다. 이런 믿음은 건강하고 그리고 자극적이었다.

수줍음은 일종의 곤란한 형태의 겁쟁이라고 할 수 있다. 이것은 영국이나 중국에서는 일반적인 것이지만 다른 데서는 매우 드문 것이다. 그 원인의 일부는 외부인과의 접촉이 적은 경우와 일부는 사교적인 예절을 강요하는 데서 온다. 기회가 생기면 어린이는 생후 첫해가 넘으면 다른 사람에 대한 낯가림이 없어지고 스스럼없이 대하게 해야 한다. 일상생활에서 아이들은 먼저 남에게 참을 수 없는 정도의 폐를 끼치지 않도록, 최소한도의 예의를 지키도록 가르쳐야 한다. 낯선 사람과는 자유롭게 몇 분 동안 보게 하고 끝내는 것이 방안에서 얌전히 앉아 있게 하는 것보다 낫다. 그러나 첫 두 돌이 지난 다음에는 하루의 몇 시간은 그림이나 점토 그리고 몬테소리 교구와 같은 것으로 혼자 놀게 하는 것도 좋다고 본다. 아이들이 납득할 수 있는 얌전히 있어야 할 이유는 언제나 있다. 버릇 들이기는 하나의 즐거운 놀이처럼 해야 하고, 추상적으로 가르쳐서는 안 된다. 아이가 납득할 수 있게 되면 즉시 그의 부모들도 같은 권리를 갖는다는 것을 알아야 한다. 즉 어린이는 다른 사람의 자유와 균형을 이루어야 하고 그런 다음 자기를 위해 최대한의 자유를 갖게 된다는 것을 알게 해야 한다. 아이들은 쉽게 공정성을 이해하고 다른 사람과의 조화를 이룰 수 있다. 이거야말로 좋은 버릇 들이기의 핵심이다.

무엇보다 어린이의 공포를 제거하고 싶다면 당신 자신의 공포가 없어야 한다. 만일 당신이 천둥소리를 무서워한다면 함께 있는 아이는 처음 천둥소리를 들었을 때부터 무서워한다. 당신이 사회혁명에 대해 공포를 표현하면 아이는 당신의 말을 이해할 수 없기 때문에 더 큰 공포를 느끼게 된다. 당신이 질병을 두려워하면 아이도 두려워한다. 인생은 여러 가지 위험으로 가득 차 있다. 그러나 현명한 사람은 불가피한 위험에 대해서는 이를 무시하는 한편, 피할 수 있는 위험에 대해서는 감정적이 아닌 신중한 행동을 취해야 한다. 당신은 죽음을 피할 수는 없다. 그러나 유언을 남기지 않는 죽음을 피할 수는 있다. 따라서 유언은 남기고 죽음은 잊어야 한다. 불행에 대한 합리적인 준비와 공포는 전혀 다른 것이다. 이런 준비는 지혜의 일부이고 나머지 모든 공포는 비굴한 것이다. 만일 당신이 공포심을 피할 수 없다면 당신의 아이만큼은 그 공포에서 지켜 줘야 한다. 무엇보다 어린이에게 넓은 시각을 보여 주고 또한 어른이 되었을 때 개인적인 불행의 가능성에 푹 빠지게 하지 말고 생기 있는 흥미를 줘야 한다. 이것만이 당신의 아이를 이 우주의 자유로운 시민으로 만들 수 있다.

놀이와 공상

놀이를 좋아하는 것은 사람이건 다른 동물이건 어린 동물들의 가장 두드러진 특징이다. 어린이의 경우, 이 놀이는 소꿉장난과 더불어 더할 수 없는 기쁨을 준다. 놀이와 소꿉장난은 유년기 시절에 꼭 필요한 것이다. 따라서 장차 어떤 유용성이 있느냐 하는 문제와 상관없이 행복하고 건강한 어린이가 되기를 바란다면 놀이의 기회를 주지 않으면 안 된다. 이와 관련해서 두 가지 문제가 있다. 첫째, 학부모나 학교가 어떤 기회를 제공하느냐 하는 것과 둘째로, 놀이의 교육적 유용성을 증가시키기 위해 무엇을 해야 하느냐 하는 문제다.

우선 먼저 놀이의 심리학에 대해 몇 가지 알아보기로 하자. 이 문제를 철저하게 연구한 사람은 그루스이다. 앞 단원에서 소개한 윌리엄 스턴은 그의 저서에서 간단히 언급했다. 이 문제에는 두 가지 별개의 문제가 있는데, 그 하나는 놀이를 창조하는 충동에 대해서다. 그리고 두 번째는 생물학적 유용성에 관한 것이다. 두 번째는 비교적 간단하다. 어떤 종족이든 어린것은 놀이에서 장차 큰 다음에 써먹을 수 있는 모든 활동을 연습하고 실천한다는 것이 일반적인 이론임을 의심할 이유는 없다고 본다. 강아지들이 노는 것을 보면, 실제로 물어뜯지 않는 것을 빼고는 다 자란 개싸움과 똑같다. 새끼 고양이들의 놀이도 고양이가 쥐를 쫓는 행동과 비슷하다. 아이들은 집 짓기라든가 구멍을 파는 것을 유심히 관찰한 다음 흉내 내는 것을 즐긴다. 그런 일이 중요하게 보일수록 아이들은 그런 놀이를 더 좋아한다. 아이들은 새로운 근육활동에 도움이 되는 것은 무엇이든 가령, 높이뛰기, 기어오르기 혹은 좁은 널판 위를 걷는 것 등 너무 힘든 것이 아니라면 무엇이든 즐긴다. 그러나 이런 것이 일반적인 방법으로 놀이 충동의 유용성을 설명한다 하더라도 그것으로 모두 표현되는 것은 아니다. 또한 일시적으로라도 이것이 심리학적 분석을 제공한다고 생각해서는 안 된다.

어떤 정신 분석가들은 어린이의 놀이에서 성적 상징을 찾아보려 한다. 내가 확신하건대, 이것은 완전히 망상이다. 유년기의 가장 본능적인 충동은 성이 아니라 어른이 되고 싶은 욕망이다. 혹은 좀 더 정확히 말해서 힘에의 의지라 할 수 있다.[1] 어린이는 어른에 비해 자신이 약하다는 인상을 받는다. 그래서 어린이는 어른과 동등해지고 싶어 한다. 내 아들이 어느 날 자신이 어른이 된다는 것을 알고 또한 아버지인 나도 어린이였다는 사실을 알았을 때 얼마나 기뻐했는지 기억이 난다. 사람은 성공의 가능성을 인식함으로써 노력하려는 자극이 생긴다는 것을 알 수 있다. 아주 어렸을 때부터 흉내 내면서 보여 주듯이 아이는 어른이 하는 대로 하고 싶어 한다. 형이나 누나는 쓸모가 있다. 왜냐하면 형이나 누나의 목적은 이해가 되고 또한 형들이 할 수 있는 일은 어른들의 일처럼 어렵지 않기 때문이다. 아이들의 열등감은 대단히 강하다. 아이들이 정상적으로 그리고 올바르게 배우게 되면 열등감은 노력하고자 하는 자극이 되지만 너무 억압적이면 불행의

---

1 H. C. Cameron, *The Nervous Child* (3rd ed., Oxford, 1924), p. 32 이하 참조.

씨앗이 되는 수가 있다.

놀이에는 힘에 대한 의지의 두 가지 형태가 있다. 하나는 무엇을 배우려는 형태이며 또 다른 하나는 공상으로 나타나는 형태이다. 마치 마음대로 일을 치루지 못한 어른이 성적 의미를 지닌 공상에 빠지듯 정상적인 아이도 권력의 의미가 있는 놀이에 빠지는 것이다. 아이는 거인, 또는 사자나 기차가 되고 싶어 하고 상상 속에서 폭력을 행사하고 싶어 한다. 한번은 내 아들에게 「거인을 퇴치한 자크」(Jack the Giant-Killer) 이야기를 했더니 아이는 내가 아이에게 바라는 자크가 되는 것보다 거인이 되고 싶어 했다. 아이 엄마가 「푸른 수염」(Bluebeard)의 사나이 이야기를 들려줬을 때도 아이는 자기가 푸른 수염의 사나이라고 우겼다. 그리고 그 사나이의 부인은 남편의 말을 듣지 않았기 때문에 당연히 벌을 받아야 한다고 여겼다. 아이들 놀이 중에 여자의 목을 잘라 피가 낭자한 일이 생겼다. 프로이트주의자는 새디즘이라고 할 것이다. 그러나 아이는 어린이를 잡아먹는 거인 정도로 알고 노는 것이다. 아니면 무거운 짐을 싣고 달릴 수 있는 기관차로 알고 즐긴다. 성이 아니라 힘이 아이들 놀이에서 볼 수 있는 공통된 요소다. 어느 날 산책하다 돌아오면서 농담 삼아 아들에게 말했다. 아마 티들리윙크스 씨 같은 남자가 우리 집에 쳐들어와 우리를 들어오지 못하게 할지도 모른다고. 그 후 상당한 기간 동안 아이는 자기가 티들리윙크스라고 하면서 문 앞에서 나를 막고 다른 집으로 가라고 했다. 아이는 이런 놀이에 지칠 줄 모르게 빠져들었다. 그가 즐기는 것은 분명히 힘을 과시하는 놀이다.

그렇다고 힘을 과시하는 놀이만이 유일한 원천이라고 생각하는 것은 너무 단순하게 생각하는 것이다. 아이들은 무서워하는 척하는 놀이도 즐긴다. 아마도 그것이 놀이일 뿐이라는 것을 알기 때문에 안심

이 되는가 보다. 때로는 내가 악어가 되어 아들을 잡아먹는 놀이를 한
다. 아이는 정말 잡아먹히는 줄 알고 비명을 질러서 진짜 무서워하는
것 같아 멈췄다. 그러자 내가 멈춘 순간 아이는 '아빠 또 해'라고 한
다. 이런 장난은 어른들이 소설이나 극장구경을 좋아하는 것과 동일
한 순수한 즐거움을 아이들에게 준다. 내 생각에 이런 모든 놀이에는
호기심이 한몫을 한다고 본다. 즉 곰 놀이를 할 때 아이는 마치 자기
가 곰에 대해 잘 아는 것처럼 느낀다. 아이들 생활에서 모든 강한 충
동은 놀이에서 나타난다고 본다. 아이는 놀이를 통해 그가 원하는 만
큼 힘 자랑을 하는 것이다.

놀이의 교육적 가치에 대해서는 놀이가 새로운 능력을 획득한다는
주장에 모두 동의할 것이다. 그러나 다수의 현대인은 소꿉장난에서
보이는 놀이에 대해 회의적이다. 어른들 생활에서 백일몽은 다소 병
적으로 인식되기도 하고 또한 현실 세계에서의 노력을 대신하는 것으
로 생각된다. 백일몽에 대한 불신은 아이들 놀이에 대한 불신으로 이
어졌다. 내 생각에 이건 잘못된 것이다. 몬테소리 학교의 교사들은 학
교 교구를 기차나 혹은 증기선, 또는 다른 것으로 전용하는 것을 좋아
하지 않는다. 그것을 '상상력의 혼란'으로 보고 있다. 그 점에서 교사
들이 틀린 것은 아니다. 왜냐하면 아이들이 하고 있는 것은 비록 아이
들 자신에게는 놀이 이상의 아무것도 아니지만 실제로 놀이는 아니기
때문이다. 교구는 아이들을 즐겁게 해 준다. 그러나 그 목적은 교육이
고 즐거움은 단지 수단일 뿐이다. 실제 놀이에는 즐거움이 목적이다.
'상상력의 혼란'을 반대하는 이론이 순수한 놀이에도 파고든다면 그
건 너무 지나친 거다. 같은 이론은 선녀나, 거인이나, 마법의 융단 등
의 이야기를 아이들에게 들려주는 것을 반대하는 경우에도 해당된다.
나는 진리에 관해 금욕주의적이거나 또한 다른 종류의 금욕주의자에

대해 공감을 가질 수가 없다. 흔히 아이들은 진실과 허구를 분별하지 못한다고 하지만 나는 이 말의 믿을 만한 근거를 찾지 못하고 있다. 우리는 햄릿이 실제로 존재한다고 생각하지 않는다. 그러나 연극을 보고 있는 동안 햄릿은 존재하지 않는다고 계속 상기시키는 사람이 옆에 있으면 짜증이 날 수밖에 없다. 이와 마찬가지로 아이들 또한 서투르게 현실을 상기시키는 게 있다면 짜증이 날 것이다. 그렇다고 해서 아이들 자신이 스스로 속고 있다는 것은 아니다.

진실은 중요하다. 그러나 상상도 중요하다. 상상력은 종족의 역사의 경우와 마찬가지로 개인의 역사에서도 조기에 발달한다. 아이의 신체적인 욕구가 만족스러우면 그는 실제보다 훨씬 더 많은 놀이를 발견하게 된다. 놀이 속에서 그는 왕이다. 사실 이 지상의 어떤 왕국보다 더 큰 권력을 쥐고 자신의 영토를 지배한다. 현실에서는 일정한 시간에 잠자리에 가야 하고 여러 가지 귀찮은 잔소리를 들어야 하지만. 상상력이 결핍된 어른들이 생각 없이 아이의 무대장치를 방해할 때 아이는 격분하게 된다. 가장 큰 거인이라 해도 기어 올라올 수 없게 만든 아이의 성벽을 어른의 부주의로 부서지게 만들 때 아이는 마치 로물루스가 레무스[2]에게 화내듯이 화를 낼 것이다. 아이들이 다른 어른들에 대해 갖는 열등감은 정상적인 것이지 병적인 것은 아니다. 그렇다면 공상하는 것으로 열등감의 보상을 바라는 것도 정상이지 병적인 것은 아니다. 아이의 놀이는, 다른 방법으로 보냈다면 더 효과적일 수도 있는, 시간을 소비한 것은 아니다. 만일 모든 시간을 긴장하

---

2   옮긴이 주: 로물루스(Romulus)와 레무스(Remus)는 로마 건국 신화에 나오는 쌍둥이 형제로, 늑대의 젖을 빨고 자랐다는 설화가 있다. 로물루스는 로마를 건설한 초대 왕으로 전해진다.

면서 보낸다면 얼마 안 가서 아이의 신경은 파괴되고 말 것이다. 몽상에 빠진 어른은 그 꿈을 실현하도록 노력하라고 말해 줘야 한다. 그러나 아이는 꿈을 갖는 것이 옳은 건지 아직은 잘 모른다. 아이는 그의 공상이 현실을 영원히 대신한다고 생각지 않는다. 도리어 때가 되면 꿈을 현실로 바꾸기를 간절히 바란다.

진실과 사실을 혼동하는 것은 위험한 잘못이다. 우리의 인생은 단순히 사실에 지배되는 것뿐만 아니라 희망에 지배되기도 한다. 즉 사실 외에 아무것도 생각할 수 없다는 식의 진실이란 인간 정신의 감옥일 뿐이다. 꿈은 현실을 개혁하려는 노력을 게을리하는 대용품일 때만 비난을 받아야 한다. 즉 꿈이 자극이 된다면 그 꿈은 인간의 이상을 구체화하기 위한 활기찬 목적을 달성하려는 것이다. 유년기의 공상을 죽이는 것은 현실의 노예가 되게 하는 것, 즉 땅의 밧줄에 얽매여, 천국을 창조할 수 없는 존재가 되게 하는 것이다.

여러분은 이렇게 말할 것이다. 다 좋다. 그렇지만 지금 말한 것과 아이를 잡아먹는 거인이나 자기 아내의 목을 잘라 버리는 푸른 수염의 사나이와는 무슨 관계가 있는가? 그런 것이 네가 말하는 천국에 있다는 말인가? 상상력을 어떤 좋은 목적에 쓸 수 있도록 정화하고 고귀한 것으로 만들 수는 없는 건가? 당신이 평화주의자라고 한다면 순진무구한 아이로 하여금 인간의 삶을 파괴하는 공상에 빠져들게 할 수 있겠는가? 인간이 당연히 벗어나야 하는 그런 노예근성 본능에서 얻는 쾌락을 어떻게 정당화할 수 있는가? 독자들의 이 모든 느낌을 나는 상상할 수 있다. 이 문제는 중요한 것이다. 그러므로 왜 내가 남과 다른 주장을 펴 보겠다는 것인지 밝혀 보겠다.

교육은 본능을 억압하는 것이 아니고 개발하는 것이다. 인간의 본능은 대단히 애매한 것이기 때문에 여러 가지 다양한 방법으로 만족을 얻는다. 그 대부분의 본능은 만족을 얻기 위해 어떤 종류의 기술이 요구된다. 크리켓이나 야구는 동일한 본능을 만족시키지만 아이는 무엇이든 연습한 것을 하고 논다. 따라서 학습지도의 비결은 아이의 특징에 따라 그의 본능을 유용하게 써먹을 수 있는 기술을 제공해야 하는 것이다. 어렸을 때 자신을 푸른 수염의 사나이와 동일시하는 원시적인 방법으로 만족했던 힘에 대한 본능은 나중에 과학적 발명이나 예술적 창작과 같은 세련된 방법으로 만족할 수도 있다. 또한 훌륭한 어린이교육과 창작 혹은 수없이 유용한 활동 중 어느 하나에서 만족을 찾을 수도 있을 것이다. 만일 어떤 사람이 아는 것이라고는 싸우는 방법밖에 없다면 그는 전투에서 기쁨을 찾을 수 있을 것이다. 그가 만일 다른 기술을 가졌다면 그는 다른 방법으로 만족을 얻는다. 그러나 만일 그의 힘에 대한 의지를 어렸을 때 봉오리째 잘라 버리면, 좋은 일도 나쁜 일도 없지만 게으르고 따분한 사람이 될 것이다. 그런 사람은 하느님의 종이며 동시에 하느님의 적(*a Dio spaciente ed a' nemici sui*)이 될 것이다. 이런 종류의 바보 같은 선량함은 이 세상이 요구하는 것도 아니고 어릴 때 길러야 할 것도 아니다. 어린이들이 아직 어려서 별로 큰 잘못을 저지르지 않는다면 공상 속에서 옛날의 야만적인 조상들의 생활을 다시 재연해 보는 것은 생물학적으로 볼 때 자연스러운 것이다. 아이들이 조상들의 수준에 머물고 만다는 걱정은 하지 않아야 한다. 만일 좀 더 수준 높은 만족에 필요한 지식이나 기술을 준비해 준다면 말이다. 어렸을 때 나는 머리를 땅에 대고 구르기를 좋아했다. 지금은 그런 놀이가 나쁜 것이 아니라고 해도 나는 하지 않는다. 이와 마찬가지로 푸른 수염의 사나이가 재미있는 놀이라 해도 어린이는 더 이상 하지 않고 좀 더 다른 방법으로 힘쓰는 일을 배울 것이다. 그리고 만일 어렸을 때 그 단계에 적합한 자극에 의해 상상력이 활발하게 자랐다면 자란 다음에도 그 상상력은 언제까지나 활발하게 자라고 어른에게 적합한 방법으로 펴나갈 수 있다. 아무런 반응도 보일 수 없는 나이에 그리고 행동을 통제할 필요가 없는 나이에 여러 가지 도덕을 강요하는 것은 쓸데없는 짓이다. 결과적으로 지루하기만 하고 정작 생각이 효력을 발휘하게 될 나이가 되어도 무감각하게 되고 만다. 이것이 바로 왜 아동심리학 연구가 교육에서 가장 중요한지에 대한 이유 중 하나이다.

후기 아동의 놀이는 유아기의 놀이와 다르다. 놀이가 점차 경쟁적이 되기 때문이다. 처음에는 아이는 혼자 논다. 갓난아이가 형이나 언니의 놀이에 참여하기는 어려운 일이다. 그러나 여럿이 놀게 되자마자 곧 대단한 즐거움이 되어 혼자 노는 즐거움은 즉시 사라지게 된다. 영국 상류계급의 교육은 항상 학교에서 하는 운동경기에 대단한 도덕적 의미를 인정한다. 내 생각에, 학교에서 하는 경기가 어느 정도 중요한 가치가 있다는 것은 인정하지만, 이 정통적 영국식 사고방식은 좀 과장된 것 같다. 경기는 너무 전문화되지 않는다면 건강에 유익하다고 본다. 만일 특별한 기술이 너무 지나치게 높이 평가된다면 최고의 선수는 지나치게 운동을 하게 되는 반면 남은 선수들은 구경꾼이 되고 만다. 운동경기는 남녀학생들에게 다쳐도 법석을 떨지 않고 참을 줄 아는 것을 가르치고 또한 지칠 정도의 피로도 유쾌하게 받아들이는 것을 가르친다. 그러나 그 밖의 이점이 있다고 생각되는 것은 내가 보기에는 대부분 환상에 불과한 것이다. 즉 운동경기는 협동심을 심어 준다고 하지만 이 협동심은 경쟁의 형태에서만 가능한 것이다. 이런 것은 전쟁을 할 때 필요한 것으로 산업사회나 정당한 종류의 사회관계에서는 필요 없는 것이다. 과학은 기술적으로 경제적인 면에서 그리고 국제정치면에서 경쟁 대신 협동심을 심어 주었다. 그러나 동

시에 과학은 또한 경쟁(전쟁의 형식으로)을 종래 있었던 것보다 한층
더 위험한 것으로 만들었다. 이런 이유로 협동적인 사업에 대한 개념
을 배양하는 일은 그 어느 때보다 더 중요한 것이 되었다. 그것은 경
쟁사회에서의 승자와 패자보다 협동사회에서의 '적'의 개념이 물질
적 성질을 지녔기 때문이다. 이런 고찰을 지나치게 강조할 생각은 없
다. 경쟁심은 인간에게 자연스러운 것이므로 어떤 다른 방도를 찾아
야 하기 때문이며, 운동경기나 게임보다 더 무난한 것을 찾기는 어렵
다. 이것은 경기를 그만두게 해서는 안 된다는 타당한 이유 중의 하나
이지만 그렇다고 운동경기를 학교 교육과정의 우선순위에 놓아야 한
다는 정당한 이유도 아니다. 아이들이 좋아한다면 놀게 해 줘야 한다.
그러나 학교 당국이 생각하는 것처럼 게임이 일본사람이 말하는 '위
험 사상'의 해독제가 된다는 것 때문은 아니다.

　나는 앞에서 공포를 극복하고 용기를 내야 한다는 것에 대해 꽤 길
게 썼다. 그러나 용기를 잔인성과 혼동해서는 안 된다. 잔인성은 한
사람의 의지를 다른 사람에게 강요하는 데서 오는 쾌감이다. 그러나
용기는 개인적인 불행과는 관계가 없다. 나는 기회만 있으면 남녀 아
이들에게 사나운 바다에서 작은 배를 타는 것을, 높은 데 올라가 다이
빙하는 것을, 자동차 운전, 심지어 비행기 조정을 가르치고 싶다. 나
는 아운들의 샌더슨(Sanderson of Oundle)이 한 것처럼 아이들에게
기계를 조립하고 과학적 실험의 위험을 경험하도록 하고 싶다. 가능
한 한 나는 생명 없는 자연을 경쟁자로 게임을 하길 바란다. 즉 자연
과의 경쟁에서 사람을 상대로 경쟁하는 것처럼 힘의 의지를 만족시킬
수 있기 때문이다. 이런 방법으로 얻은 기술은 크리켓이나 축구의 기
술보다 더 유용하고, 이런 식으로 형성된 성격은 사회적 도덕과 한층
더 조화를 이룰 것이다. 하지만 도덕적 성격과는 별개의 문제로 운동

경기에 대한 예찬에는 지성의 과소평가가 포함되어 있다. 대영제국은 그와 같은 어리석음으로 말미암아 그리고 학교 당국이 지성의 가치를 인정하지 않거나 장려하지 않는 사실로 말미암아 산업적인 지위를 잃어 가고 있다. 이 모든 것은 게임 지상주의의 광적인 신앙과 관계가 있다. 물론 이런 경향은 점점 더 심각해질 것이다. 한 청년의 운동경기 기록이 그의 가치를 시험하는 척도가 된다는 신앙은 이 복잡한 현대사회를 꿰뚫어 보는 데 필요한 지식과 사상을 파악하는 데 실패한 일반적인 현상으로 본다. 그러나 지금 이 문제에 대해 나는 더 이상 말하지 않겠다. 나중에 좀 더 자세히 다루기로 한다.

학교에서 하는 게임에 대해 보통 좋다고 생각되는 것이 나에게는 전혀 잘못된 것으로 생각되는 면이 있다. 즉 단체정신(esprit de corps)을 양성하는 것이 효과가 있다는 일반적인 생각이다. 학교는 단체정신을 좋아한다. 왜냐하면 좋은 행동이라고 생각되는 것을 위해 나쁜 동기를 이용하는 것을 단체정신이 해 주기 때문이다. 만일 노력을 권하는 것이 목적이라면 상대방을 이겨야 한다는 욕망을 촉진시키면 노력하도록 쉽게 자극할 수 있다. 곤란한 것은 경쟁적이 아닌 노력에 대해 아무런 동기도 제공하지 않는다는 것이다. 이 경쟁적인 동기가 우리의 모든 행동에 얼마나 깊이 파고들었는지는 놀랄 만하다. 만일 당신이 아동보호를 위한 공공시설의 개선을 도모해 시 행정을 설득하고 싶다면 이웃 도시의 낮은 유아 사망률을 들고 나와야 한다. 만일 당신이 어떤 제조업자에게 개선책이 확실한 새로운 제조법을 채택하게 하려면 당신은 경쟁의 위험성을 강조해야 한다. 당신이 만일 국방부를 설득해서 고급장교에게는 약간의 군사지식이 바람직하다고 설득하려 해도 그것은 불가능하다. 왜냐하면 그만큼 '신사적인' 전통[3]이 강해서 패배의 공포조차 없기 때문이다. 그렇게 해서 누구도 해를 입지 않는다 해도 그 일을 효율적으로 수행하는 데 흥미를 갖게 하거나 아니면 그 일을 위해 건설적인 면을 증진시키는 데는 아무런 노력도 보이지 않는다. 우리의 경제조직은 이런 면에서 학교의 게임보다 한층 더하다. 그러나 학교에서 하는 경기는 현재 보는 바와 같이 경쟁정신을 나타낸다. 만일 협동정신이 이 자리에 대신한다면 학교에서의 게임은 변화할 필요가 있다. 그러나 이 주제는 우리의 문제와는 너무 동떨어져서 더 이상 다루지 않겠다. 나는 훌륭한 국가 건설에 관심이 없다. 그러나 현존하는 국가 안에서 가능한 한 훌륭한 개인을 만들려고 한다. 개인의 발전과 사회의 발전은 손에 손잡고 함께 나아가야 한다. 그러나 교육을 저술하는 사람의 특별한 관심은 바로 개인이다.

---

3 *The Secret Corps*, by Captain Ferdinand Tuohy (Murray, 1920), vi장 참조.

건설적인 것

이 단원의 주제는 이미 놀이와 관련해 수시로 고찰한 바 있다. 지금은 주로 이 문제에 한정해 생각해 보기로 한다.

우리가 이미 고찰한 바와 같이 아이들의 본능적인 욕망은 막연한 것이다. 이런 욕망을 여러 가지 방면으로 전환시킬 수 있는 것은 교육과 기회다. 원죄에 대한 오래된 신앙이나 루소의 성선설은 둘 다 사실과 일치하지 않는다. 본능이라는 원래의 성질은 윤리적으로 중성이고 오직 환경에 따라 선하기도 하고 악하기도 하다. 병적인 경우를 제외한다면 대부분의 사람들의 본능은 초기에 좋은 형태로 발전시킬 수 있다는 사실에는 근거가 있다고 본다. 초기에 정신적이고 생리적인 위생이 적절히 제공된다면 병적인 경우는 거의 일어나지 않는다. 이런 경우, 맑은 정신으로 낙관론을 순수하게 받아들일 이유가 있다. 적절한 교육으로 본능과 아우르는 삶을 가능하게 할 수 있다. 그러나 이것은 있는 그대로의 원초적 본능이 아니라 훈련된 그리고 배양된 본능이다. 본능을 배양하는 가장 큰 힘은 기술이다. 즉 어떤 종류의 만족을 주는 기술이지 다른 종류의 만족을 주는 건 아니다. 사람에게 올바른 기술을 제공하면 그는 도덕적이 된다. 반대로 그에게 나쁜 종류의 기술을 제공하거나 혹은 전혀 아무 기술도 주지 않는다면 그는 나쁜 사람이 될 것이다.

이와 같은 일반적인 고찰은 특별히 강한 설득력으로 권력에의 의지에 적용된다. 우리는 누구나 무엇인가에 영향을 주기를 좋아한다. 그러나 권력을 좋아하는 한 우리가 주는 영향이 무엇이든 상관하지 않는다. 넓은 의미로 말하자면, 무엇이든 성과를 얻기가 어려우면 그럴수록 우리를 한층 더 기쁘게 한다. 사람들은 제물낚시(fly-fishing)로 낚시질하는 것을 좋아한다. 왜냐하면 그 낚시법이 어렵기 때문이다. 사람들은 앉아 있는 새를 총으로 쏘지 않는다. 그건 쉽기 때문이다. 이런 실례를 드는 이유는 거기에는 활동의 즐거움 이상의 다른 어떤 감추어진 동기도 없기 때문이다. 그러나 같은 원리는 어디서나 적용된다. 나는 유클리드를 배우기 전까지는 산수를 좋아했고 해석기하학을 배우기 전까지는 유클리드를 좋아했다. 그다음도 다 그런 식이다. 어린이는 처음에 걷는 것에, 다음에는 달리는 것에 기뻐한다. 그다음엔 껑충껑충 뛰는 것, 그리고 기어 올라가는 것에 기쁨을 느낀다. 쉽게 할 수 있는 것에 대해 우리는 더 이상 힘의 감각을 느끼지 못한다. 즉 새롭게 습득한 기술이냐 아니면, 우리 스스로 자신이 없는 기술이냐 둘 중의 하나가 우리에게 성공의 감동을 준다. 이것이야말로 왜 힘에의 의지가 어떤 기술을 배웠느냐에 따라 무제한으로 적응되는지에 대한 그 이유가 된다.

건설과 파괴는 다 같이 힘에의 의지를 만족시켜 주는 것이지만 대체로 건설은 더 어렵다. 그래서 일을 성취할 수 있는 사람에게 더 많은 만족감을 준다. 건설과 파괴의 정확한 정의를 학자티를 내면서 말하지 않겠다. 대충 말하자면, 우리가 흥미를 갖는 조직의 잠재적인 에너지를 한층 더 높일 때 우리는 건설한다고 한다. 반대로 그 잠재적인 에너지를 감소시킬 때 우리는 파괴한다고 한다. 아니면 좀 더 심리학적인 용어로, 미리 설계한 대로의 구성을 산출할 때 건설한다고 하고 다음으로, 새로운 구성의 결과에 흥미가 없고 기존 구성을 변경하기 위해 자연력을 작용시키면 우리는 파괴한다고 한다. 이러한 정의를 어떻게 생각하든 실제로 우리 모두는 어떤 활동이 건설적인지는 알고 있다. 예외적인 경우가 있는데, 그것은 어떤 사람이 재건하겠다는 생각으로 파괴한다면 우리는 사실인지 아닌지는 알 수 없다.

파괴하는 것은 쉽다. 아이들 장난은 항상 파괴하는 것으로 시작한다. 그다음 단계에서 건설에 들어간다. 모래 위에서 작은 양동이를 가지고 노는 아이는 어른들이 만든 모래푸딩을 좋아한다. 그다음 삽으로 그 모래푸딩을 망가뜨린다. 그러나 아이가 직접 푸딩을 만들자마자 그렇게 즐거워하며 다른 사람은 손도 못 대게 한다. 아이는 처음 집 짓기 놀이를 할 때 어른들이 쌓아 올린 탑을 무너뜨리고 좋아한다. 그러나 아이 자신이 만들게 되면 그 성취감이 지나칠 정도로 자랑스러워 자기가 쌓아 올린 노력이 순간 무너지는 것을 참기 어려워한다. 어린이에게 이런 놀이의 즐거움을 주는 충동은 이 두 개의 단계에서 완전히 동일한 것이다. 단지 새로운 기술이 이 같은 충동의 결과로 나타난 행동에 변화를 주는 것뿐이다.

여러 가지 도덕적인 것 중에 최초의 것은 건설의 기쁨을 경험하는 데서 시작된다. 아이가 자기가 만든 건축물을 무너뜨리지 말라고 부탁할 때 당신은 아이에게 다른 사람이 만든 것도 망치지 말아야 한다는 것을 어렵지 않게 이해시킬 수 있다. 이런 방법으로 노동의 대가, 즉 사회적으로 해를 끼치지 않고 사유재산을 얻는 유일한 원천인 노동의 대가를 존중하게 된다. 당신은 또한 아이에게 인내심, 지구력과 관찰에 대한 유인 동기를 주게 된다. 이런 성질이 결여된다면 아이는 그의 마음에 드는 높이만큼 탑을 쌓지 못할 것이다. 아이와 놀이를 할 때 당신이 해야 할 일은 오직 한 가지, 아이의 야심을 충분히 자극하는 일이며 어떻게 진행되는지 보여 주는 것이다. 그다음에는 아이들 스스로의 노력으로 하도록 내버려 둬야 한다.

아이가 마당에 나오게 되면 좀 더 공들인 형태로 건설이라는 것을 쉽게 배울 수 있다. 마당에 나온 아이의 첫 충동은 예쁜 꽃을 모두 따 버리는 거다. 꽃을 따지 못하게 하는 것은 어렵지 않다. 그러나 단순히 금지하는 것은 교육적으로 적절하지 않다. 어른이 아이의 모범이 되어 꽃을 꺾지 않고 정원을 잘 가꾸기 위해 필요한 노력과 노동을 알게 해 줄 때 아이의 존경심을 얻을 수 있다. 아이가 세 살쯤 되면 정원 한구석에 씨를 심어 보게 한다. 잎이 나오고 꽃이 피어나면 아이는 그 꽃을 아끼는 마음과 같은 마음으로 엄마가 심은 꽃도 사랑해야 한다는 것을 알게 된다.

건설과 성장에 대한 흥미를 발달시킴으로써 가장 쉽게 영향을 주는 것은 생각 없이 잔인해지는 행동이 없어지는 점이다. 거의 모든 아이들은 자라면서 파리나 다른 곤충을 죽이려 든다. 이런 행동은 나아가 좀 더 큰 동물을, 그리고 마침내는 사람을 죽이는 데까지 이르게 된다. 보통 영국의 상류층 가정에서는 새를 죽이는 일은 칭찬할 만한 일이며 전쟁에서 사람을 죽이는 일을 가장 고귀한 직업으로 간주한다. 이와 같은 태도는 훈련받지 않은 본능과 일치한다. 즉 이런 태도는 어떤 형식이든 건설적인 기술을 가진 적이 없는 사람의 태도다. 따라서 그들의 권력에의 의지를 순수하게 구체화하기는 불가능하다. 그들은 꿩을 잡아 죽이고, 소작인을 고통스럽게 한다. 일이 생기면 그들은 코뿔소든 독일인이든 쏠 수 있다. 그러나 좀 더 유용한 기술에 있어서는 전혀 무능한 사람이다. 왜냐하면 그 부모나 선생이나 그들을 영국신사로 만들면 그만이라고 생각했기 때문이다. 그들이 출생 시부터 다른 나라 아이들보다 바보로 태어났다고는 생각하지 않는다. 어른이 된 후에 나타나는 여러 가지 결점은 전부 잘못된 교육 때문이다. 만일 어려서부터 다음과 같은 도덕적 훈련을 받고 자랐다면, 즉 삶의 가치를 자기 것으로 지키는 애정을 갖고 성장할 수 있었다면, 건설적인 기술의 형식을 습득했다면, 근심 걱정을 하면서 겨우 만들어진 것이 얼마나 빨리 그리고 쉽게 무너지는지 이해하게 된다면, 다른 사람이 이와 동일한 것을 만들거나 보살피는 것을 그렇게 쉽게 파괴할 생각은 하지 않을 것이다. 성장한 후 이런 문제를 가장 잘 가르쳐 줄 사람은 부모 외에는 없다. 그러나 부유층에서는 이런 일은 결코 일어나지 않는다. 왜냐하면 부자들은 자기 아이들을 월급 받는 전문가에게 맡기기 때문이다. 따라서 아이들의 파괴적인 성향이 나타나기 전에, 그들이 부모가 되기까지 우리가 기다릴 수는 없는 것이다.

교육받지 못한 하녀를 고용했던 사람은 누구나 아는 일인데, 하녀들은 주인인 작가의 원고를 불쏘시개로 태워 버리고 싶은 욕망을 억제하기 힘들다는 것이다(사람들은 그런 일이 불가능하길 바라겠지만). 만일 그가 동료 작가라면 비록 질투심이 강한 경쟁자라 하더라도 그와 같은 짓은 생각조차 하지 못할 것이다. 왜냐하면 원고의 가치를 그는 경험으로 알고 있기 때문이다. 자신의 정원이 있는 아이는 다른 사람의 꽃밭을 발로 뭉개지는 않을 것이다. 애완동물을 가진 아이는 동물의 생명을 존중하는 것을 배울 수 있다. 자기 자식을 걱정해 본 사람은 누구나 사람의 생명을 존중할 줄 안다. 부모가 보다 강한 애정을 느끼는 것은 아이들을 기르면서 걱정을 할 때다. 이런 걱정거리를 회피하는 부모는 부모로서의 본능이 다소간 마비된 것이다. 기껏 약간의 책임감이 남아 있을 뿐이다. 만일 부모의 건설적인 충동이 충분히 발달되어 있다면 아이들의 걱정거리를 좀 더 적극적으로 떠맡게 될 것이다. 이런 이유로 교육적인 측면에 주의를 기울이는 것은 대단히 바람직한 일이다.

　내가 말한 건설적인 것은 단지 물질적인 건설만을 지적하는 것은 아니다. 연극을 하거나 합창을 할 때에도 물질적인 것이 아닌 협동성이 포함되어 있다. 합창이나 연극은 많은 어린이들과 청소년을 즐겁게 해 준다(강요하는 것이 아니라면). 순수한 지적인 문제에서도 건설적인 혹은 파괴적인 경향을 갖는 것은 가능하다. 고전적인 교육은 거의 전부가 비판적인 것이다. 아이는 실수를 피하는 것을 배우고 실수를 저지르는 아이를 경멸하는 것을 배운다. 이런 것은 일종의 냉정한 정확성을 산출하기 쉽다. 이런 정확성에는 그 안에 들어 있는 독창성이 권위에 대한 존경으로 대체된다. 정확한 라틴어는 한 번 정해지면 확정되는 것이다. 즉 베르길리우스(Virgil)나 키케로(Cicero)의 라틴어가 그렇다. 과학은 정확하지만 계속 변화한다. 유능한 젊은이는 이 과정에 도움이 될 전망을 보여 줄 것이다. 결과적으로 과학교육에 의해 생긴 태도는 죽은 언어로 공부한 것보다 훨씬 더 건설적이라 할 수 있다. 실수하지 않는 것만이 중요한 목표가 된다면 교육은 지적으로 피도 눈물도 없는 것이 될 것이다. 자기 자신의 지식으로 어떤 모험적인 것을 해 보겠다는 기대는 모든 유능한 남녀청년들에게 주어져야한다. 너무도 흔히 고등교육은 어딘지 예의범절과 비슷한 데가 있어 보인다. 예의범절은 단지 어법에 어긋나는 작은 실수를 피하는 그런 소극적인 규범일 뿐이다. 이와 같은 교육에는 건설이라는 것은 잊혀진 것이다. 이런 형태의 교육이 만들어 내는 것은 기껏 사소한 것에 매달리거나 진취성도 없는 그리고 관용성이 결여된 것일 수 있다. 이 모든 것은 적극적인 성취를 교육의 목표로 세우면 피할 수 있는 것이다.

고학년의 교육에서는 사회적으로 건설적인 것에 대한 자극이 있어
야 한다. 내가 의미하는 것은 젊은이의 지성이 충분히 성숙되었다면
기존의 사회적 대세를 이용하든, 아니면 새로운 세력을 창조하든, 보
다 생산적인 방법을 고안해 그들의 상상력을 발휘하도록 밀어 줘야
한다는 것이다. 사람들은 플라톤의 『국가』를 읽는다. 그러나 사람들
은 이것을 어떤 관점에서든 현재 정치와 관련시켜 보려 하지 않는다.
내가 1920년대의 러시아는 『국가』의 이상과 조금도 다르지 않다고
했을 때, 플라톤주의자인지 아니면 볼셰비키인지 어느 쪽이 더 충격
을 받았는지는 말하기 어렵다. 사람들은 고전문학을 읽을 때 브라운,
존스, 그리고 로빈슨[1]의 일생의 의미가 무엇인지 알려고 하지 않는다.
이런 점은 『유토피아』에서 더욱 쉽게 알 수 있다. 왜냐하면 현재의 사
회조직이 어떻게 『유토피아』에 이어지는지에 대해 어떤 방법도 언급
하지 않았기 때문이다. 이와 같은 사항에 가치 있는 지적 능력은 다음
단계를 올바르게 판단하는 능력이다. 19세기 영국의 자유당원은 이
런 장점이 있다. 비록 그들의 방법이 이끌어 간 궁극적인 결과가 그들
을 몸서리치게 했지만 말이다. 인간의 사고를 지배하는 것은 흔히 무
의식적으로 떠오르는 이미지의 종류에 따르는 경우가 상당이 많다.
한 사회적 조직은 여러 가지 방법으로 생각할 수 있다. 가장 일반적인
것은 모형이나 기계 그리고 나무이다. 첫째 것은 스파르타와 전통적
인 중국의 모형처럼 정지된 상태의 사회개념이다. 인간의 본성은 이
미 만들어진 틀에 박혀 나왔기 때문에 기성품으로 고정됐다. 이런 생
각의 어떤 것은 지금도 엄격한 도덕적 혹은 사회적 인습으로 남아 있

---

1 옮긴이 주: 영국 중류계급에 속하는 세 사람이 함께 여행하는 소설 속의 인물들
로, 전통적이며 기만적인 중류층의 특징을 나타낸다.

다. 이런 인습의 지배를 받는 사람의 견해는 어떤 종류, 즉 완고하고 양보가 없는 가혹한 정치적 견해를 갖게 된다. 사회를 하나의 기계와 같다고 생각하는 사람은 좀 더 현대적이다. 산업주의자나 공산주의자는 이 같은 계층에 속한다. 그들에게 인간의 본성은 흥미 없는 것이며 인생의 목적은 단순한 것으로 언제나 생산을 최대한으로 증가시키는 것이다. 사회조직의 목표는 이러한 단순한 목적을 달성하는 데 있다. 문제는 실제 인간 존재가 그런 것을 원치 않는 데 있다. 사람들은 온갖 종류의 혼란스러운 것들을 추구하는데, 그런 것은 조직자의 깔끔한 성격으로는 아무런 가치도 없어 보인다. 이것은 결국 조직자로 하여금 모형 틀로 돌아가게 만든다. 인간 존재를 그가 좋다고 생각하는 모양으로 만들기 위해서다. 그래서 그다음은 혁명이 일어나는 것이다.

　사회조직을 나무로 보는 사람들은 다른 정치적 견해를 갖는다. 나쁜 기계를 폐물로 버리고 다른 것을 그 자리에 놓는다. 그런데 한 번 나무를 잘라 내면 새 나무가 그만큼 크고 힘이 생기는 데 오랜 시간이 걸린다. 기계든 모형이든 그걸 만든 사람이 선택하는 거다. 나무는 그 특수한 성질이 있다. 따라서 그 종류의 좀 더 나은 것 혹은 좀 더 나쁜 본보기를 만들 수 있을 뿐이다. 살아 있는 것에 적용되는 건설성은 기계에 적용되는 건설성과 차이가 있다. 즉 생물은 겸손한 기능이 더러 있어 일종의 상호이해가 필요하다. 그 때문에 젊은이에게 건설성을 가르칠 때는 다만 집 짓기나 기계에 대해서뿐만 아니라 동물, 식물에 관한 실습의 기회를 주어야 한다. 물리학은 뉴턴 시대 이후 사상계에 지배적인 영향을 주었고 실행단계에 들어간 것은 산업혁명 이후였다. 이로 말미암아 오히려 기계적인 사회개념을 도입하게 되었다. 생물학적 진화론은 새로운 한 묶음의 관념을 도입했다. 그러나 이런 관념들

은 자연도태라는 관념에 의해 어느 만큼 빛을 잃게 되었다. 우생학이
나 산아제한 그리고 교육에 의해 자연도태라는 관념을 인간사에서 제
거하는 것을 우리의 목적으로 해야 한다. 사회를 나무로 보는 생각은
모형 틀이나 기계로 보는 것보다 낫다고 하지만 거기에도 결점이 있
다. 이런 결점을 보충하기 위해 우리가 찾아야 할 것은 심리학이다.
심리학적 건설성은 지금까지 별로 이해되지 않았던 새롭고 특수한 분
야다. 이것은 교육, 정치, 그 밖의 순수하게 인간적인 문제에 관한 올
바른 이론을 위해 필요불가결한 것이다. 그리고 이것은 잘못된 유추
로 말미암아 잘못 인도되지 않게 하기 위해 시민의 상상력을 지배하
는 힘이 되어야 한다. 어떤 사람들은 인간사에 관해 건설성이 개입하
는 것을 두려워한다. 왜냐하면 그것은 기계적인 것일 수밖에 없다고
믿기 때문이다. 따라서 이들은 무정부주의를 신봉하거나 '자연으로
돌아가라'를 믿게 된다. 내가 이 책에서 보여 주고 싶은 것은 구체적
인 예를 들어서 심리학적 건설이 얼마나 기계의 건설과 다른가에 대
해서다. 이런 관념의 상상적인 측면은 고등교육이 관심을 가져야 할
일이다. 만일 그렇게 된다면 우리의 정치는 각이 지고, 날카롭고, 그
리고 파괴적인 것을 피하고 그 대신, 유연하고 진실로 과학적인 것이
되어 인간의 빛나는 발전을 그 목적으로 세울 것을 나는 믿는다.

이기심과 소유 본능

나는 지금 공포와 유사한 문제에 봉착하게 됐다. 이 문제에 대해 우리
는 어떤 강력한, 부분적으로는 본능적이고 대부분 바람직하지 않은
충동에 대해 생각해야 한다. 모든 경우에는 아이들의 본성을 거스르
지 않도록 조심해야 한다. 우리가 아이의 본성을 못 본 척하거나 그
본성이 다른 것이 되었으면 하고 바라는 것은 소용없는 일이다. 우리
는 주어진 원재료를 수용해야 하고 그리고 어떤 다른 재료에만 적용
되는 방법으로 다루지 말아야 한다.

　이기심은 결코 궁극적인 윤리개념은 아니다. 분석하면 할수록 애
매한 개념이다. 그러나 유아원에서 나타난 현상을 보면 이기심은 분
명하고 반드시 해결해야 할 필요가 있는 여러 가지 문제가 있다고 본
다. 그냥 내버려 두면 큰 아이가 저보다 어린 아이의 장난감을 빼앗고
어른의 관심을 더 많이 끌고 싶어 한다. 또한 일반적으로 저보다 어린
아이의 실망과 상관없이 자기 욕구만 채우려 든다. 인간의 이기심은
휘발유와 같아 외부의 압력으로 억제하지 않으면 언제나 팽창하려고
한다. 이런 면에서 교육의 목적은 주먹질을 하거나, 심하게 구타하거
나, 벌을 주는 것이 아니라, 외부의 압력이 어린아이의 마음에 좋은

습관, 생각, 그리고 공감의 형식으로 나타나도록 하는 것이다. 필요한 것은 정의감이지 자기희생은 아니다. 사람은 누구나 이 세상에서 자기의 몫을 차지할 권리가 있다. 또한 자기에게 당연한 것을 주장하는 것이 나쁘다는 생각을 하게 해서는 안 된다. 자기희생이라는 것을 배울 경우, 그것을 충분히 실행에 옮기지는 못하지만 결과는 거의 옳다고 여기는 것 같다. 그러나 사실 사람들은 자기희생이라는 것은 배우지 못하고 단순히 정의를 요구할 때 죄의식을 느끼거나 혹은 자기희생을 극단으로 몰고 가는 웃기는 일이 벌어진다. 세 번째 경우, 사람들은 그들이 희생을 바친 상대에게 막연한 분개를 느낀다. 아마도 그 보답을 요구하는 대가로 이기심이 되돌아오게 될지도 모른다. 어떤 경우에도 자기희생이라는 것은 진실된 교훈이 될 수 없다. 왜냐하면 그것은 보편성이 없기 때문이다. 즉 덕을 가르치는 수단으로 거짓을 가르치는 것은 바람직한 것이 아니다. 거짓이 밝혀지면 덕은 증발해 버린다. 반대로 정의는 보편성이 있다. 따라서 정의야말로 어린이의 생각과 습관 속에 스며들게 해야 할 개념이다.

외동아이에게 정의를 가르친다는 것은 불가능한 것은 아니지만 어려운 것이다. 어른들의 욕망이나 권리는 아이들의 것과는 차이가 크기 때문에 어른들은 아이들에게 어떤 상상만으로는 호소를 할 수가 없다. 같은 즐거움을 얻기 위해 직접적으로 경쟁이 될 만한 것이 없다. 그뿐만 아니라 어른들은 그들 자신의 요구에 복종해야 하는 입장에 서 있을 때 그들 스스로 재판관이 되어야 하기 때문 그런 이유로 아이에게 공정한 재판의 효과를 보여 줄 수 없다. 어른들은 물론 이런저런 형태의 편리한 행동을 가르쳐 주입하는 방법도 있을 것이다. 즉 엄마가 세탁물을 건사할 때 방해하지 말 것, 아빠가 바쁠 때 떠들지 말 것, 손님이 왔을 때 주제넘게 나서지 말 것 등이다. 그러나 이런 것들은 납득하기 어려울지라도, 만약 아이들이 친절한 대접을 충분히 받아 왔다면 기꺼이 따라 줄 것이다. 그러나 아이 자신의 느낌으로 합리적이 아니라고 할 때는 호소할 데가 없는 것이다. 이런 규칙에 아이가 복종해야 한다는 것은 옳은 일이다. 왜냐하면 아이는 결코 폭군이 되어서는 안 되기 때문이다. 또한 다른 사람이 요구하는 것이 비록 이상한 것이라 해도 그들은 그 요구를 중요하게 생각하고 있다는 것을 이해하지 않으면 안 된다. 그러나 이 같은 방법은 겉으로 보기에 좋은 행동일 뿐 그 이상의 것은 얻기 어렵다. 정의의 진정한 교육은 다른 아이들과 함께 있을 때만 가능한 것이다. 이것은 아이들이 왜 오랫동안 외동아이로 자라서는 안 되는지에 대한 여러 가지 이유 중의 하나이다. 불행하게도 외아들을 가진 부모는 아이를 위해 그의 친구들을 확보하는 일이라면 무엇이든 해야 한다. 다른 방법이 없다면 가족과 떨어져 사는 희생을 치루더라도 말이다. 외동아이는 억압당하거나 아니면 이기적인 아이가 된다. 아마 이 두 가지가 교대로 나타날 것이다. 버릇이 잘 들은 아이는 동정을 사게 되고 버릇이 나쁜 아이는 남에게 폐가 된다. 오늘날 핵가족 형태에서는 그 이전보다 문제가 더 심각하다고 본다. 그렇기 때문에 유아원을 선호하게 되는데 그 문제에 대해서는 나중에 다시 보다 상세하게 논의하겠다. 여기서 나는 적어도 아이는 둘은 있어야 하고 그것도 나이 차가 너무 벌어져 있지 않고 두 아이의 취미가 거의 비슷하다는 가정을 전제로 논의하겠다.

한 번에 한 아이만 즐겁게 놀 수 있는 말하자면, 바퀴가 하나 달린 손수레에 타는 즐거움을 누릴 때 경쟁자가 생기면 아이들은 어렵지 않게 정의를 이해하게 된다. 물론 아이의 욕심은 다른 아이를 밀어내고 자기 혼자 놀고 싶어 한다. 그러나 어른들이 만든 서로 돌아가며 노는 제도를 알게 되면 아이들이 얼마나 빨리 욕심을 극복하는지 놀

랄 정도다. 나는 태어날 때부터 정의감이 있다고 생각지는 않는다. 그
러나 그런 욕심이 얼마나 빨리 생기는지 보게 될 때 또한 많이 놀랐
다. 물론 그 정의는 진실이어야 한다. 즉 정의에 어떤 비밀스런 편견
이 있어서도 안 된다. 만일 당신이 다른 아이보다 어떤 한 아이를 더
많이 좋아한다면 즐거움을 공평하게 나누어 주는 일에 어떤 영향도
미치지 않도록 조심해야 한다. 장난감을 공평하게 나누어 줘야 한다
는 것은 당연한 것으로 인정되고 있다.

　어떤 다른 종류의 도덕적인 훈련을 통해 아이의 욕망을 억제하려는
시도는 전혀 불필요한 것이다. 정의 이상의 무엇을 주려고 하지 말아
야 한다. 또한 아이에게 더도 덜도 기대하지 말아야 한다. 『페어차일
드 가족』(*The Fairchild Family*)의 '마음에 숨겨진 죄'라는 구절에서
기피해야 할 몇 가지 방법을 제시했다. 루시는 자기가 착한 딸이라는
것을 지켜 왔는데 어머니는 딸에게 그의 행동이 모두 옳았다 해도 그
의 생각은 잘못된 것이라고 말하면서 다음과 같은 성경구절을 인용했
다. 예레미아서 17장 9절에 있는 "마음은 만물보다 더 교활하며 치유
될 가망이 없으니"라는 구절이다. 그런 다음 페어차일드 부인은 루시
에게 작은 공책 하나를 주면서 겉으로는 착하게 했을 때라도 그의 마
음속에 있는 '구제불능의 악'을 기록하도록 일렀다. 어느 날 아침 식
탁에서 루시의 부모는 여동생에게는 리본을 주고 남동생에게는 앵두
를 주면서 루시에게는 아무것도 주지 않았다. 루시는 그날 대단히 불
쾌했다고 적었고 또한 부모가 자기보다 남동생이나 여동생을 더 많이
사랑한다고 적었다. 루시는 그녀의 생각을 도덕적 훈련을 통해 극복
해야 한다고 배웠고 또 그렇게 해야 한다고 믿었다. 그러나 이런 방법
은 루시의 생각을 마음속에 그대로 남아 있게 할 뿐, 그의 생각이 나
중에 큰 다음 이상하게 왜곡된 결과를 낳게 한다. 루시를 위해서라면

그녀의 느낌을 표현하는 것이 정당한 길이다. 그 부모는 루시에게도 선물을 줘서 불쾌한 생각을 털어 버리게 하든지 아니면 그녀가 알아들을 수 있도록 설명을 해서 지금은 준비가 안 됐고 다음에 줄 테니 기다리라고 했어야 한다. 진지하고 솔직하면 어려움을 날려 보낼 수 있다. 반대로 억압적인 도덕적 훈련은 일을 점점 더 악화시킨다.

정의와 밀접한 관계가 있는 것으로 소유본능이 있다. 이것은 어려운 문제다. 따라서 이 문제는 어떤 일련의 규칙을 엄격하게 지키게 하는 것보다 융통성 있는 요령으로 다루어져야 한다. 사실 이 문제에는 명확하게 선을 긋기 어려운 모순된 개념이 있다. 한편, 소유에 대한 애착은 나중에 여러 가지 무서운 해악을 낳게 한다. 말하자면 값진 물질적인 소유물을 상실할까 두려워하는 마음은 바로 정치적, 경제적 잔인성의 주요한 원인의 하나가 된다. 여자건 남자건 가능한 한 개인적인 소유물에 좌우되지 않는 방법으로, 재산을 지키기 위한 활동보다는 창조적인 활동에서 행복을 구하는 것이 바람직하다. 이런 이유로, 할 수만 있다면 아이들의 소유 본능을 길러 주지 않는 것이 현명하다. 그러나 이런 견해를 주장하기에 앞서 다른 측면의 대단히 강력한 주장이 있기 때문에 이것을 무시하면 위험할 수도 있다. 무엇보다 아이들의 소유 본능은 대단히 강하다. 아이가 눈에 띈 물건을 잡을 수 있게 되면 곧 이 감각은 발달한다(손과 눈의 공동 조정). 아이는 그가 잡은 것은 그의 것이 된다고 느낀다. 누가 뺏기라도 한다면 난리가 난다. 우리는 지금도 소유를 '잡는다'는 뜻과 같은 것으로, 그리고 '보존'은 '손에 쥐고 있다'는 뜻으로 보고 있다. 이 말은 소유와 손으로 잡는다는 것 사이에 원초적인 관련이 있다고 보는 것이다. 손에 쥐고 있다는 말도 같은 뜻이다. 장난감이 없는 아이는 하다못해 나무토막이나 부서진 벽돌 조각이나 혹은 다른 이상한 물건을 주워서 자기 장난감으로 만들어 보물처럼 다룬다. 소유에 대한 욕망이 그만큼 뿌리 깊게 박혀 있기 때문에 잘못하면 위험할 정도로 방해 받는 것을 싫어한다. 그뿐만 아니라 소유욕은 조심스러움을 배양하고 파괴의 충동을 눌러 버린다. 아이가 자신이 만든 것을 소유한다는 것은 유익하다. 만일 허용되지 않는다면 아이의 건설적 충동은 중단될 것이다.

이와 같이 소유에 대한 논의가 대립될 경우, 우리는 어떤 명쾌한 방책도 채택할 수가 없다. 다만 아이의 본성과 환경에 맞추어 최대한 잘 지도해야 한다. 그럼에도 실제로 이 대립된 의견을 완화하는 방법에 대해 어느 정도는 말할 수 있을 것이다.

장난감 중 어떤 장난감은 개인 것으로 하고 어떤 장난감은 공동용으로 한다. 극단적인 경우를 예로 든다면, 물론 회전목마 놀이는 언제나 함께 쓰는 공동용이다. 이것은 하나의 원리를 암시한다. 장난감 하나로 모든 아이들이 골고루 즐기게 하자면, 또한 놀이기구가 너무 큰 것이거나 아니면 두 개를 사기에는 비용이 너무 많이 들거나 할 때는 공유물이 되어야 한다. 다른 한편으로는 어떤 아이에게 다른 아이보다 더 적합한 장난감일 때(예를 들면 나이 차이 때문에) 그 장난감이 주는 즐거움이 더 큰 아이에게 돌아가야 한다. 혹시 아주 조심스럽게 다루어야 할 장난감이라면 그렇게 할 수 있는 아이에게 주어야 하고 나이가 어린 아이가 망가뜨리게 내버려 둬서는 안 된다. 나이가 어린 아이는 대신 제 나이에 적합한 장난감을 혼자 갖고 놀 수 있게 해야 한다. 두 살 이후에는 아이의 잘못으로 부서진 장난감은 즉시 교체해 주지 말아야 한다. 왜냐하면 그 손실감을 한동안 느끼게 해 주는 것이 옳기 때문이다. 장난감을 자기 외에 다른 아이가 갖지 못하게 하는 것은 안 된다. 아이가 당장 갖고 노는 것보다 더 많은 것을 가졌을 때, 사용하지 않는 장난감을 다른 아이가 갖지 못하게 해서는 안 된다. 그

러나 예외의 경우도 있는데, 다른 아이가 부서뜨리기 쉬운 장난감이
나 장난감 주인이 뭔가 구조물을 만들어 자랑하고 싶을 때다. 그 구조
물이 잊혀질 때까지 가능한 한 그대로 놔두어야 하고 그렇게 해 주는
것이 그 노력의 대가가 된다. 이런 조건을 만들어 아이를 심술쟁이로
자라지 못하게 해야 한다. 제멋대로 다른 아이의 즐거움을 망치는 것
을 허용해서는 안 된다. 이런 면에서 약간의 예의바른 행동을 가르치
는 것은 그다지 어려운 것은 아니다. 그런 것을 가르치기 위해 단호한
태도가 필요할 때 그만 한 가치가 있는 것이다. 다른 아이의 물건을
강제로 빼앗는 것을 허용해서는 안 된다. 비록 그렇게 하는 것이 그
아이의 정당한 권리라 해도 만일 큰 아이가 어린 아이에게 친절하지
않다면 큰 아이에게 똑같은 불친절을 보여 주고 왜 그렇게 했는지 즉
시 설명해 줘야 한다. 이런 방법으로 하면 울고불고하는 싸움을 그만
두게 하고, 서로 친절하게 대하는 것을 어렵지 않게 가르칠 수 있다.
어떤 경우에는 가벼운 벌을 주거나 좀 더 엄격한 방법이 필요할지 모
른다. 그러나 어떤 이유로든 약자를 괴롭히는 습관을 기르는 것이 용
납돼서는 안 된다.

몇 가지 소중하게 다루는 장난감을 갖게 해 주고 아이가 벽돌 쌓기
와 같은 장난감을 가지고 노는 동안 혼자서만 가질 수 있게 습관을 들
이는 것도 좋다고 본다. 몬테소리 학교의 교구는 모든 아이들이 공동
으로 쓴다. 그러나 한 아이가 그 장난감의 하나를 쓰는 동안 다른 아
이가 방해해서는 안 된다. 이것은 일하는 동안 갖는 제한된 소유의 권
리에 대한 감각을 기른다. 이런 감각은 자란 다음에도 유용하게 써먹
을 수 있다. 아주 어린아이에게는 이 방법이 적용되기 어렵다. 아이는
아직 충분히 건설적일 수 없기 때문이다. 그러나 아이가 기술을 습득
하게 되면 무엇을 만드는 과정에서 점점 흥미를 갖게 된다. 자기가 하

고 싶을 때는 언제라도 만드는 재료가 있다는 것을 알게 되면 아이는 다른 아이도 그것을 갖고 있는 것에 신경을 쓰지 않는다. 처음 느꼈던 불만, 다른 아이와 나눈다는 데 대한 불만도 습관에 따라 이내 없어질 수 있다. 그럼에도 아이가 좀 더 자라게 되면 책을 자기 소유물로 가질 수 있어야 한다고 본다. 왜냐하면 이것은 책에 대한 애정을 키우고 따라서 책 읽기를 자극하기 때문이다. 자기 것이 되는 책은 가능한 한 좋은 책이어야 하고 예를 들면, 루이스 캐럴(Lewis Carroll)의 책이나 『탱글우드 이야기』(*Tanglewood Tales*)와 같은 책이면 좋을 것 같다. 만일 아이들이 너절한 책을 원할 때는, 그때는 공유물로 하는 것이 좋겠다.

이상으로 넓은 의미의 일반적 원칙은 다음과 같다. 첫째, 충분한 소유물을 갖지 못한 데서 오는 좌절감을 주지 말 것. 구두쇠가 되기 쉽기 때문이다. 둘째, 아이에게 바람직한 활동을 하도록 자극하는 것이라면 자기 것이 되는 소유물을 허용할 것. 특히 조심스럽게 다루는 방법을 가르치게 될 때 그렇게 한다. 그러나 이러한 제한을 받으면서도 아이의 관심을 가능한 한 개인의 소유물에 포함되지 않는 즐거움으로 돌리게 해야 한다. 비록 개인의 소유물이라 해도 다른 아이가 그의 물건을 가지고 놀았으면 하는 바람을 들어주지 않는 인색한 구두쇠가 되게 해서는 안 된다. 그러나 이런 경우 아이 자신의 자유로운 의사에 따라 빌려 줘야 한다는 게 그 목적이다. 즉 어른의 권위를 부려야 할 필요가 있는 것이라면 우리의 목적은 달성하지 못할 것이다. 행복한 어린이라면 관대한 성격을 격려하는 것은 어렵지 않다. 그러나 즐거움에 굶주린 아이는 당연히 가질 수 있는 것이라면 필사적으로 매달릴 것이다. 아이들은 고통을 통해서가 아니라 행복과 건강을 통해 도덕을 배운다.

진정성

진정성을 습관화하는 것은 도덕교육의 주요한 목적의 하나가 되어야한다. 내가 뜻하는 진정성은 말뿐만이 아니라 생각이 진실해야 한다는 것이다. 확실히 나에게는 이 둘 중에 후자의 것이 더욱 중요하다고 생각된다. 먼저 잠재의식에서 자기 자신을 속이고 나서 나중에 자신은 도덕적이며 정직하다고 생각하는 사람보다 현재 자기가 하는 일을 충분히 의식하면서 거짓말을 하는 사람을 나는 더 좋아한다. 실제로 정직하게 생각하는 사람은 누구도 정직하게 말하지 않는 것을 항상 나쁘다고는 믿지 않는다. 거짓말이 항상 나쁘다고 생각하는 사람들은 대단한 궤변과 애매한 여러 가지 오해하기 쉬운 행동으로 그의 주장을 보완하지 않으면 안 된다. 그렇게 함으로써 그들은 자신들이 거짓말을 하고 있다는 것을 인정하지 않으면서 다른 사람을 속이고 있다. 그럼에도 나는 거짓말이 정당화되는 경우를 거의 보지 못했다 — 고매한 이상을 가진 사람들의 행동에서 추측되는 것보다 훨씬 드물다. 또한 거짓말을 정당화하는 모든 경우는 거의 대부분 권력으로 포악해지거나, 전쟁과 같은 해로운 일에 종사하는 사람들의 경우다. 그렇기 때문에 선량한 사회조직에서는 지금보다 그런 사람들이 훨씬 드물다고 본다.

진정성이 없다는 것은, 실제로는 거의 언제나 공포의 산물이다. 두려움 없이 자란 아이는 정직하다. 그것은 도덕적인 노력에 의한 것이 아니라 그 외에 다른 것을 모르기 때문이다. 평소 현명하고 친절하게 대접받은 아이는 솔직한 눈빛을 지니고 있어 심지어 모르는 사람도 겁내지 않고 대하게 된다. 반대로 잔소리를 듣거나 혹은 심하게 다루어진 아이는 항상 야단맞지나 않을까 하는 두려움 때문에 자연스럽게 행동하면서도 언제나 뭔지 규칙을 어긴 것이 아닌지 겁을 먹는다. 거짓말이 어린이에게 처음부터 가능한 것은 아니다. 거짓말을 할 수 있다는 것은 공포에 떠는 어른들을 관찰하면서 알게 된 것이다. 아이는 어른들이 자기에게 거짓말을 하고 있으며 또한 그 어른들에게 진실을 말하는 것이 위험하다는 것을 안다. 이러한 상황에서 아이는 거짓말을 하게 된다. 이런 동기가 없다면 거짓말을 한다는 생각도 하지 않을 것이다.

그러나 아이가 진실을 말하는지 아닌지를 판단하는 데 약간의 주의가 필요하다. 아이의 기억은 대단히 애매하다. 어른들은 아이들이 알고 있다고 생각하는데 아이들은 그 질문에 대답을 못한다. 아이들은 시간에 대한 감각도 애매하다. 즉 네 살 이하의 아이들은 어제와 일주일 전을 구분하지 못하거나 어제와 6시간 전을 구분하지 못한다. 아이들이 질문에 답을 못할 때, 그들은 질문한 사람의 음성으로 판단해서 그렇다든지 아닌지를 대답할 것이다. 또한 아이들은 이야기를 만들어 그럴듯하게 극적인 말투로 이야기한다. 뒷마당에 사자가 있다고 엄숙하게 말할 때, 그것은 뻔한 것이다. 그러나 많은 경우, 장난을 진짜로 오해하기는 쉽다. 이와 같은 여러 가지 이유로 아이가 말하는 것은 객관적으로 사실이 아닐 때가 종종 있다. 그러나 속이려는 의도는 조금도 없는 것이다. 확실히 아이는 처음에는 어른을 박식한 사람으로 알고 도저히 속일 수 없는 대상으로 본다. 내 아들(3년 9개월)은 내가 없는 동안 자기에게 일어난 것을 말해 달라고 한다(이야기를 듣는 재미로). 어떤 일이 일어났는지 모른다고 하면 아이는 결코 납득하지 않는다는 사실을 나는 알게 되었다. 어른들은 아이들이 이해하기 어려운 여러 가지 방법으로 많은 것을 알고 있어서 아이는 어른들의 능력을 무한한 것으로 본다. 지난해 부활절에 아들은 초콜릿으로 만든 부활절 계란을 많이 받아 왔다. 우리는 그 계란을 많이 먹으면 병이 날거라고 말했다. 그렇게 말한 다음 우리는 아이 혼자 놓고 나왔다. 아이는 과식하고 병이 났다. 아이는 위기를 넘기자 곧 달려와 환한 얼굴로 마치 승리를 얻은 목소리로 '아빠 나 아팠어. 아빠가 말했지. 내가 아플 거라고'라고 말했다. 하나의 과학적 법칙을 증명한 것에 대한 그의 기쁨은 놀랄 만한 것이다. 그런 일이 있은 다음부터 초콜릿을 아이에게 맡겨도 아무 일 없었다. 게다가 아이는 어떤 음식이 그에게 좋은가에 대해 우리가 말한 것을 모두 맹신하는 것이었다. 이런 결과를 얻기 위해 도덕적 훈계를 하거나, 벌을 주거나, 겁을 줄 필요는 없었다. 다만 좀 더 어렸을 때부터 인내심과 확신을 가질 필요는 있었다. 아이는 지금 맛있는 것을 몰래 훔쳐 먹고 거짓말을 하는 보통 아이로 자라고 있다. 감히 말하건대 아이는 가끔 훔치기도 할 것이다. 하지만 아이가 거짓말을 하면 놀랄 것이다. 아이가 거짓말을 한다면 그것은 아이보다 부모가 책임져야 한다. 부모는 그 원인을 제거해 주고 그 일을 해결해 줘야 한다. 그리고 부드럽게, 이치에 맞게 설명을 해 줌으로써 왜 거짓말을 하지 않는 것이 좋은지를 알게 해야 한다. 벌을 주어 일을 처리해서는 안 된다. 벌을 주는 것은 오직 두려움을 증가시킬 뿐 결국 거짓말의 원인을 제공하는 것이다.

어린이가 거짓말을 배우지 않게 하기 위해서는 물론 아이들에 대한 어른의 엄격한 진정성이 절대로 필요한 것이다. 거짓말은 죄악이라고 가르치면서 어린이에게는 거짓말쟁이로 알려진다면 그 부모는 자연히 모든 도덕적 권위를 상실하게 된다. 어린이에게 진실을 말한다는 생각은 상당히 새로운 발상이다. 한 세대 전만 해도 아무도 그런 생각은 엄두도 내지 못했다. 이브가 그의 아들 카인과 아벨에게 선악과에 대해 사실대로 말했는지는 대단히 의심스럽다. 내가 믿기에 그녀는 자기에게 좋지 않은 것은 결코 아무것도 먹지 않았다고 말했을 것이다. 인간적 열정에서 벗어난, 그리고 언제나 순수한 이성에 따라 행동하는 올림포스의 신과 같은 인간으로 자신을 과시하는 것이 지금까지의 부모들이었다. 부모는 아이들을 야단칠 때 분노보다는 슬픈 마음으로 야단을 치지만 그것은 아이들이 잘되기를 바라는 마음에서다. 부모는 아이들이 얼마나 예리한 눈을 가졌는지 잘 모른다. 아이들을 속이기 위해 위장술을 쓰는 어른들의 정략적인 이유를 모두 다 알수는 없지만 아이들은 솔직하게 그리고 간단하게 이를 경멸한다. 당신이 무의식 속에 지니고 있는 질투심이나 시기심을 아이들은 분명히 안다. 그래서 아이들은 이런 열정이 나쁘다고 하는 당신들의 그럴듯한 도덕적 언변을 무시한다. 한 번도 실수는 하지 않는다는 비인간적인 모습은 결코 보이지 말아야 한다. 그런다고 아이들이 당신을 믿지도 않으며 또한 믿는다고 해도 당신을 더 좋아하지도 않는다. 나는 어렸을 때 나를 둘러싼 환경인 빅토리아 시대의 위선과 사기꾼을 어떻게 간파했는가를 지금도 생생하게 기억한다. 그리고 그때 나는 맹세했다. 만일 내가 아이를 갖는다면 내가 당한 것 같은 잘못을 되풀이하지 않겠다고. 최선을 다해 나는 이 맹세를 지금까지 지키고 있다.

또 다른 형태의 거짓말은, 이것은 어린이에게는 최악의 것인데 실

천하지도 못할 벌을 준다고 위협하는 것이다. 발라드(Ballard) 박사
는 그의 가장 흥미 있는 책 『변화하는 학교』[1]에서 강력하게 이 원칙을
주장했다. '겁 주지 마라. 위협을 한 이상은 그대로 실행에 옮기는 데
어떤 제지도 받지 말아야 한다. 아이에게 "그런 일을 다시 하면 너를
죽이고 말 것이다"라고 말한 다음 그 아이가 다시 그런 일을 하게 되
면 당신은 그 아이를 죽여야 한다. 만일 안 그러면 당신은 전혀 아이
의 존경을 받지 못하게 된다.' 갓난아기를 돌볼 때 유모나 무식한 부
모는 그렇게 극단적인 벌을 주는 건 아니지만 그러나 같은 규칙이 적
용된다. 정당한 이유 외에는 고집부리지 말아야 한다. 그러나 일단 당
신이 전투에 나섰다면 비록 후회하게 되더라도 계속해서 고집을 부려
야 한다. 만일 당신이 벌준다고 위협한다면 실행 가능한 준비가 되어
있는 것으로 해야 한다. 당신의 허풍이 먹혀들어 실행할 필요는 없을
거라는 행운을 바라서는 안 된다. 이 원칙을 교양 없는 사람들에게 이
해시키는 것이 얼마나 어려운 일인지 모른다. 이런 사람들이 어떤 끔
찍한 위협을 줄 때, 가령 경찰관에게 연행된다거나, 끔찍한 괴물에게
끌려간다는 위협은 특히 기분 나쁜 것이다. 이런 위협은 처음에는 위
험한 신경성 공포의 상태를 조성하고, 나중에는 어른들의 위협이나
모든 이야기를 완전히 불신하게 만든다. 만일 당신의 위협이 끝까지
실행되지 않는다면 그런 경우, 아이는 곧 반항해도 소용없다는 것을
알게 된다. 그래서 아이는 더 이상 문제를 일으키지 않고 겉으로 복종
하는 척할 뿐이다. 그러나 이런 방법이 성공하기 위해서는 중요한 것
이 있는데 그것은 정말 꼭 그렇게 해야만 할 이유가 없다면 고집쟁이
짓은 하지 말아야 한다는 것이다.

---

1 Ballard, *The Changing School*, Hodder and Stoughton, 1925, p. 112.

또 다른 형태의 바람직하지 않은 엉터리 거짓말은 생명이 없는 물건을 마치 살아 있는 것처럼 취급하는 거다. 유모들이 가끔 가르치는 것인데, 아이들이 의자나 책상에 부딪쳐 상처를 입었을 때 그 물건을 때리며 '바보 같은 의자'라든가 '나쁜 책상'이라고 말하는 경우이다. 이것은 자연스럽게 얻는 훈련의 가장 유용한 원천을 막아 버린다. 그냥 내버려 둬야 한다. 아이는 생명이 없는 것은 화를 내거나 감언이설로 다루는 것이 아니라 기술에 의해 다룬다는 것을 곧 알게 된다. 이것은 솜씨를 익히는 자극제가 되고 또한 자기 능력의 한계가 있다는 것을 알 수 있도록 도움을 준다.

성에 대한 거짓말은 옛날부터 인정된 관습이다. 나는 그런 거짓말은 전적으로, 더할 나위 없는 악으로 본다. 그러나 지금 여기서 논하지 않겠다. 성교육에 대한 것은 다음 12장에서 다루기로 한다.

억압받지 않고 자란 어린이는 수도 없이 질문을 한다. 때로는 현명한 질문도 하고 어떤 때는 쓸데없는 질문도 한다. 이런 질문들은 때로는 진절머리 나게 하고 어떤 때는 대답하기 거북한 것도 있다. 그러나 당신은 최선의 노력으로 진실하게 대답해 줘야 한다. 만일 아이가 종교에 관한 질문을 할 때는 당신이 믿고 있는 것을 정확히 말해야 한다. 비록 당신의 생각이 다른 사람의 생각과 모순된 경우라 해도 말이다. 만일 아이가 죽음에 대해서 묻는다면 대답해 줘야 한다. 당신이 어리석거나 혹은 잘못 알고 있는 것을 폭로하게 만드는 질문을 할 때에도 대답을 해야 한다. 전쟁이나 사형에 대해서도 대답을 해야 한다. '너는 아직 이해할 수 없어'하며 아이를 밀어내면 안 된다. 가령 전깃불이 어떻게 만들어지는가 하는 어려운 과학적인 질문을 하는 경우는 예외가 된다. 아이는 자기가 현재 알고 있는 것보다 더 많이 배우면 곧 그 대답이 아이의 기쁨을 한층 더 높일 것만은 분명하다. 아이가 이해할 수 있는 것보다 적게 주는 게 아니라 더 많은 것을 말해 줘야 한다. 아이가 이해하지 못한 부분은 그의 호기심이나 그의 지적 야심을 자극하게 될 것이다.

아이에게 주는 일관된 진정성은 신뢰를 쌓는 것으로 보답을 얻는다. 아이는 당신이 하는 말을 믿는 선천적인 성향이 있다. 앞서 예를 든 부활절 계란 이야기에서처럼 당신의 말이 아이의 강한 욕구와 반대로 나가지 않는 한 그렇다는 것이다. 앞서 예를 든 것처럼 당신이 진실하다는 것을 조금이나마 경험한 아이에게서는 별로 힘 안 들이고 쉽게 신용을 얻게 된다. 그러나 당신이 일어나지도 않는 일을 위협하는 습관을 가진 사람이라면 당신은 점점 더 강조하고, 계속 겁을 주게 되고, 마침내 신경성 불안상태를 만들 뿐이다. 어느 날 아들이 얕은 강에 들어가 물장난을 치고 싶어 했다. 나는 안 된다고 했다. 물속에 깨진 사기조각이 있으면 상처를 입을까 봐 그랬다. 아이는 그래도 물속으로 들어가고 싶어 했다. 그리고 그 사기 그릇 조각을 겁내지 않았다. 결국 내가 그 조각을 찾아내어 날카로운 쪽을 보여 줬다. 그랬더니 아이는 금세 납득을 했다. 만일 내가 내 편리한 대로 사기 그릇 조각을 일부러 만들었다면 나는 아이의 신뢰를 얻지 못했을 것이다. 만일 한 조각도 찾지 못했다면 나는 아이를 물속에서 놀게 했어야 한다. 이런 종류의 경험이 반복된 결과 아이는 내가 제시하는 이유에 대해 거의 의심하지 않았다.

우리는 엉터리 속임수의 세계에 살고 있다. 제대로 잘 자란 아이라면 흔히 존경받을 만하다고 인정된 것을 대부분 경멸하게 되어 있다. 유감스러운 일이다. 왜냐하면 경멸은 좋지 않은 감정이기 때문이다. 나는 아이의 관심이 이런 일에 끌리게 하지 않겠다. 비록 아이의 관심이 그런 것에 쏠려 내가 그의 호기심을 만족시켜야 할 때도 그렇다.

진정성이라는 것은 위선적인 사회에서는 하나의 장애가 될 수도 있다. 그러나 이런 장애는 공포가 없다는 것 — 즉 공포를 갖는다면 아무도 진실할 수 없는 것인데 — 의 이점으로 충분히 보상된다. 우리는 우리의 어린이들이 솔직하고, 정직하고, 자존심이 있는 반듯한 아이로 자라기를 바란다. 나는 노예처럼 잔재주를 부려 성공한 사람보다 오히려 앞서 열거한 좋은 성질 때문에 실패하는 편이 낫다고 본다. 어느 정도의 자연스런 자존심과 성실함은 훌륭한 사람이 되는 데 필수적이다. 어떤 관대한 동기에 의해 거짓말을 하게 되는 경우를 제외하고는 이것이 있는 한 거짓말을 하지 못한다. 나는 내 아이들이 그들의 말과 생각에 진정성이 있기를 바란다. 비록 그것으로 세속적인 불행을 당한다 해도. 왜냐하면 돈이나 명예보다 더 값진 것이 걸려 있기 때문이다.

벌

옛날에는, 그리고 아주 최근까지도 아이들과 남녀 청소년들에게 벌을 주는 것은 당연한 일로 여겨졌다. 그뿐만 아니라 벌은 일반적으로 교육에서는 필요불가결한 것으로 알려졌다. 앞에서 본 바와 같이, 때리는 것에 대해 아놀드 박사의 고견을 살펴보았는데, 그의 견해는 당시로서는 이례적으로 인간적이었다. 루소는 자연에 따르라는 이론을 펴고 있지만 『에밀』에 보면 그는 상당히 가혹한 벌을 주장하고 있다. 이런 전통적인 견해는 약 백 년 전의 『교훈을 위한 이야기』(*Coutionary Tales*)라는 책에 쓰여 있다. 그 이야기 속에는 어린 여자아이가 자기가 원하는 분홍색 벨트가 아닌 하얀색의 벨트 때문에 난리를 치는 장면이 나온다.

아버지가 응접실에 앉아 있다가 딸의 소란스러운 소리를 듣고 곧장 캐롤라인에게 달려갔다. 때리는 것은 의심할 여지가 없다.

페어차일드 씨는 아이들이 싸우는 것을 보고 그 아이들을 때렸다. '개들이 제멋대로 짖고 물게 내버려 둬라' 라는 노래 후렴에 장단을 맞춰 가며 때렸다. 그다음, 그는 아이들을 데리고 밖으로 나가 교수대의 쇠사슬에 매달려 있는 시체를 보여 주었다. 어린아이는 겁에 질려 쇠사슬이 바람에 덜컹거릴 때마다 무서워하며 집에 데려다 달라고 졸랐다. 그러나 페어차일드 씨는 오랫동안 강제로 보게 한 다음, 이렇게 말했다. 마음속에 증오심을 가진 사람에게 어떤 일이 생기는지 보여 주는 거라고. 그 아이는 목사가 될 운명이었다. 그 때문에 저주받은 자의 공포를 경험한 사람의 눈으로 생생하게 묘사하는 것을 배웠을 것이다.

오늘날 이런 방법을 주장하는 사람은 별로 없을 것이다. 비록 미국 테네시 주에서도 이런 일은 없을 것이다. 그렇다면, 그 대신 무엇을 해야 하느냐에 대해서는 상당히 다양한 의견들이 나올 것이다. 어떤 사람들은 아직도 적절한 체벌을 주장하고 다른 사람들은 체벌 없이도 해 나갈 수 있다고 생각한다. 이 두 가지 극단 사이에 여러 가지 의견의 차이가 있다.

내 생각에는, 벌은 교육에서 극히 중요치 않은 부분을 차지한다고 믿는다. 그러나 그 벌이 꼭 가혹해야 할 필요가 있는지는 의심스럽다. 내가 말하는 벌에는 날카롭게 쏴 부치는 말이나 꾸짖는 것도 포함된다. 꼭 필요한, 가장 심한 벌이라면 분개했을 때 자연히 자발적으로 나오는 표현과 같은 것이다. 아주 드문 일이지만, 아들이 제 어린 여동생을 거칠게 대했을 때 엄마는 본능적으로 소리를 지르며 화를 냈다. 그 효과는 대단히 큰 것이었다. 아들은 울음을 터뜨리고 엄마가 와서 달래 줄 때까지 아무도 그 애를 달래 주지 못했다. 그 후 동생에게 친절하게 구는 것을 보면 그 효과는 대단히 큰 것이었다. 가끔 우리는 아이가 한 번 거절한 것을 계속 요구할 때나, 아니면 동생이 노는 것을 훼방 놓을 때 이런 온화한 방법을 쓰기도 했다. 이런 경우, 이성이나 훈계로 설득해도 듣지 않을 때는 혼자 방에 있도록 한다. 문은 열어 놓고, 착하게 군다면 방에서 나올 수 있도록 해 준다고 했다. 큰 소리로 악을 쓰며 울다가 불과 몇 분 후에 그치고 방에서 나와 그 후에는 내내 얌전히 있었다. 방에서 나오면서 착해야 한다는 것을 아이는 충분히 이해한 것이다. 그 이상 우리는 심한 벌을 줄 필요가 전혀 없었다. 구식 훈련주의자들의 책에서 판단할 수 있는데, 옛날 방식으로 교육받은 아이들이 요즘 아이들보다 훨씬 더 개구쟁이들이었다고 한다. 내 아들이 만일 『페어차일드 가족』에 나오는 아이들의 절반 정도로 나쁘게 군다면 나는 정말 소름이 끼칠 것이다. 나는 그러나 잘못은 아이보다 그의 부모에게 있다고 본다. 합리적인 부모는 아이도 합리적으로 기른다는 것을 나는 믿는다. 아이들은 부모의 의무나 책임 — 아이들이 좋아하지도 않는 — 이 아닌 따뜻한 사랑, 아이가 부모 슬하에 있다는 그 자체와 아이의 행동에서 기쁨을 느끼는 그런 사랑을 느끼지 않으면 안 된다. 이런 것이 전혀 불가능하다고 한다면 금지에 대해 조심스럽게 그리고 사실대로 설명해야 한다. 심한 장난을 치다가 타박상이나 가벼운 상처를 입었을 때는 간섭하지 말고 놀게 놔두어야 한다. 왜냐하면 이런 종류의 가벼운 경험은 왜 어른들이 못하게 하는지를, 그리고 못하게 하는 것이 현명하다는 것을 좀 더 빨리 믿게 할 수도 있다. 이와 같은 조건들이 처음부터 주어진다면 아이들은 심하게 벌을 받는 일은 하지 않았을 거라고 믿는다.

어린이가 다른 아이들을 끈질기게 방해할 때 혹은 다른 아이들의 놀이를 망치게 할 때 확실한 벌은 쫓아내는 것이다. 이런 종류의 방법을 취하는 것은 절대적으로 필요하다. 왜냐하면 다른 아이를 괴롭히는 것을 놔둔다는 것은 가장 불공평한 일이기 때문이다. 말 안 듣는 아이에게 죄의식을 느끼게 하는 것은 소용없는 일이다. 대신 아이들이 즐겁게 노는 데에 끼지 못해 즐거움을 느끼지 못하게 하는 것이 그 목적에 더욱 부합된다. 몬테소리 여사는 그의 경험을 다음과 같이 서술한다.

'벌에 대해서는, 우리는 여러 번 우리가 고쳐 주려던 것을 무시하고 다른 아이들을 방해하는 아이들과 접촉했다. 아이들은 한 번 의사의 진찰을 받은 바 있었다. 그 결과 아이가 정상이라는 것을 알게 되자 그 아이를 방 한 구석에 있는 작은 책상에 앉혀 놨다. 이런 식으로 우리는 아이를 따로 떼어 놓았다. 편안한 작은 의자에 앉게 하고, 다른 아이들이 노는 것을 볼 수 있게 했다. 그다음 그 애가 가장 좋아하는 장난감을 갖고 놀게 했다. 이렇게 따로 떼어 놓는 방법은 언제나 아이를 조용하게 하는 데 성공한다. 즉 아이는 자기 자리에서 모든 아이들이 함께 노는 것을 볼 수 있었고 또래 아이들이 함께하는 놀이는 선생이 하는 어떤 말보다 더 효과적인 **실물교육**이 되었다. 점차 조금씩 아이는 자기 눈앞에서 열심히 노는 아이들에 섞여서, 또래 아이들 속에 하나가 되는 것이 얼마나 이익이 되는지 알게 되자 다른 아이들처럼 자기도 함께 놀게 되었다. 우리는 이런 방법으로 처음에는 반항하는 것처럼 보이던 아이들에게 다시 규율을 따르게 했다. 이 고립된 아이는 마치 병에 걸린 아이처럼 언제나 특별 보호 대상으로 보았다. 내가 혼자 있는 아이의 방에 들어갈 때는, 그 아이가 아주 어린애가 된 것처럼 곧장 그 아이에게 다가갔다. 그다음 나는 다른 아이들에게 눈길을 돌렸다. 그 애들이 하는 일에 흥미를 느끼고 마치 작은 어른이 된 것처럼 아이들에게 질문을 던지기도 한다. 나는 우리가 훈련이 필요하다고 생각한 아이들 머릿속에 어떤 일이 벌어지는지 알지 못한다. 그러나 틀림없이 아이들은 변하고 있으며, 그 변화된 마음은 오래 지속된다는 것을 알게 되었다. 아이들은 그들이 어떻게 놀고 어떻게 행동해야 하는지를 배우는 것에 큰 자부심을 나타냈다. 그리고

언제나 다른 선생이나 나에게 부드러운 애정을 보여 주었다.'**1**

이 방법의 성공은 구식학교에는 없는 몇 가지 조건을 전제로 한다. 첫째는 어떤 나쁜 행동의 원인이 의학적 결함에 있는 아이는 제외되었다. 다음으로, 이 방법을 적용하는 데는 요령과 기술이 있었다. 그러나 가장 핵심적인 것은 학급 대부분의 아이들의 좋은 행동이었다. 즉 아이는 자연스럽게 존경을 받은 여론에 그 스스로 맞섰다고 느낀 것이다. 그것은 물론 교장이 교실에 들어와 '격노' 하는 그런 상황과는 전혀 다른 것이다. 나는 교장이 행한 방법에 대해 토론을 벌일 생각은 없다. 왜냐하면 처음부터 제대로 된 교육이었다면 이런 방법은 전혀 불필요한 것이기 때문이다. 아이들은 옳은 것을 옳게 가르치면 그것을 배우는 것을 좋아한다. 좀 더 어린 단계에서, 먹는 일이나 잠자는 일을 잘못 가르치면 지식을 전달할 때에도 동일한 잘못을 한다. 즉 아이에게 실제로 유익한 것이 마치 어른에게 어떤 호의를 베푸는 것처럼 아이에게 보이게 하는 것이다. 아기는 먹고 자는 것이 단지 어른이 바라는 것이라는 이유 때문에 하는 것으로 쉽게 생각하게 된다. 이렇게 해서 아이들은 소화불량에 시달리게 되며 불면증에 걸리게 된다.**2** 어린이가 병에 걸리지 않았다면 먹을 것은 주지 말고 배고프게 놔두어야 한다. 내 아들은 유모가 달래 가며 먹였기 때문에 점점 더 어렵게 되었다. 어느 날 우리는 점심 때 아이를 데리고 나갔다. 그때 아이는 푸딩을 먹지 않겠다고 했다. 우리는 푸딩을 내보냈다. 얼마 안 있다가 아이는 다시 푸딩을 먹겠다고 했다. 하지만 이미 요리사가 먹

1 *The Montessori Method*, Heinemann, 1912, p. 103.
2 Dr. H. C. Cameron, *The Nervous Child*, iv장과 v장 참조.

은 후였다. 그는 놀라서 어리둥절하더니 두 번 다시 그런 마음에도 없는 말은 하지 않았다. 가르치는 방법도 정확히 이와 같다. 배우기 싫어하는 아이에게는 밖에 나가는 것을 허락해야 한다. 그러나 그들이 밖에 나가 수업시간 동안 지루해하는지 아닌지 반드시 지켜봐야 한다. 다른 아이들이 공부하는 것을 본다면 아이들은 금세 자기들도 배워야 한다고 난리를 칠 것이다. 그때 선생은 선심을 쓰는 척하고 나타날 수 있다. 이런 것이 그 상황의 진상이다. 모든 학교는 큰 빈 방을 만들어 배우기 싫어하는 아이들이 들어갈 수 있게 했으면 한다. 단, 그 방에 들어간 아이들이 다시 돌아와 그날의 공부를 하도록 허락하지는 않을 것이다. 또한 아이들이 수업시간 중 태도가 나쁘면 그 방으로 들어가는 벌을 받게 해야 한다. 벌은 범인이 싫어하는 것이 되어야 하며 범인이 좋아하게 만들면 안 된다는 것은 자명한 원리다. 그럼에도 고전 시를 베끼게 하는 벌[3]을 흔히 사용하는데, 그 목적은 애당초 고전문학에 대한 애정을 키워 주기 위한 것이었다.

가벼운 벌은 가벼운 잘못, 예를 들면 행동이나 태도에 관한 것을 다룰 때 유용하다. 칭찬과 질책은 아이들에게 상벌을 줄 때의 중요한 형식이다. 좀 더 큰 학생들에게는 존경받을 만한 사람한테 상이나 벌을 받게 하는 게 낫다. 칭찬과 질책이 없는 교육이 가능하다고는 믿지 않는다. 그러나 이 두 가지 다 어느 정도의 주의가 필요하다고 본다. 첫째로, 누구와 비교하지 말아야 한다. 누구는 누구보다 잘한다든가, 누구는 절대로 개구쟁이가 아니라든가 하는 말을 아이에게 하지 말아야 한다. 첫 번째 것은 경멸을, 두 번째 말투는 미움을 낳게 한다. 둘째, 질책하는 것은 칭찬하는 것보다 훨씬 적게, 조심스럽게 해야 한

---

3   옮긴이 주: 일종의 벌인데, 라틴어로 된 시를 백 줄까지 베끼게 한다.

다. 즉 좋은 행동에서 뜻하지 않게 생긴 실수에 대한 명확한 벌이라야
한다. 그리고 그 벌은 좋은 결과가 나온 후에도 계속되면 안 된다. 세
번째, 상은 당연히 할 수 있는 것에 대해 주어서는 안 된다. 나라면,
용기나 기술의 새로운 전진이 있을 때, 그리고 소유에 대해 공정한 태
도를 보일 때, 또한 도덕적인 노력으로 성취되었을 때 상을 줄 수 있
다. 교육은, 언제든지 조금이라도 흔치 않은 좋은 일을 할 때에는 칭
찬을 해야 한다. 어려운 일을 해내서 받은 칭찬은 젊었을 때의 가장
즐거운 경험이 된다. 이런 기쁨에 대한 욕망은 비록 그것이 주요 동기
가 되는 것이 아니라 해도, 부차적인 동기로도 충분히 적절하다고 본
다. 그 일이 어떤 것이든 간에 주요 동기는 언제나 일 그 자체에 대한
흥미가 되어야 한다.

　잔인성과 같은 중대한 결점은 벌을 준다고 해서 해결될 문제가 아
니다. 아니면, 오히려 벌은 잔인성을 다룰 때 극히 작은 부분이 되어
야 한다. 동물에 대한 잔인성은 사내아이에게는 다소 자연스러운 것
이다. 이것을 방지하기 위해서는 **특별한** 교육이 필요하다. 당신의 아
들이 동물을 괴롭히는 것을 볼 때까지 기다리고 그다음 그 아이를 벌
준다는 계획은 대단히 잘못된 생각이다. 이런 방법은 어린이로 하여
금 남에게 들키지만 않으면 된다는 생각을 하게 한다. 따라서 당신이
주의해야 할 것은 장차 잔인성으로 발전할 수도 있는 그런 최초의 계
기를 주지 말아야 한다는 것이다. 생명에 대한 존엄성을 가르쳐야 한
다. 당신이 동물을 — 그것이 뱀이든 말벌이든 — 죽이는 것을 아이에
게 보여서는 안 된다. 만일 당신이 그렇게 하지 못했을 때는 이 특별
한 경우, 그렇게 할 수밖에 없었던 이유를 설명해야 한다. 만일 아이
가 자기보다 어린 아이에게 조금이라도 불친절하게 한다면, 즉시 그
아이와 똑같은 일을 당하게 해야 한다. 혹 아이가 대든다면, 당하고

싶지 않으면 남에게도 그렇게 해서는 안 된다는 것을 설명할 수 있어야 한다. 이런 방법으로 다른 사람도 나와 같은 감정을 가지고 있다는 사실을 알게 하여 구체적인 관심을 끌게 해야 한다.

이 방법은 어려서부터 시작되어야 하며, 사소한 불친절에도 적용되어야 하는 중요한 방법이다. 당신이 아이에게 당한 만큼 갚아 주는 식의 보복은 아주 사소한 피해를 입었을 때뿐이다. 그리고 당신이 이 방법을 쓸 수 있을 때는 벌을 준다는 인상을 주어서는 안 된다. 그보다는 그것이 하나의 교육이라고 생각하게 해야 한다. 가령 '봐라, 네가 네 동생에게 했던 거야.' 아이가 대들면 '그래 만일 그게 불쾌했다면 다시는 동생에게 그렇게 하지 말아야 한다' 등이다. 벌어진 일 전부가 단순하고 직접적인 경우에 한해 아이는 이해할 수 있고 또한 다른 사람의 감정을 고려해야 한다는 것을 배우게 된다. 그렇게 되면 과도한 잔인성은 결코 자랄 수 없다.

모든 도덕교육은 직접적이고 구체적이어야 한다. 즉 그것은 자연스러운 상황에서 다루어져야 한다. 그리고 개별적인 경우에는 당연히 그렇게 처리해야 할 문제 이상으로 넘어가서는 안 된다. 아이는 스스로 어떤 비슷한 경우에도 이 도덕을 적용하게 된다. 하나의 사건을 구체적으로 파악하고, 유사한 사건에 유사한 생각을 적용하는 것이 일반적인 규칙을 이해하고 연역적으로 추리하는 것보다 훨씬 쉽다. 보통 흔히 쓰는 방법으로 '용기를 가져라, 친절해라' 라고 하지 말고 어떤 특별한 용기 있는 행동을 하게 했을 때 '장하다. 넌 용감한 아이다' 라고 말해 줘야 한다. 또한 오빠의 장난감 기관차를 동생과 함께 가지고 놀면서 동생이 즐거워하는 것을 보게 된 오빠에게 '그래, 너는 참 착한 아이야' 라고 해 준다. 같은 원리는 잔인성을 다룰 때도 똑같이 적용된다. 즉 아주 미미한 시작에 주목해야 하고 점차 커지는 것을 막아야 한다.

만일 이 같은 모든 노력을 했는데도 잔인성이 나중에 크게 발전된다면 이 일은 대단히 심각하게 다루어야 하며 하나의 질병으로 치료할 필요가 있다. 벌을 받을 때는 마치 홍역을 앓는 것처럼 불쾌한 일이 일어났다는 느낌에서 끝나야지 뭔지 나쁜 짓을 했다는 느낌이 드는 벌이 돼서는 안 된다. 아이는 당분간 다른 아이들이나 동물과는 떨어져 있어야 한다. 그 아이가 다른 아이와 함께 있으면 안전하지 않다는 것을 설명해야 한다. 가능한 한, 자기가 잔인하게 다루어진다면 얼마나 괴로운 건지 알게 해 줘야 한다. 잔인성의 유혹에 넘어가 큰 불행이 자기에게 떨어진 것을 느끼게 해 줘야 한다. 그리고 어른들이 장차 그런 불행이 자기에게 떨어지지 않게 하기 위한 노력을 하고 있다는 것도 느끼게 해야 한다. 이런 방법이 약간의 병적인 경우가 아니라면 완전히 성공할 수 있을 거라고 나는 믿는다.

체벌은 결코 옳지 않다고 나는 믿는다. 좋은 방법은 아니지만 약하게 할 때는 덜 해로울 것이다. 그러나 가혹하게 할 때, 잔인성과 야만적인 성격이 형성된다고 나는 확신한다. 고통을 준 사람에게 반감이 생기지 않는 경우가 가끔 있다는 것은 사실이다. 즉 체벌이 습관적일 때, 아이는 체벌에 익숙해진다. 그래서 매 맞는 것이 당연한 일처럼 체념한다. 그러나 이런 습관은 권위를 유지하기 위한 목적으로 신체적인 고통을 주는 것이 적절하고 정당하다는 생각에 익숙해지게 한다. 이런 특이하게 위험한 공부는 언젠가는 권력의 지위를 획득할 수 있는 사람을 위한 것이다. 게다가 체벌은 부모와 자식 간에, 또한 스승과 제자 사이에 있어야 할 열린 마음의 관계를 파괴한다. 현대적인 부모는 그들이 있으나 없으나 자녀들이 자연스럽게 사는 것을 바란다. 부모는 아이들이 자기가 오는 것을 보고 기뻐하기를 바란다. 부모는 그가 지켜보는 동안은 안식일에 어울리는 가짜 정적을 가장하다가 돌아서자마자 악마굴이 되는 것을 원하지 않는다. 자녀의 순수한 사랑은 인생에서 얻을 수 있는 가장 큰 기쁨이다. 우리의 조상들은 이런 기쁨을 알지 못한다. 따라서 그들이 무엇을 잃었는지도 모르고 있었다. 그들은 부모를 사랑하는 것이 자식의 '의무'라고 아이들을 가르쳤다. 그러나 그 의무는 실행가능성이 거의 없는 것이다. 이 단원의 첫 부분에서 인용한 캐롤라인은 아버지가 '틀림없이 그녀를 때리려고' 그녀에게 다가올 때, 전혀 기뻐할 수 없었다. 사람들이 사랑은 의무로써 강요할 수 있다는 생각을 고집하는 한 진심에서 우러난 감정으로서의 사랑을 얻기 위해서는 아무것도 하지 않는다. 따라서 인간관계는 딱딱해지고 가혹하고 또한 잔인하게 되었다. 벌이란 이 모든 생각의 한 부분이다. 여자에 대해서는 손을 들 엄두도 못 낸 남자들이 무방비 상태에 있는 아이에게는 서슴없이 신체적인 학대를 가할 수 있다는 것은 이상한 일이다. 참으로 다행한 것은 지난 수백 년 동안 부모와 자식 간의 관계에 대한 생각은 점차 좋아졌다. 이와 더불어 벌에 대한 이론도 전부 달라졌다. 교육에서 보급되기 시작한 이러한 계몽적인 관념이 점차 다른 인간관계에도 보급되기를 바란다. 왜냐하면, 이런 관념은 우리가 우리의 아이들을 다루는 경우와 똑같이 다른 인간관계에서도 요구되기 때문이다.

다른 아이들의 중요성

지금까지 우리는 아이에게 올바른 성격을 만들어 주기 위해 부모와 교사가 할 수 있는 것에 대해 고찰해 왔다. 그런데 여기서 다른 아이들의 도움이 없다면 불가능한 것이 많다는 것을 알게 되었다. 아이들이 점점 커지면서 이 일은 더 확실해진다. 사실, 대학에 다닐 때처럼 동년배의 사람들이 중요한 때는 없다. 인생의 첫해 수개 월 동안은 다른 아이들이라는 것은 전혀 중요하지 않다. 다만 첫해의 마지막 3개월 정도가 약간의 도움이 될까. 이 시기에는 그보다 더 일찍 태어난 아이가 있는 것이 유익하다. 집안에서 첫 번째로 태어난 아이는 그 후에 태어난 아이보다 보통 걸음마나 말을 배우는 것이 더디다. 왜냐하면 어른들은 너무 완벽해서 흉내 내기가 어렵기 때문이다. 세 살 된 아이는 한 살 된 아기에게 더없이 좋은 모범이 된다. 세 살짜리 아이가 하는 짓은 한 살 된 아기가 해 보고 싶은 것이며 또한 아이의 힘이 그렇게 초인적인 것으로 보이지 않기 때문이다. 아이들이 보기에는 다른 아이들이 어른들보다 더 많이 자기와 비슷하기 때문에 아이들의 야심은 다른 아이들이 하는 짓에 더욱 자극을 받게 된다. 오직 가정에서만 저보다 큰 어린이에 의해서 이런 교육의 기회가 제공된다. 마음대로 선택할 수 있는 아이라면 대부분 자신들보다 나이 많은 아이들과 놀고 싶어 한다. 왜냐하면, 그들이 '대단한' 것처럼 느껴지기 때문이다. 그러나 큰 아이는 자기보다 더 큰 아이와 놀고 싶어 하고, 또 더 큰 아이도 그렇다. 그 결과, 학교에서나 빈민가나 아무 데서나 선택의 폭이 넓은 데서 아이들은 같은 또래의 아이들과 놀게 된다. 왜냐하면, 나이가 더 많은 아이는 나이가 어린 아이와 놀지 않으려고 하기 때문이다. 그런 이유로 형들에게서 배울 수 있는 것은 주로 집에서 배우게 된다. 이 점은 어느 가정에서나 맏아이가 어떤 혜택도 받지 못한다는 불리한 점이 있다. 게다가 가족의 수가 적어질수록 맏아이의 비율도 그만큼 커지게 되기 때문에 그 불리한 점은 더욱 커지게 된다. 가족 수가 적은 집은 어떻든 아이에게는 불리하고, 따라서 유아원이 이를 보완해 줘야 한다. 유아원은 다음 단원에서 다루게 되는 주제이다.

나이가 더 많든, 어리든 또래 아이들은 모두 쓸모가 있다고 본다. 그러나 나이가 더 많든, 어리든 그들의 쓰임새는 지금 말한 것처럼 주로 가정에 한한 것이다. 나이가 더 많은 아이의 가장 큰 쓰임새는 접근하기 쉬운 야심을 제공하는 것이다. 아이는 자기보다 나이가 많은 아이들 놀이에 자기도 끼고 싶고 그럴 만한 가치가 있다고 생각해 주기 바라면서 최선의 노력을 한다. 나이가 더 많은 아이는 아무렇게나 자연스럽게 행동한다. 그 행동에는 어른들과 아이들이 함께 놀 때 반드시 나타나는 꾸밈이나 배려 같은 게 없다. 한편, 어른에게 이와 같은 배려가 없다면 아이에게는 고통스러울 것이다. 왜냐하면 어른은 능력과 권위를 갖고 있으며 또한 어른을 위한 것이 아닌 어린이를 즐겁게 하기 위해 놀아 주는 것이기 때문이다. 아이는 특별한 훈련을 받아 그 결과가 그렇다면 몰라도 어른에게는 절대로 하지 않는 방법으로 형이나 누나에게 기꺼이 복종한다. 복종하는 역할을 하면서 협력하는 학습은 다른 아이들과의 관계에서 가장 잘 배울 수 있다. 어른들이 이런 협력을 가르치게 되면 불친절과 가식이라는 정반대의 위험에 빠지게 된다. 가령, 정말로 협력을 요구하면 불친절하고, 겉으로만 하는 척하는 것에 만족하는 것이다. 나는 진짜건 가짜건 언제나 피해야 한다고 말하는 게 아니다. 어른에게는 나이가 더 많은 아이와 나이가 어린 아이 사이에 가능한 자발성이라는 게 없다는 것이다. 따라서 양쪽 다 즐거움을 목표로 여러 시간을 함께하기는 어렵다고 본다.

청소년기를 통해 나이가 약간만 더 많아도 교육에는 특별한 용도가 있다. 물론 형식적인 교육은 아니다. 오히려 과외로 일어나는 종류의 교육을 말하는 것이다. 나이가 약간 더 많은 남자나 여자는 언제나 효과적인 방법으로 야심을 자극한다. 그들이 친절하다면, 그들은 최근에 일어난 일을 극복한 것을 생각해 내서 어려운 점을 어른들보다 훨씬 잘 설명할 수 있다. 대학시절 나는 나보다 몇 년 선배 학생들에게서 배운 것이 훨씬 더 많다. 그것은 거만하고 존경받는 어른들한테서는 배우기 어려운 것들이다. 이것은 대학사회에서 '학년'이라는 제도를 지나치게 엄격하게 구분하지 않는다면 어느 대학에서나 흔히 있는 경험인데, 물론 선배가 후배와 함께 일하는 것을 체면손상으로 생각한다면 불가능한 것이다. 그런 일도 자주 일어난다.

좀 더 어린아이들, 특히 세 살에서 여섯 살까지의 아이들 또한 쓸모가 있다. 이러한 쓰임새는 주로 도덕교육과 관련된 것이다. 그러나 아이가 어른과 같이 있는 한 여러 가지 중요한 덕목, 가령 강자가 약자를 다루는 데 필요한 덕목을 배울 기회가 없는 것이다. 아이는 동생들의 것을 강제로 빼앗지 말아야 하며, 어린 동생이 모르고 형의 집 짓기를 망가뜨릴 때 지나치게 골을 내지 않도록 해야 하고, 또한 자기는 쓰지 않는 장난감을 다른 아이가 원하는데 빌려 주지 않고 쌓아 두지 말아야 하는 것 등을 배워야 한다. 어린이는 또한 동생을 거칠게 다루면 쉽게 상처를 입는다는 것과 함부로 장난을 치다가 울게 하면 뉘우치는 것도 배워야 한다. 나이가 어린 아이를 보호하기 위해 나이가 더 많은 아이에게는 강한 어조로 야단을 쳐야 한다. 다른 경우라면 인정할 수 없지만, 이번에는 아이들이 기대하지 않았던 방법을 써서 강한 인상을 주어 유익하게 만들어야 한다. 이 모든 것은 다른 방법으로는 자연스럽게 가르칠 수 없는 유익한 교훈이다. 아이에게 추상적이고 도덕적인 설교를 하는 것은 시간 낭비이고 어리석은 짓이다. 모든 것은 구체적이고 실제 상황에서 필요한 것이어야 한다. 어른의 입장에서 본 도덕교육의 대부분이 아이에게는 톱의 사용법을 배우는 것과 같은 느낌을 준다. 아이는 일이 어떻게 이루어지는지 보여 주는 것으로 알게 된다. 그렇기 때문에 왜 실제로 예를 드는 것이 중요한지 그 이유를 알게 된다. 목수가 하는 일을 지켜본 아이는 그가 하는 일을 자기도 따라해 보려고 한다. 부모가 언제나 친절하고 생각이 깊은 행동을 하게 되면 아이는 그것을 따라해 보려고 한다. 어떤 경우든지 아이가 따라해 보고 싶은 일에는 위신이 따른다. 만일 당신이 아이에게 톱 사용법을 엄격하게 가르친다 해도 당신 자신이 언제나 톱을 도끼처럼 사용하면 그 아이를 목수로 만들기는 어려울 것이다. 또한 아이에게는 여동생에게 친절해야 한다고 하면서 당신 자신은 그렇게 하지 못한다면 당신이 하는 교육은 헛된 것이 된다. 이런 이유로, 가령 콧물을 닦아 준다고 아이를 울리게 되면 당신은 큰 아이에게 왜 그렇게 되었는지 조심스럽게 설명해야 한다. 그렇지 않으면 동생을 지키려고 벌떡 일어나 당신의 잔인함을 막기 위해 싸우려고 할 것이다. 만일 당신이 잔인한 사람이라는 인상을 아이가 갖게 된다면 당신은 포악해질 수 있는 아이의 충동을 막을 힘을 잃을 것이다.

나이가 많은 어린이건 적은 어린이건 둘 다 중요하지만, 적어도 네 살 이후가 되면 또래 아이들은 훨씬 더 중요하다. 같은 나이의 아이들에게 어떤 태도를 보여야 하는지 반드시 배워야 할 필요가 있다. 이 세상의 불평등의 대부분은 사람이 만든 것이다. 그래서 만일 우리의 행동이 그런 불평등을 무시한다면 잘될 수도 있다. 잘사는 사람들은 자신이 요리사들보다 훌륭한 인간이라고 생각한다. 그래서 사회인의 행동과는 다른 방식으로 그들을 대한다. 그러나 작위를 가진 사람에게는 열등감을 느껴 자존심을 잃은 사람처럼 그를 대한다. 그 두 경우, 모두 잘못된 것이다. 요리사건, 귀족이건 동등하게 대해야 하고 동등하게 봐야 한다. 청년기에는 연령이 인위적이 아닌 상하관계를 형성한다. 바로 그런 이유 때문에 훗날 바람직한 사회적 습관을 또래 아이들과의 교제에서 가장 잘 배울 수 있다. 어떤 종류의 게임이든 평등한 관계에서 가장 잘 놀게 된다. 학교에서의 경쟁 또한 같은 원리이다. 학교 친구들 중에 한 아이는 친구들의 판단 여하에 따라 그 아이의 중요성이 결정된다. 그 아이는 칭찬받을 수도 있고 경멸당할 수도 있을 것이다. 그러나 문제는 그 아이의 성격과 능력에 달려 있다. 애정이 깊은 부모는 지나치게 편안한 환경을 만들어 주고 애정이 없는 부모는 자발성이 위축되는 환경을 만든다. 자유경쟁에서 그리고 평등한 협력에서 자발적인 활동의 범위를 정해 주는 것은 오직 또래의 친구들이다. 폭군 의식이 없는 자존심, 노예근성이 아닌 배려는 또래집단에서 동등하게 만날 때 가장 많이 배우게 된다. 이런 이유로 부모가 아무리 배려한다 해도 아이가 학교에서 즐기는 것 만큼 집에서 해 줄 수 없을 것이다.

이상 고찰한 것과는 별도로 아마 더 중요하다고 생각되는 게 있다. 아이들의 몸과 마음은 상당히 많은 놀이를 요구한다. 그리고 생후 일

년이 지나면 그때부터는 다른 아이들과 함께 놀지 않으면 만족할 만
큼 놀았다고 할 수 없을 것이다. 놀이가 없으면 아이는 긴장하고 신경
질을 내게 된다. 즉 생의 기쁨을 잃어버리고 또한 걱정 근심을 키우게
된다. 물론 존 스튜어트 밀이 자란 것처럼, 세 살부터 희랍어를 배우
고 보통 아이들이 느끼는 재미있는 일이 한 번도 없었던 아이처럼 기
를 수도 있다. 지식을 얻는다는 단순한 입장에서 본다면 결과는 좋을
지 모르지만 모든 면에서 볼 때 나는 찬성할 수 없다. 밀은 그의『자
서전』에서 사춘기에 자살하고 싶었던 일을 썼다. 모든 음표의 결합을
하루 만에 완성한다면 그다음 새로운 음악 작품은 불가능할 것이라는
생각 때문에 죽으려고 했다는 것이다. 이 같은 종류의 강박관념은 신
경쇠약 징후에 틀림없는 것이다. 만년에 자기 아버지의 철학이 잘못
된 것일 수도 있다는 이론에 부딪혔을 때 그는 마치 놀란 말처럼 숨어
버렸다. 그 때문에 그의 판단력은 그 가치를 크게 잃었다. 그가 좀 더
정상적인 청년이었다면 좀 더 지적인 탄력성을 지녔을 것이고 그리고
그의 철학은 좀 더 독창적일 수 있었을 것이다. 어떻게 되었건 간에,
그랬다면 밀은 분명 인생을 즐길 수 있는 능력을 좀 더 많이 가졌을
것이다. 나 자신은 밀처럼 지독하지는 않았지만 16세까지는 개인교
육의 산물이었다. 보통 젊은이가 갖는 즐거움이 없이 자랐다. 나 또한
사춘기에 밀이 기술한 바와 같이 자살충동을 경험했다. 내 경우는 역
학법칙이 내 신체의 운동을 규제하고, 내 의지는 단지 환상에 불과하
다는 생각 때문이었다. 내가 동료들과 어울리면서 알게 된 것은 나 자
신이 잘난체하는 모가 난 사람이라는 것이다. 그 이후 언제까지 내가
그 상태에 있었는지는 내가 해야 할 말은 아니다.

　이상 논의한 모든 이론에도 불구하고 나는 학교에 다녀서는 안 되
는 상당수의 소년 소녀가 있다는 것을 인정하고, 그들 중에 몇 명은

대단히 중요한 인물이라는 것을 인정하고 싶다. 만일 어떤 소년이 어느 한 방향으로 비상한 지적 능력을 가졌다면, 그의 빈약한 신체와 비상한 신경질이 합쳐져 보통 아이들의 무리 속에 끼기 어렵다. 그뿐만 아니라 이상한 사람으로 몰려 박해를 당할 수도 있다. 비상한 능력은 흔히 정신적 불안과 결합되어 있다. 이런 경우, 보통 아이에게는 나쁠 수 있는 방법을 쓰는 것이 바람직하다. 만일 비정상적인 감수성에 확실한 원인이 있다면 인내심을 가지고 치료하는 노력이 필요하다. 그러나 이런 노력에 심한 고통이 뒤따라서는 안 된다. 즉 비정상적인 아이가 흔히 또래들에게서 받은 고통을 감내하지 않으면 안 되기 때문이다. 내 생각에, 이와 같은 감수성은 보통 유아기 때 잘못 다루어졌기 때문인 듯하다. 가령 아기의 소화기능이나 혹은 신경에 탈이 나서 그것이 원인이 된 것 같다. 갓난아기를 지혜롭게 다루면 커서 다른 아이들과 잘 어울리는 충분히 정상적인 소년 소녀로 자랄 수 있다고 본다. 그러나 약간의 예외는 일어날 수 있고, 그 예외는 어떤 형태의 천재성을 지닌 아이들 중에서 어렵지 않게 나올 수도 있다. 이 같은 흔치 않은 경우에 학교는 바람직하지 않은 곳이다. 그래서 보다 안전한 피난처가 될 만한 청년기를 보내는 것이 더 바람직하다.

애정과 동정

많은 독자들은 지금까지 어떤 의미에서 좋은 성격의 핵심이라 할 수 있는 애정에 대해 내가 지나치게 무시해 왔다고 생각할 것이다. 나는 사랑과 지식은 좋은 행동을 위한 두 가지 중요한 요소라고 생각한다. 그럼에도 도덕교육을 다루면서 지금까지 사랑에 대해 아무것도 언급하지 않았다. 올바른 종류의 사랑은 자라나는 아이에게 적절한 보살핌을 줌으로써 얻어지는 자연스러운 열매라고 본다. 즉 사랑이 여러 다양한 성장과정을 통해 의식적으로 목표를 정해서 되는 것이 아니라는 생각이다. 우리는 바람직한 애정의 종류에 대해 그리고 각기 연령에 따라 적절한 애정의 성향에 대해 분명한 것이 있어야 한다. 열 살 혹은 열두 살에서 사춘기에 이르기까지 남자아이는 애정 결핍이 쉽게 생긴다. 이런 그의 성향을 억지로 고쳐 보려고 한다 해도 얻는 게 별로 없다. 청년기를 통해 보면 성인의 삶에 비해 동정을 표현할 기회는 거의 없다. 그것은 아직 효과적으로 표현하는 능력이 부족하기도 하지만 청소년은 다른 사람에 대한 관심보다 자신의 발전을 더 많이 생각해야 하기 때문이다. 이런 이유로 유년기에 이런 능력을 무리하게 요구하는 것보다 동정과 애정 있는 어른으로 만드는 것에 더 관심을 두어야 한다. 우리의 문제는 성격교육의 모든 문제와 같이 과학적이어야 한다. 즉 심리학적 역학으로 부를 수 있는 것에 속하는 문제다. 사랑은 의무가 아니다. 아이에게 부모를 사랑해야 하고 그리고 그의 형제자매를 사랑해야 한다고 말하는 것은 나쁘지는 않다 해도 전혀 무익한 것이다. 사랑받고 싶어 하는 부모라면 사랑을 끌어낼 수 있게 행동해야 한다. 그리고 아이들에게 폭넓은 애정을 낳게 하는 신체적, 정신적 특질을 제공하려고 노력해야 한다.

아이에게 부모를 사랑해야 한다고 명령해서는 안 될 뿐만 아니라 그런 결과를 얻으려는 목적으로 해야 할 일은 아무것도 없다. 부모의 사랑은 아무래도 이런 면에서 성적인 사랑과 다르다. 성적 애정의 본질은 반응을 요구하는 것이고 그것은 자연스러운 것이다. 반응이 없다면 성적 애정은 생물학적 기능이 충족되지 않는다. 그러나 부모의 사랑은 반응을 요구하지 않는 것이 그 본질이다. 자연적인 순수한 부모의 본능은 아이를 부모의 신체 일부처럼 느껴서 사랑하게 되는 것이다. 만일 당신의 엄지발가락에 이상이 생기면 자기 몸을 생각해 주의를 기울인다. 그렇다고 발가락이 고마워하기를 기대하지 않는다. 미개한 여성은 내 생각과 대단히 비슷한 감정을 아이에게서 느낄 것이다. 그 여성은 자기의 행복을 원하는 것과 똑같은 방식으로 아이의 행복을 — 특히 아이가 아주 어렸을 때 — 바랄 것이다. 그녀는 자신보다 아이를 돌보는 것에 열중한다. 바로 이런 이유로 그녀는 고마워하는 것을 바라지 않는다. 아이가 엄마를 필요로 하는 것 그 자체가 충분한 보답이다. 그 후, 아이가 자라면 엄마의 애정은 줄어들고 요구는 늘어난다. 동물의 경우, 어미의 애정은 새끼가 다 자라게 되면서 끝난다. 그리고 아무 요구도 없다. 그러나 인간은 아무리 원시인의 경우라 해도 이렇지 않다. 아들이 건장한 용사라면, 부모가 늙어 노쇠해

지면 그들을 부양하고 보호해야 한다. 이니아스(Æneas)와 안키세스
(Anchises)[1]의 이야기는 보다 높은 수준의 문화에서 이런 느낌을 묘
사한 것이다. 예측하는 능력이 생기면서 노년이 오면 자식들의 도움
을 받기 위해 아이의 애정을 착취하려는 경향이 늘고 있다. 여기서 효
도의 원리가 나온다. 이 원리는 세계 어디서나 존재하고 모세의 십계
명 중 다섯 번째에도 언급되어 있다. 이 효도는 사유재산 제도의 발달
과 정치체제의 발달로 점차 그 중요성이 감소되어 간다. 즉 수세기가
지난 다음에 사람들은 이런 사실을 알게 되고 따라서 그런 감상은 뒤
떨어진 것이 된다. 요즘에도 50세의 어른이 80세의 부모에게 경제적
으로 의존하는 경우도 있을 수 있다. 따라서 중요한 것은, 여전히 부
모에 대한 자식의 애정보다 오히려 자식을 향한 부모의 애정이다. 물
론 이것은 유산계급에 적용되는 것이지만 임금노동자의 경우에도 예
전의 관계가 존속되고 있다. 그러나 노동자의 경우, 이 관계는 연금이
나 그와 유사한 방법의 결과로 점차 사라지고 있다. 따라서 부모에 대
한 자식의 애정은 중요한 덕목에서 그 위치를 잃어 가는 반면, 자식을
향한 부모의 사랑은 아직도 중요한 것으로 남아 있다.

　여기에 정신분석학자들이 전면으로 제시한 또 다른 위험이 있다.
나 자신은 사실 그 자체에 대한 그들의 해석에 문제가 있다고 생각하
지만 말이다. 내가 생각하는 위험이라는 것은 부모의 어느 쪽이든 부
당한 헌신적인 애정에 관계된 위험이다. 어른이나 사춘기 청년이라
해도 부모의 지나친 보호에 가려 독립적으로 생각하지도 못하고 느끼
지도 못하게 해서는 안 된다. 이런 일은 부모의 성격이 아이의 성격보

1　옮긴이 주: Æneas와 Anchises는 베르길리우스 서사시에 나오는 아버지와 아들의
이름. 이 서사시는 부자간의 사랑을 묘사한다.

다 강할 때 쉽게 일어난다. 아주 드문 병적인 경우가 아니라면, '오이
디푸스콤플렉스' 즉 어머니와 아들의 특별한 애정이나 딸이 아버지
에게 느끼는 특별한 관심을 나는 믿지 않는다. 부모의 막강한 영향력
은 — 그런 일이 생길 때는 성차와 관계없이 — 대부분 어머니와 아이
의 관계에 최선을 다하려는 부모에게서 나온다. 물론 어머니를 싫어
하는 딸의 경우, 실제 아버지를 자주 보지 못하면 아버지를 이상화하
게 된다. 그러나 이런 경우, 실제 아버지가 아닌 환상 속에서 그렇다.
이상화한다는 것은 하나의 구실에 희망을 건다는 것이다. 구실은 그
냥 편의일 뿐 진짜 희망과는 무관한 것이다. 부당한 부모의 영향력은
이것과는 전혀 다른 것이다. 왜냐하면 이것은 현실에 있는 사람과의
관계이지 상상 속에 있는 그림과 무관한 것이다.

　아이와 항상 접촉하는 어른은 아이와의 생활에서 쉽게 지배적이
되어 그 아이가 어른이 된 다음에도 아이를 정신적 노예로 만들게 된
다. 그 노예근성은 지적일 수도 있고 혹은 정서적일 수도 있고, 아니
면 둘 다에 있다. 전자에 해당하는 좋은 예가 존 스튜어트 밀이다. 그
는 아버지가 틀릴 수도 있다는 것을 마지막까지 인정할 수가 없었다.
어릴 적 환경에 어느 정도 지적으로 예속되는 것은 정상이다. 부모나
교사의 가르침 외에 다른 의견을 가질 수 있는 어른은, 어떤 풍조가
일반화되지 않는 한, 극소수이다. 그런데 나는 지적 예속이 자연스럽
고 정상적이라는 주장보다는 **특별한** 교육에 의해서만 지적 예속에서
풀려날 수 있다는 주장에 동의하고 싶다. 부모나 교사의 지나친 교육
열은 조심스럽게 피하는 것이 좋다. 특히 급속하게 변화하는 세상에
서는 지난 세대의 의견에 집착하는 것이 대단히 위험한 일이기 때문
이다. 그러나 여기서는 감정과 의지에 대한 예속만을 고찰하겠다. 왜
냐하면 지금 다루는 주제와 직접적으로 관련되기 때문이다.

내가 보기에는 잘못된 제목인 '오이디푸스 콤플렉스' 라는 정신분석학자들이 생각하는 해악은 부모가 아이들의 부당한 감정적 반응을 바라는 데서 일어난다고 본다. 좀 전에 말한 것처럼, 나는 부모의 본능은 그 순수한 원형에서는 감정적 보답을 바라지 않는다고 본다. 다시 말하면, 그 본능은 아이가 부모에게 의존하는 것으로서 먹을 것과 보호를 바라는 것으로 만족한다. 의존하는 것이 끝나면 부모의 애정도 끝나는 것이다. 이것은 동물의 경우에도 그렇고 그 목적은 충분히 달성된 것이다. 그러나 이와 같은 본능의 단순함이 인간에게는 거의 불가능하다. 나는 이미 효도에 대해 설명했지만 군사적, 경제적 고찰이 미치는 효과에 대해서도 언급했다. 지금 나는 부모의 본능이 작용할 때 일어나는 혼란의 두 가지 순수한 심리학적 원천에 대해 생각해 보겠다.

그 혼란의 첫째는 지성이 본능에서 파생된 즐거움을 만날 때 어디서나 일어나는 종류다. 넓은 의미에서 본능은 그 결과가 유리할 때 즐거운 행동을 촉진한다. 그러나 결과가 즐겁지 않을 때도 있다. 먹는 일은 즐겁다. 그러나 소화는, 특히 소화불량일 때는 즐겁지 않다. 성(sex)은 좋지만 아기를 낳는 일은 그렇지 않다. 아기가 자기에게 의지하는 것은 즐겁다. 그러나 씩씩하게 잘 자란 아들의 독립은 그렇지 않다. 원시적 모성은 아기에게 젖을 물릴 때 최고의 쾌락을 맛본다. 아기가 자라면서 점점 그 의존성이 약해지면 쾌락도 줄어든다. 그렇기 때문에 쾌락을 위해 의존하는 기간을 연장하고 아이가 부모의 보호를 더 이상 필요로 하지 않는 시기를 늦추는 그런 경향이 있다. 그래서 '엄마의 치맛자락에 매달리는 아이' 라는 옛말이 나온 것이다. 사내아이의 이런 버릇을 고치는 길은 아이를 학교에 보내는 일 외에 다른 방법이 없다. 여자아이의 경우는 이것을 나쁘다고 생각지 않았다. 왜냐하면 (잘사는 집 딸이라면) 딸을 무기력하고 의존적인 여자로 기르는 것이 바람직하다고 생각하고 결혼 전에 엄마에게 매달리는 것처럼, 결혼 후에 남편에게 매달리는 것을 바라기 때문이다. 그러나 이 같은 일은 좀처럼 일어나지 않았다. 이것이 실패했기 때문에 '장모'를 비웃는 농담의 근원이 되었다. 농담의 목적의 하나는 생각을 막아 버리는 것이다. 이런 특이한 농담은 이 목적을 성공적으로 달성하게 했다. 의존적으로 자란 딸이 당연히 그의 어머니에게 의존하게 되면 행복한 결혼의 근원인 남편과의 완전한 협력관계에 이르지 못한다는 것을 아무도 깨닫지 못한 것 같다.

　두 번째 심리학적인 혼란은 정통파 프로이트식 견해에 가까운 것이다. 그것은 성애에 적합한 여러 가지 요인이 부모의 애정 속에 들어오는 데서 일어난다. 그렇다고 반드시 성차에 따르는 어떤 것을 의미하는 것은 아니다. 나는 단순히 어떤 종류의 감정에 대한 반응을 원하는 것을 의미하는 것이다. 성 심리학의 일부분 — 사실 이 부분이 일부일처제를 가능한 제도로 만든 것이다 — 은 먼저 누군가에게 접근하고 싶은 욕구와 그 사람이 적어도 이 세상에서 행복을 주는 유일한 사람으로, 다른 누구보다도 중요하다고 느끼는 욕망이다. 이런 욕망이 결혼으로 이어지고 다른 조건들이 맞는다면 행복하게 된다. 문명국가의 기혼여성 대부분은 이런저런 이유로 성생활에 만족하지 못하고 있다. 이런 경우를 겪는 여성은 오직 남자만이 자연스럽게 적절하게 해 줄 수 있는 것을 아이들을 통해 불합리하게 또는 겉치레로 욕구 불만을 해소하려 든다. 나는 어떤 확실한 것을 뜻하는 것은 아니다. 다만 어떤 종류의 감정적 긴장, 어떤 열정적 느낌, 과도한 입맞춤이나 애무하는 데서 얻는 쾌락을 말하는 것뿐이다. 이런 것은 지금까지 애정이 깊은 어머니에게는 아주 적절하고 정당한 것으로 알려졌다. 사실 무엇이 옳고 무엇이 해로운 것인지는 미묘한 문제다. 그래서 몇몇 프로이트주의자들이 하는 식으로 부모들이 어린이에게 입맞춤이나 애무하는 행위를 하지 말라는 것은 바보 같은 소리다. 아이들은 부모로부터 따뜻한 애정을 받을 권리가 있다. 그 사랑은 아이들에게 행복하고 걱정 없는 세계관을 심어 준다. 그리고 건전한 심리학적 발달에 없어서는 안 될 본질적인 것이다. 그러나 그 애정은 마치 공기를 호흡하듯 자연스러운 것이지 어떤 응답을 바라는 것은 아니다. 응답의 문제야말로 본질적인 문제이다. 어떤 종류의 자발적인 응답은 있을 수 있고, 그럴 경우 그것은 아주 좋은 것이다. 그러나 그것은 아이들이 친구에게 적극적으로 우정을 추구하는 것과는 아주 다른 것이다. 심리학적으로 부모는 하나의 배경이 되어야 하고 아이가 부모에게 즐거움을 주기 위해 행동하도록 해서는 안 된다. 부모의 즐거움은 아이의 성장과 발전에 있어야 한다. 즉 아이가 부모에게 응답하는 방법으로 주는 경우, 그것이 무엇이든 봄날의 맑은 공기와 같이 순수한 덤으로 고맙게 받아야 한다. 그것을 자연 질서의 당연한 부분으로 기대해서는 안 된다.

성적으로 만족하지 못한다면 여성은 완전한 어머니 또는 완전한 교사가 되기 어려울 것이다. 정신분석가들이 뭐라고 하든 부모의 본능은 성 본능과 근본적으로 다른 것이다. 그리고 부모의 본능은 성에 고유한 감정이 침입하면 손상을 입는다. 독신여성을 교사로 채용하는 습관은 심리학적으로 볼 때 아주 잘못된 것이다. 아이들을 돌보는 적임자는 그 자신의 만족을 위해 아이들을 이용하는 것을 바라지 않는 여성이다. 왜냐하면 아이에게 이런 만족을 기대하는 것은 옳은 일이 아니기 때문이다. 행복한 결혼을 한 여성은 별도의 노력 없이 이런 유형에 속한다. 그러나 그렇지 않은 여성은 거의 불가능할 정도로 미묘한 자기 통제가 필요할 것이다. 물론 같은 사정이 남자에게도 해당된다. 그러나 남자는 여자의 경우보다 흔치 않다. 왜냐하면 남자의 아버지로서의 본능은 보통 그렇게 강하지 않고 그들이 성적으로 불만을 갖는 경우가 드물기 때문이다.

우리는 아이들이 기대하는 부모에 대한 태도에 대해서도 명백하게 할 필요가 있다. 만일 부모가 아이들에게 정당한 사랑을 베푼다면 아이의 반응도 부모가 원하는 것과 맞아떨어질 것이다. 아이들은 뭐든 유쾌한 일에 열중하는 경우를 빼고는 부모가 오는 것을 좋아하고 가는 것은 싫어한다. 아이들은 어떤 어려운 일이 일어날 때, 육체적이건 정신적이건 간에 부모의 도움을 찾게 된다. 아이들은 겁도 없이 여러 가지 모험을 해 보려고 한다. 아이들은 배후에 부모의 보호가 있다는 것을 믿기 때문이다. 그러나 이런 느낌은 실제 위기의 순간이 아니면 절대로 의식하지 못할 것이다. 아이들은 문제가 생길 때 대답해 주고, 갈팡질팡할 때 결정해 주고, 그리고 어려운 일이 생기면 도와주는 부모를 믿는다. 부모가 자식을 위해 해 준 대부분의 것은 아이의 의식에 들어오지 않는다. 아이들은 먹을 것, 잠자는 것을 해결해 줘서 부모를 좋아하는 것이 아니다. 그보다는 아이들과 함께 놀아 주고, 새로운 놀이의 방법을 가르쳐 주고, 그리고 세상 이야기를 해 주는 부모를 좋아한다. 그러면서 점점 부모가 자기를 사랑한다는 것을 알게 된다. 이것은 당연한 사실로서 받아들여야 하는 것이다. 아이의 부모에 대한 애정은 아이가 다른 아이에게 대하는 감정과는 전혀 다른 것이다. 부모는 아이와 관련된 것에 한해 행동해야 하지만 아이는 자기 자신과 외부의 세계에 관계된 것에 적응해야 한다. 이것은 근본적으로 다른 것이다. 아이는 부모와의 관계에서 아무런 중요한 역할을 하지 않는다. 그의 역할은 지혜와 체격이 성장하는 것이고, 아이가 그렇게 건전한 성장을 하는 한 부모의 본능은 만족을 얻는다.

내가 원하는 것이 마치 가족의 애정을 감소시키는 것처럼 또는 자발적인 표현을 축소하려는 것처럼 그런 인상을 독자에게 주었다면 그건 대단히 유감스런 일이다. 나는 전혀 그럴 생각이 없다. 내가 말하고 싶은 것은 많은 종류의 서로 다른 애정이 있다는 것이다. 남편과 아내의 사랑이 그 하나이고, 부모와 자식의 사랑, 그리고 부모에 대한 아이들의 사랑이 또 다른 사랑이다. 이러한 각기 다른 자연적 사랑이 혼동되었을 때 해악이 생긴다. 나는 프로이트학파가 이런 사실을 알고 있다고는 생각지 않는다. 왜냐하면 그들은 이런 본능적인 차이를 인정하지 않기 때문이다. 그래서 이것이 어떤 의미에서 부모와 아이에 대해 그들을 금욕적인 관계로 만든다. 즉 프로이트주의자들은 부모와 자식 간의 사랑을 어떤 부적절한 성적 애정으로 보기 때문이다. 나는 특별히 불행한 환경이 아니라면 근본적인 애정의 자제가 필요하다고는 보지 않는다. 서로 사랑하는 남녀와 그 아이들은 마음이 가는 대로 자유롭게 행동할 수 있어야 한다. 부모에게는 많은 생각과 지식이 요구될 것이지만 이런 것들은 부모의 애정에서 얻게 될 것이다. 부모는 두 사람이 서로의 애정에서만 얻을 수 있는 것을 아이들에게 요구해서는 안 된다. 그들이 둘 다 행복하다면 그렇게 하고 싶은 충동을 느끼지 않을 것이다. 만일 아이들이 적절한 보살핌을 받았다면 아이들은 독립심에 방해가 되지 않는 자연스런 부모의 사랑을 느낄 것이다. 필요한 것은 금욕적인 자기 제재가 아니라 자유롭고 개방적인 본능이며 이것은 지성과 지식에 의해 적절하게 알게 된다.

내 아들이 생후 2년 4개월이 되었을 때 나는 미국에 갔었다. 그리고 3개월 동안 집을 비웠다. 아이는 나 없는 동안 아무 문제없이 행복했다. 내가 돌아왔을 때 아이는 소란스러울 정도로 기뻐했다. 아이는 정원 문 앞에서 끈기 있게 나를 기다렸다. 아이는 내 손을 잡고 제가 좋아하는 모든 것을 내게 보여 주기 시작했다. 나는 아이의 말을 듣고 싶었고 아이는 말하고 싶어 했다. 나는 말하고 싶지 않았고 아이는 듣고 싶어 하지 않았다. 이 두 개의 충동은 다르지만 그러나 거기에 조화가 있다. 이야기가 시작되었을 때 아이는 듣고 싶어 했고, 나는 말하고 싶었다. 이 경우에도 조화가 있다. 꼭 한 번 이런 상황이 뒤집혀진 적이 있었다. 아이가 세 살 반이 되었을 때, 내 생일날이었다. 아이 엄마는 아이에게 아빠를 기쁘게 하기 위해 모두 아빠를 위한 것이 되어야 한다고 했다. 이야기는 그 아이의 최고의 즐거움이었다. 그런데 놀라운 것은 이야기할 시간이 되자 아이는 그날은 아빠 생일이기 때문에 자기가 이야기를 하겠다고 선언했다. 아이는 열두 가지쯤 하고 나더니 '오늘 이야기는 그만' 하면서 뛰어내렸다. 그게 3개월 전이었고 그 후, 아이는 다시는 이야기를 하지 않았다.

지금부터 나는 보다 넓은 범위에서 일반적인 애정이나 동정에 대해 생각해 보겠다. 부모와 자식 간의 애정에서는 부모의 권력남용의 가능성 때문에 문제가 좀 복잡하다. 따라서 일반적인 문제를 논하기 전에 이런 복잡한 것을 다룰 필요가 있다.

아이에게 동정이나 혹은 애정을 강제로 요구할 방법은 없다. 오직 가능한 것은 이런 감정이 자발적으로 느껴지는 조건을 관찰하고 그다음 그런 조건을 조성하기 위해 노력하는 길밖에 없다. 동정은 틀림없이 부분적으로 본능적이다. 아이들은 동생이나 형이 울면 함께 울먹이며 따라 우는 적이 가끔 있다. 아이들은 그들에게 기분 나쁜 일이 생길 때 어른에게 격렬하게 대들며 아이들 편을 든다. 아들이 팔꿈치를 다쳐 붕대를 감고 있을 때 18개월 된 그의 여동생은 다른 방에서 오빠가 울고 있는 것을 듣고 당황한 나머지 계속해서 '존이 운다, 존이 운다' 하고 칭얼대더니 붕대를 다 감을 때까지 그랬다. 어느 날 아들은 엄마가 발바닥에서 가시를 빼느라 바늘을 찌르는 것을 보았다. 아들은 걱정스럽게 '엄마 아프지 않지' 하고 물었다. 엄마는 이런 걸 가지고 야단법석을 떨지 않게 가르치기 위해 아프다고 했다. 아이는 아프지 않다고 떼를 쓰고 엄마는 아프다고 주장했다. 그랬더니 아들은 훌쩍거리며 울기 시작했다. 마치 자기 발이 아팠던 것처럼. 이런 일은 본능적인 신체적 동정에서 일어날 수 있는 것이다. 이것은 좀 더 정교한 동정의 형태가 형성되는 기초가 된다. 사람이나 동물이나 다 아픔을 느낄 수 있고 어떤 환경에서든 그것을 느낄 수 있다는 사실을 집에서 가르칠 수 있다면 더 이상 적극적인 교육방법은 불필요한 것이다. 그러나 좀 더 소극적인 방법도 있다. 아이에게 그가 존경하는 사람이 불친절하거나 잔인한 행동을 하는 것을 보여 주지 말아야 한다. 아버지가 총을 쏘거나 어머니가 하녀에게 험하게 말하는 것을 본다면 아이는 이런 나쁜 것을 따라하게 된다.

어린아이에게 이 세상의 악에 대해 언제쯤 또 어떤 방법으로 알게 해 주는 게 좋은지는 쉽지 않은 문제다. 전쟁이나 학살, 빈곤이나 그리고 예방할 수 있는 질병을 예방하지 않는 것에 대해 무지한 상태로 자라게 한다는 것은 불가능하다. 어느 단계에 들어서면 어린이는 이런 것을 알아야 하고 또한 이 지식을 피할 수 있는 고통을 주거나 허용하는 것이 무서운 일이라는 확신을 겸해야 한다. 우리가 여기서 당면하는 문제는 사람들이 여성의 정조를 지키려는 문제와 비슷하다. 즉 옛날에는 결혼할 때까지는 몰라야 된다고 믿었는데 지금은 좀 더 적극적인 방법을 취하고 있다.

나는 몇몇 평화주의자들을 알고 있는데, 그들은 전쟁에 대한 것은 빼고 역사를 가르쳐야 한다는 것이다. 또한 아이들은 가능한 한 오래도록 전쟁의 잔인성에 대해 모르고 있어야 한다는 것이다. 그러나 무지에 기대어 무엇을 하려는 '도피적이고 수도원에 은둔된 덕'을 찬양할 수 없다. 적어도 역사를 가르치는 거라면 진실을 가르쳐야 한다. 만일 역사의 진실이 우리가 가르치기를 바라는 어떤 도덕과 모순된다면 그 도덕은 잘못된 것이고 따라서 폐기해야 한다. 가장 도덕적인 사람을 포함해서 많은 사람들이 알면 불편한 사실들이 있다는 것을 충분히 인정한다. 그러나 그것은 그 도덕에 내포된 어떤 약점 때문이다. 정말로 건전한 도덕은 이 세상에서 일어나고 있는 사실에 대한 충분한 지식에 의해서만 강화되는 것이다. 우리의 무지로 말미암아 잘못 가르친 청년들이 이 세상에 이런 것이 있었다는 것을 발견하자마자 신나게 악에 빠지는 모험을 하게 해서는 안 된다. 즉 우리가 청년들에게 잔인성을 혐오하도록 가르치지 않으면 그들은 잔인성을 포기하지 않을 것이다. 또한 이 잔인성이 존재한다는 것을 모른다면 혐오감도 없다.

그럼에도 옳은 방법으로 악에 대한 지식을 가르치는 것은 쉽지 않다. 물론 대도시의 빈민굴에서 사는 아이들은 일찌감치 술주정뱅이, 싸움, 여자 구타 등등을 알게 된다. 만일 이것이 다른 영향을 받아 없어진다면 아무런 해가 없을 것이다. 조심성 없는 부모들은 그와 같은 광경을 어린아이들에게 마구 폭로하고 있다. 가장 큰 반대 이유는 그 생생한 공포가 나머지 인생 전반을 물들게 하기 때문인 것으로 생각된다. 방어력이 없는 어린이는 그 잔인성이 그에게도 덮칠 수 있다는 것을 처음 알았을 때 무서움에서 벗어나지 못한다. 『올리버 트위스트』를 처음 읽었을 때 내 나이 14세였다. 그러나 만일 좀 더 어렸을 때라면 도저히 참을 수 없는 공포심으로 가득 찼을 것이다. 여러 가지 무서운 것들은 아이가 어느 정도 침착하게 받아들일 수 있을 때까지 모르게 하는 게 좋다. 이 시기는 어떤 아이는 다른 아이들보다 빨라질 수도 있다. 즉 상상력이 풍부한 아이나 혹은 수줍어하는 아이는 좀 둔하거나 혹은 선천적으로 용기가 있는 아이보다 오랫동안 보호를 받아야 할 것이다. 아이가 불친절한 일을 당하기 전에 친절을 기대하고 무서워하지 않는 마음을 확고히 가져야 한다. 그 시기와 방법을 택하기 위해 요령과 이해가 필요하다. 이것은 하나의 규칙으로 결정될 문제가 아니다.

그러나 그렇다 해도 따라야 할 몇 가지 교훈은 있다. 우선 먼저 「푸른 수염」의 사나이나 「거인을 퇴치한 자크」와 같은 이야기는 어떤 잔인성이 내포된 것은 아니다. 그래서 우리가 논의하는 문제와는 상관이 없다. 아이들에게는 단순한 공상물에 지나지 않으며 어떤 방법으로도 현실 세계와 관련된 것은 아니다. 그런 이야기 속에서 맛본 즐거움이 원시 야만인의 본능과 결부된 것은 틀림없는 사실이다. 그러나 그런 본능은 아직 강한 것이 아닌 단지 놀이 본능일 뿐, 무해한 것이다. 아이가 점점 자라면서 그런 본능은 사라지게 된다. 그러나 아이가 처음으로 현실 세계의 잔인성을 실제로 받아들일 때 그런 경우, 아이는 자신이 가해자가 아니라 피해자와 같은 입장에 설 수 있는 사건을 선택하도록 세심하게 주의해야 한다. 아이가 자기를 폭군과 동일시하는 이야기에서는 아이 마음속에 있는 야만적인 본능이 튀어나와 기뻐할 것이다. 이런 종류의 이야기는 자칫 제국주의자를 만들기 쉽다. 그러나 아브라함이 이삭을 제물로 바치는 이야기나 엘리샤의 저주를 받은 아이들을 잡아먹는 암곰 이야기는 자연스럽게 다른 아이들에 대한 동정을 일으키게 한다. 이와 같은 이야기를 해 줄 때, 그런 이야기는 옛날부터 내려온 인간의 잔인성이 얼마나 심했는지를 표현하는 것으로 해 줘야 한다. 내가 어렸을 때 한번은 엘리샤의 아이들에 대한 저주가 옳았다는 것을 증명하기 위해 한 시간 동안 지겹게 설교를 들은 적이 있다. 다행히 나는 그 목사가 바보라는 것을 알 만큼 큰 다음이었다. 아니면 나는 공포로 거의 미칠 뻔 했을 것이다. 아브라함과 이삭의 이야기는 더욱 끔찍했다. 이삭에게 잔인했던 사람이 바로 아버지였기 때문이다. 이런 이야기가 아브라함과 엘리샤가 도덕적이라는 가정하에 전해진다면 그런 이야기들은 무시하거나, 아니면 아이들의 도덕적 수준을 완전히 바닥으로 끌어내려야 한다. 그러나 인간의 사악함을 일러 주기 위해서라면 그럴 수 있을 것이다. 왜냐하면 이야기는 진짜 같기도 하지만 옛날 일이고 또한 사실이 아니기 때문에 『존왕』(King John, 셰익스피어의 희곡)에서 어린 아서의 눈알을 뽑아내는 휴버트의 이야기 또한 같은 방법으로 사용될 수 있다.

그다음에 역사는 그때까지 일어난 모든 전쟁과 함께 가르칠 수 있을 것이다. 그러나 전쟁을 이야기할 때는 먼저 패배한 쪽에 대한 동정이 있어야 한다. 나는 패자 편에 자연스럽게 편들고 싶은 전투부터 시작할 것이다. 예를 들면, 헤이스팅스 전투와 같은 것을 영국 소년들에게 가르칠 것이다. 나는 항상 부상당한 자와 그 때문에 고통 받는 자에 대해 강조할 것이다. 점차적으로, 나는 아이들로 하여금 전쟁이야기를 읽으면서 특정한 편을 들지 않도록 하며, 양쪽 모두 이성을 잃은 바보들로 보게 하고, 부상병들이 모두 완쾌될 때까지 그들을 침대에 눕힐 수 있는 간호원이 있어야 한다고 말하겠다. 전쟁은 유치원에서 아이들이 싸우는 것과 같은 것으로 볼 것이다. 이런 방법으로, 아이들에게 전쟁의 진상을 보게 하고, 그리고 전쟁은 바보 같은 것이라는 것을 깨닫게 할 수 있다고 나는 믿는다.

만일 불친절이나 혹은 잔인성이 실제로 나타나 아이의 주목을 끌었을 때는 이에 대한 충분한 토의가 있어야 한다. 즉 그 실례에서 보여진 모든 도덕적 가치를 일러 주어야 하고 또한 잔인하게 행동하는 자가 얼마나 어리석은지, 그리고 또한 잘못 자랐기 때문에 무엇이 더 좋은지 알지 못했다는 것을 항상 일러 주어야 한다. 그러나 어린이의 현실생활에서 이런 일에 대해 일부러 주목을 끌어내고 싶지는 않다. 단 이런 일에 대해 아이들이 자발적으로 주목하는 경우가 아닐 때, 그리고 역사나 이야기를 통해 그런 끔찍한 일에 익숙해질 만큼 자랄 때까지 말이다. 그런 다음, 점차 그의 주변에서 일어나는 악에 대한 지식을 알려 주어야 한다. 나는 언제나 다음과 같은 느낌을 아이들이 갖게 해 주고 싶다. 즉 악은 싸워 없앨 수 있고 그것은 무지와 자제심의 결여와 나쁜 교육으로 말미암아 발생하는 것이라는 느낌을 주어야 한다. 나는 아이로 하여금 그런 악인에 대해 격분하는 것보다 오히려 행복이 어떻게 이루어지는지 알지 못하는 바보로 보이도록 할 것이다.

본능적인 소질이 있는 이상, 폭넓은 동정심을 배양하는 일은 주로 지적인 문제가 된다. 이것은 옳은 방향으로 주의를 이끌어 군국주의자와 권력층의 억압의 실상을 알려 주는 데 있다. 예를 들어 보자. 아우스터리츠의 전투에서 승리한 후, 나폴레옹에 대해 톨스토이가 묘사한 부분이다.[2] 대부분의 역사는 전쟁이 끝나자마자 전쟁터를 떠나고 만다. 전쟁이 끝난 후 12시간만 더 전쟁터에 머무르면 전쟁에 관한 전혀 새로운 그림이 떠오르게 된다. 이것은 사실을 은폐해서가 아닌 더 많은 사실을 제공함으로써 이루어진다. 그리고 전쟁에서 자행된 잔인성은 다른 경우의 잔인성의 형식과 같은 것이다. 이 모든 경우에 도덕을 강조하는 것은 전혀 불필요한 것이다. 사실을 정확히 알리는 것으로 충분하다. 결코 도덕으로 얼버무리지 말자. 오히려 여러 가지

---

2 옮긴이 주: 톨스토이의 『전쟁과 평화』 참조.

사실이 어린이 마음속에 사실 그 자체의 도덕을 낳게 하도록 해 줘야 한다.

애정에 대해 약간 언급해야 할 것이 남았다. 애정은 불가피하게 그리고 본질적으로 동정과는 다른 선택적인 것이다. 나는 이미 앞에서 부모와 자식 간의 애정에 대해 언급했다. 지금 내가 생각하고 싶은 것은 평등한 인간들 사이의 애정에 관해서다.

애정은 결코 만들어 낼 수 없는 것이다. 그것은 오직 자유로운 것이다. 어떤 종류의 애정은 부분적으로 그 뿌리가 공포에 있는 것도 있다. 즉 부모에 대한 애정이 이런 요소를 가졌다. 부모의 보호가 있는 한 그렇다. 어렸을 때는 이런 종류의 애정이 자연스러운 것이다. 그러나 큰 다음에는 바람직하지 않은 애정이다. 아무리 어린 시기라 해도 다른 아이에 대한 애정은 이런 종류는 아니다. 나의 어린 딸은 자기 오빠에게 대단히 헌신적이다. 비록 이 세상에서 가장 불친절한 유일한 사람인데도 말이다. 평등한 상대에 대한 애정은 최선의 것이며 이것은 행복하고 공포가 없는 곳에서 잘 자란다. 공포는 의식적이건 무의식적이건 증오심을 낳기 쉽다. 왜냐하면 다른 사람들은 나에게 해코지를 할 수 있는 존재로 보기 때문이다. 대부분의 경우 사실상 애정을 확대하는 데 장애가 되는 것은 질투이다. 내 생각에 질투는 행복만이 이를 방지할 수 있다고 본다. 도덕적 훈련은 잠재의식 속에 숨겨진 질투를 다루기에는 너무 무력하다. 반대로 행복은 대부분 공포에 의해 장애를 받는다. 행복할 수 있는 기회를 가진 젊은이는 명목상 도덕적 이유를 들고 있지만 사실 부모나 친구의 질투 때문에 행복을 단념하게 된다. 만일 젊은이들이 충분히 공포에서 벗어난다면 이런 재수 없는 자들을 무시할 것이다. 아니면 스스로 불행해지도록 허용하거나, 질투심이 강한 도덕가들 무리에 섞여 들어갈 것이다. 지금까지 살펴본 성격교육의 목표는 행복과 용기를 산출하기 위한 것이다. 따라서 나는 무엇이든 애정의 원천을 개방하는 것만이 이를 가능하게 한다고 생각한다. 그 이상은 실현가능성이 없다. 만일 아이들에게 애정을 강요한다면 당신들은 그들을 위선자나 아부꾼으로 만들 수 있다. 그러나 만일 당신이 그들을 행복하게 그리고 자유롭게 해 준다면, 친절로 감싸 준다면, 그들은 자발적으로 다른 모든 사람과 친하게 될 것이다. 믿을 수 있는, 사랑에 넘친 성격은 그 자체가 정당함을 증명한다. 왜냐하면 이것은 거부할 수 없는 매력을, 그리고 그 매력을 기대할 수 있는 반응을 창출하기 때문이다. 이것은 올바른 성격교육으로부터 기대할 수 있는 가장 중요한 결실의 하나이다.

성교육

성에 관한 문제는 여러 가지 미신과 금기로 둘러싸여 있기 때문에 매우 조심스럽게 접근하게 된다. 내가 두려워하는 것은 지금까지 나의 주장을 수용해 온 독자들이 그 주장을 이 문제에 적용할 때 의혹을 갖지 않을까 하는 것이다. 독자들은 이미 공포가 없는 것과 자유가 어린이에게 좋은 것임을 인정한 바 있다. 그런데도 성에 관한 한 노예근성과 폭력을 강요하기를 바라고 있다. 나는 내가 건전하다고 믿는 원리를 제한하지 않을 것이다. 그래서 나는 인간의 성격을 구성하는 다른 본능과 똑같은 방식으로 성 문제를 다루게 될 것이다.

금기(taboo)와는 전혀 다른 면이 있는데, 성은 특이하게도 더디게 성숙하는 본능이다. 정신분석학자들이 지적하는 바와 같이(상당히 과장된 것이지만) 성 본능은 아동기에도 있다고 본다. 그러나 아동기의 징후는 성인 생활의 그것과 다르다. 그리고 아동기의 성은 그 강도가 대단히 미약해서 신체적으로 어른이 하는 것처럼 성에 탐닉하지는 않는다. 사춘기는 여전히 중요한 정서적 위기이며, 지적 교육의 한중간에 뛰어들어 교육자에게는 곤란한 문제를 일으키는 원인이 된다. 나는 이와 같은 많은 문제를 토의할 생각은 없다. 내가 생각하는 것은 주로 사춘기 전에 해야 할 일에 대한 것이다. 이런 면에서 교육개혁은 특히 초기 아동기에 가장 크게 요구되는 것이다. 나는 많은 세세한 면에서 프로이트학파에 찬성하지 않지만 아동기에 성에 관련된 문제를 잘못 다루었기 때문에 생긴 여러 가지 신경장애를 지적했다는 점에서는 그들은 대단히 귀중한 공헌을 했다고 생각한다. 이미 그들의 연구는 넓은 범위에 걸쳐 좋은 결과를 가져왔다. 그러나 아직도 극복해야 할 편견은 많다. 물론 문제가 되는 것은 출생 후 일 년 동안 전혀 교육받지 않은 여자들에게 아이를 맡기는 관습 때문에 어려움이 상당히 커졌다는 것이다. 그 여자들은 외설이라는 비난을 면하기 위해 교육받은 남자들이 길게 늘어놓는 말을 알지도 못하며, 더욱이 믿으리라는 기대도 못한다.

우리의 문제를 연령순에 따라 제기해 보자. 첫 번째는 엄마나 유모가 당면한 문제, 즉 자위행위이다. 권위 있는 학자들에 의하면, 이 문제는 두 살에서 세 살 사이의 남녀 모든 아기들의 공통점으로 볼 수 있으며 자라면서 점차 없어지는 버릇이라고 한다. 때로는 어떤 결정적인 생리적 자극 — 나중에 없어지는 것이지만 — 에 따라 뚜렷하게 나타날 수도 있다(의학적으로 자세히 이야기하는 것은 내 소관이 아니다). 그러나 자위행위는 어떤 특별한 이유가 없는데도 흔히 있는 것이다. 우리의 관습은 이것을 혐오스러운 것으로 보고 그 행위를 못하게 무섭게 위협했다. 이런 위협은 예상과 달리 대개 효과가 없었다. 위협의 결과로 아이는 걱정과 근심에 휩싸이게 되고 당장 그 본래의 원인으로부터 떨어져(무의식 속으로 억압되어 버린다) 악몽을 꾸거나 신경질을 부리거나 망상 또는 정상이 아닌 공포에 시달리게 된다. 내버려 두면 유아기의 자위는 분명히 건강에 아무 해가 없는 것이다.[1] 그리고 또한 성격에도 눈에 띄게 나쁜 결과는 없다고 본다. 이 두 가

지 면에서 지금까지 관찰해 온 나쁜 결과는 전적으로 이를 제지하려
는 탓이라고 본다. 설사 그것이 해롭다 해도 도저히 지킬 수 없는 금
지를 한다는 것은 현명하지 못한 것이다. 이런 경우의 성격상, 금한다
고 해서 아이가 그런 짓을 계속하지 않는다는 보장도 없다. 그냥 내버
려 둔다면 아이는 얼마 안 있다가 그만두게 될 것이다. 그러나 당신이
무엇이든 금지하는 일을 한다면 오히려 가공할 만한 신경장애의 원인
을 심어 주는 꼴이 될 것이다. 따라서 쉽지는 않지만 이 문제에서는
아이를 내버려 두는 게 낫다고 본다. 나는 금지 이외에 다른 방법이
도움이 되는데도 그만두라는 것은 아니다. 어린이가 침대에 들어가면
잠이 오게 해 주고, 오랫동안 눈 뜨고 자리에 누워 있게 하지 말고, 아
이가 좋아하는 인형을 갖게 해서 그의 관심을 분산시켜야 한다. 이런
방법은 물론 반대할 이유가 없다. 그러나 만일 실패한다 해도 금지라
는 방법으로 다루지 말아야 한다. 또는 실제 아이가 자위행위를 즐긴
다 해도 그것에 주의를 기울이게 하는 방법은 좋지 않다. 그러면 자위
행위는 저절로 멈추게 될 것이다.

성적 호기심은 보통 세 살쯤에 시작된다. 즉 남자와 여자의 신체적
인 차이, 그리고 어른과 아이의 그 차이에 대해 호기심이 생긴다. 이
같은 호기심은 그 성격상 유아기에는 어떤 특별한 성질을 가진 것은
아니다. 단지 일반적인 호기심의 한 부분이다. 인습적인 환경에서 자
란 아이에게 발견된 특질은 어른들이 비밀스러운 것으로 만들어서 생
긴다. 비밀스러운 것이 없어지면 호기심은 납득이 되자마자 곧 없어
진다. 어린이는 처음부터 아주 자연스럽게 기회가 올 때 부모, 형제가

---

1 극히 예외적으로 해가 되는 경우도 있지만 쉽게 치료가 되며 결과는 엄지손가락을 빠는
정도 이상으로 심한 것은 아니다.

옷을 입지 않은 상태를 볼 수 있게 해야 한다. 어쨌든 야단법석을 떨지 말아야 한다. 어린이는 단지 어른들이 나체에 대해 여러 가지 감정을 지니고 있다는 것을 모르게 하는 것이 좋다(물론 자란 다음에는 알게 되지만). 어린이는 이내 엄마와 아빠의 차이를 목격하게 되고 그것을 오빠와 누이동생의 차이로 연결시킬 줄 안다. 그러나 그 정도로 사실이 밝혀지자 곧 흥미를 잃게 된다. 마치 찬장 문을 수시로 여닫는 것처럼 예삿일이 된다. 물론 이 시기의 아이들이 묻는 질문은 어떤 것이든 다른 질문에 대답해 주는 것과 똑같이 대답해 줘야 한다.

  질문에 대답해 주는 것은 성교육의 중요한 부분이다. 두 가지 규칙이 그 기초가 된다. 첫째, 언제나 질문에 사실대로 대답할 것. 둘째, 성에 대한 지식은 다른 지식과 똑같은 것으로 간주할 것. 만일 어린이가 다음과 같은 지적인 질문을 할 때, 즉 태양, 달과 구름에 대해서, 혹은 자동차나 증기기관차와 같은 것에 대해서 똑똑한 질문을 하면 당신들은 즐겁게, 아이들이 이해할 수 있을 때까지 말해 줄 것이다. 여러 가지 질문에 대한 이런 식의 답변은 조기교육에서 대단히 큰 부분이다. 그런데 만일 아이가 성에 대한 질문을 한다면 당신은 '쉬쉬'하고 말을 못할 것이다. 그렇게 하지 말라고 배웠다 해도 당신은 짧게, 혹은 건성으로 어쩌면 어색하게 대답할 것이다. 어린이는 즉각 그 기미를 알아차린다. 그렇다면 당신은 호색적이고 외설스러운 기초를 놓아 준 셈이다. 당신은 아이들의 질문에 다른 것에 대한 대답과 똑같이 충분히 그리고 자연스럽게 대답해 줘야 한다. 비록 무의식적으로라도 당신 자신이 성에 대해서는 뭔지 무섭고, 더러운 것으로 느끼게 되어서는 안 된다. 당신이 이런 느낌을 가졌다면 이 느낌은 저절로 아이에게 전달된다. 그렇게 되면 아이는 필연적으로 엄마 아빠의 관계에 뭔가 수상한 것이 있다고 생각할 것이다. 좀 더 자란 다음, 아이는 자기의 존재가 잘못된 행위로 생긴 것이라고 결론지을 것이다. 청년기의 이 같은 감정은 행복한 본능적인 감정을 갖는 것이 거의 불가능하게 한다. 젊어서뿐만 아니라 어른이 된 후에도 역시 마찬가지다.

가령, 어린이가 세 살이 넘으면 남동생이나 여동생의 출산에 대해 질문을 하게 된다. 그때 아기가 엄마 몸속에서 자란다는 것을 말해 주고 너도 그렇게 태어나 자란다고 말해 줘야 한다. 아기가 젖 빠는 것을 아이에게 보여 주고 너도 그렇게 자랐다는 것을 말해야 한다. 성에 관계되는 모든 것을 거짓 없이, 엄숙하게는 하지 말고 과학적인 정신으로 말해야 한다. 아이에게 '어머니가 된다는 것은 신비스럽고 성스러운 일'이라는 식으로 말하지 말아야 한다. 왜냐하면 모든 것은 완전히 있는 그대로여야 하기 때문이다.

어린이가 성에 대한 질문을 할 만큼 컸는데도 동생이 안 생길 때 화제는 아마도 '네가 태어나기 전에 일어난 일'이라는 말로 시작할 것이다. 내 아들은 아직도 자기가 태어나기 전에도 시간이라는 게 있었다는 것에 납득이 안 가는 것 같았다. 즉 피라미드를 세운 이야기나 그와 같은 화제에 대해 이야기할 때, 아이는 항상 '그때 나는 무엇을 했느냐'고 묻곤 했다. 그때는 네가 없었다고 해도 오직 혼란스럽다는 표정이었다. 조만간 아이가 '태어난다'는 것이 무엇을 의미하는지 알려고 할 때, 우리는 아이에게 말하게 될 것이다.

아이가 농촌에서 살지 않는 한, 아버지가 담당한 생식의 역할을 질문과 대답의 형식으로 자연스럽게 끌어가기는 쉽지 않다. 아이가 이런 사실을 처음으로 부모나 선생에게 듣는 것은 잘못된 교육을 받아 이상하게 알고 있는 아이들에게 듣는 것보다 대단히 중요하다. 나는 내가 열두 살 때 이런 모든 것을 다른 아이한테서 들었다는 사실을 생생하게 기억하고 있다. 모든 이야기는 상스러운 말과 외설스러운 화제로 다루어졌다. 이것은 내 세대의 남자아이에게는 정상적인 경험이 된다. 당연히 대다수의 사람들은 일생 동안 성을 우스꽝스럽고 더러운 것으로 생각해서 결과적으로 그들이 성관계를 맺은 여성들을, 심지어 아이들의 어머니까지도 존경할 수가 없었던 것이다. 부모들은 그들이 어떻게 그 첫 자식을 얻었는지를 잘 알면서도 비겁하게 문제 해결을 다만 운에 맡기는 것 같다. 이 같은 방법이 건전한 정신과 건강한 도덕에 도움이 된다는 것을 어떻게 상상할 수 있을까. 성은 애초에 자연스럽고 유쾌하고 단정한 것으로 다루어지지 않으면 안 된다. 그렇지 않으면 성은 남자와 여자, 부모와 자식관계에 독이 되고 만다. 성은 그 최상의 상태에서는 사랑하는 아버지와 어머니 그리고 아이의 일이다. 아이가 성에 대한 첫 인상을 상스러운 말로 듣는 것보다 그 부모와의 관계를 통해 알게 되는 것이 얼마나 좋은 것인지 모른다. 특히 아이가 부모 사이의 성을 감추어진 죄스러운 비밀로서 알게 되는 것은 나쁘다.

다른 아이들이 성에 대해 나쁘게 일러 줄 가능성이 없다면, 이 문제는 자연스럽게 아이들의 호기심에 일임하는 것이 좋을 듯하다. 그리고 부모는 ― 모든 것이 사춘기 전에 알려진다는 것을 가정한다면 ― 다만 질문에 대답하는 정도로 끝낼 수도 있다. 이 모든 것은 반드시 사춘기 전에 알아야 한다. 왜냐하면 아무런 사전준비 없이, 어떤 끔찍한 병에 걸렸다는 느낌으로 신체적, 정서적 변화에 소년 소녀를 밀어 넣는다는 것은 잔인한 일이다. 그뿐만 아니라 성의 모든 문제가 사춘기 이후에는 너무 자극이 강해서 과학적인 정신으로는 주의 깊게 듣기가 어려울 정도다. 그렇게 할 수 있는 시기는 좀 더 어렸을 때 가능하다. 따라서 외설스러운 이야기를 들을 수 있는 기회의 유무와 상관없이 소년 소녀는 사춘기에 들어서기 전에 성행위의 실체를 아는

제12장 성교육 ___ 181

것이 필요하다.

이런 지식을 사춘기 전 언제쯤 알려 주느냐는 그 환경 여하에 달려 있다. 탐구적이며 지적으로 빨리 자라는 아이이게는 둔한 아이보다 빨리 알려 줘야 한다. 호기심이 풀리지 않는 생태로 그냥 둬서는 안 된다. 아이가 아무리 어려도 질문에는 대답해 줘야 한다. 그리고 부모는 아이가 알고 싶을 때 언제든지 질문할 수 있도록 그런 자세를 지녀야 한다. 그러나 만일 아이가 자발적으로 묻지 않더라도 열 살 이전에는 어떤 일이 있어도 알려 줘야 한다. 왜냐하면 처음 다른 사람에게 나쁜 방법으로 알게 되면 안 되기 때문이다. 따라서 그의 호기심을 자극하는 방법으로 동물이나 식물의 생식기에 대해 일러 주는 게 바람직하다고 본다. 그때 목소리를 가다듬고 점잔을 빼는 일은 없어야 한다. 즉 '자, 아들아, 지금부터 네가 알아야 할 일을 말해 줄 때가 왔다'며 서론을 꺼내는 일은 없어야 한다. 모든 일은 평상시대로 일상적인 것처럼 해야 한다. 따라서 질문에 대답하는 식이 가장 좋다.

이 시기에 남자아이와 여자아이를 동일하게 취급해야 하는지에 대해 논쟁할 필요는 없다고 본다. 내가 젊었을 때는 결혼에 대해 아무것도 모르고 있다가 결혼 후 남편에게 배워야 좋은 집안에서 '잘 자란' 여자로 보는 게 보통이었다. 그러나 근래에는 그런 소리는 별로 듣지 못하고 있다. 오늘날 대부분의 사람들은 무지에 바탕을 둔 도덕은 가치가 없다는 인식을 하고 있다. 그리고 여자아이들도 남자아이들과 똑같이 지식을 소유할 권리가 있다는 것을 인식하고 있다. 만일 그렇지 않은 사람이 아직도 있다면 그런 사람들은 이 책을 읽으려고 하지 않을 것이다. 그렇다면 그런 사람들과 논쟁을 벌이는 것은 소용없는 일이다.

나는 좁은 의미의 성도덕 교육을 논의하고 싶지 않다. 이것은 여러 가지 다양한 의견이 있을 수 있는 문제다. 기독교도는 회교도와 다르고 가톨릭교도는 이혼을 허용하는 신교도와 다르다. 자유사상가와 중세연구가는 다르다. 부모는 자기 아이에게 자신들이 믿는 특수한 종류의 성도덕을 가르치고 싶어 할 것이다. 나는 국가가 이 문제에 개입하는 것을 원치 않는다. 그러나 이런 시끄러운 문제에 개입하지 않아도 어딘가 공통적인 기초가 될 수 있는 소지는 상당히 있다고 본다.

첫째, 위생의 문제다. 젊은이들은 그들이 성병에 관한 모험을 하기 전에 이에 대해 알고 있어야 한다. 젊은이들은 성병에 대해 정확히, 몇몇 사람들의 도덕적 이해관계와 상관없이, 과장되지 않은 지식을 배워야 한다. 어떻게 이 병에 걸리지 않을 수 있는지 또한 어떤 치료가 있는지 알아야 한다. 완전한 도덕가들이 요구하는 것과 같은 교훈만을 가르치거나 다른 사람들의 불행을 죄에 대한 벌로 생각하게 하는 것은 잘못된 것이다. 이런 식으로 생각한다면 부주의하게 운전한 것이 죄라는 이유로 자동차사고로 다친 사람을 치료하는 것을 거부하는 것과 같다. 게다가 성병의 경우든, 자동차사고의 경우든, 죄 없는 자에게 벌이 내리는 경우가 있다. 즉 매독의 질병을 가지고 태어난 어린이는 벌을 받아야 한다고 말할 수 있는 사람은 아무도 없을 것이다. 같은 이유로 부주의한 운전자가 사람을 치었을 때, 그 사람이 악인이라고 말할 수는 없다.

젊은이들에게 아이를 갖는다는 것은 대단히 심각한 것이라는 것을 깨닫게 해야 한다. 그래서 장차 태어날 아기의 건강과 행복이 예상되는 이성적인 전망이 보일 때까지 출산은 보류해야만 한다. 인습적인 견지에서 보면, 결혼하면 어머니의 건강을 해칠 수도 있는 상태에서도 아이를 가져야 하고, 태어난 아이가 병약하고 정신적으로도 건강하지 않을지라도, 또한 아이를 양육할 수 있는 충분한 전망이 보이지 않는 경우에도 아이를 갖는 것이 정당한 것으로 되어 있다. 이러한 견해는 오늘날 잔인한 독단주의자만이 지닌 것이다. 이들은 인간성을 수치스럽게 하는 것은 무엇이든 신의 영광을 수치스럽게 하는 것으로 생각했다. 아이들을 걱정하는 사람들이나 혹은 무력한 인간에게 닥친 불행을 견디기 어려워하는 사람들은 이러한 잔인성을 옳다고 주장하는 무자비한 독단에 항거할 것이다. 아이를 갖는 권리와 그 중요성에 대한 배려는 그 속에 포함된 모든 것과 함께 도덕교육의 본질적인 부분이 되어야 한다.

여자아이들은 언젠가는 아기 어머니가 된다는 것을 배워야 한다. 그래서 장차 어머니 노릇을 하는 데 유용한 기초지식을 습득해야 한다. 물론 남자나 여자나 생리에 대해 그리고 위생에 대해 약간의 지식이 있어야 한다. 부모로서의 애정 없이는 아무도 좋은 부모가 되기 어렵다는 것을 분명히 알아야 한다. 그뿐만 아니라 상당한 지식이 애정에 못지않게 있어야 한다는 것도 알아야 한다. 지식이 결여된 본능은 본능이 결여된 지식과 같이 아이들을 기르는 데 부적합한 것이다. 지식의 필요성이 있어야 한다는 것을 이해하면 할수록 그만큼 지적인 여성은 점점 더 어머니가 되는 것에 끌리게 될 것이다. 현재 고등교육을 받은 많은 여자들은 이를 경멸하고 있다. 그들의 지적 능력을 행사할 범위가 좁아진다고 생각하기 때문이다. 이것은 대단히 불행한 일이다. 그들이 가장 좋은 엄마가 될 수 있다고 보는 것은 만일 그들 생각의 방향을 그쪽으로 돌리게 된다면 가능하다는 것이다.

성적 애정에 대해 가르치는 것 중에 또 하나 다른 중요한 것이 있다. 그것은 질투심인데, 질투심을 합법적인 자기의 정당한 권리로 보지 말아야 한다. 그것은 불행한 사람이 느끼는 감정이며 생각하는 방향이 잘못된 것이다. 사랑에 소유욕이 침입하면 활력을 잃게 된다. 그리고 인격을 잃고 만다. 다시 말하면, 소유욕이 배재되었을 때 사랑은 인격을 완성하고 좀 더 열심히 살게 한다. 예전에 부모들은 사랑을 의무라고 설득시킴으로써 아이와의 관계를 망치게 했다. 남편과 아내의 관계도 똑같은 잘못으로 서로의 관계를 망쳐 버리는 경우가 너무 많다. 사랑은 의무가 될 수 없다. 왜냐하면 이것은 내 의지로 되는 게 아니다. 이것은 하늘이 내린 선물이다. 하늘이 내릴 수 있는 최선의 것이다. 사랑을 하나의 우리 속에 가두어 놓는 사람은 사랑이 자유롭게 자발적으로 있을 때만 펼쳐지는 아름다움과 기쁨을 파괴하는 사람이다. 여기서 다시 한번, 공포는 적이다. 행복한 생활을 잃을까 겁내는 사람은 이미 잃어버린 것이다. 다른 경우와 마찬가지로 여기서도 두려움이 없는 것이야말로 지혜의 본질이다.

유아원

지금까지의 단원에서는 어린이를 위해 장차 행복과 실용성을 줄 수 있는 여러 가지 습관을 만드는 방법에 대한 윤곽을 제시하려 했다. 그러나 그와 같은 훈련을 부모가 해 주는 것이 좋은지 아니면 그 목적을 위해 만들어진 학교에서 하는 것이 좋은지에 대해 논의한 바는 없다. 내 생각에는 유아원[1]이 좋다는 논의가 압도적으로 많다고 본다. 너무 가난하고, 무지하고, 과중한 노동자의 아이들뿐만 아니라 모든 아이들을 위해, 적어도 도시에서 사는 아이들을 위해 유아원이 좋다. 뎁트포드(Deptford)에 있는 마거릿 맥밀런 여사의 유아원 아이들은 현재 부유층 아이들의 어떤 아이보다도 좋은 훈련을 받고 있다고 본다. 나는 이와 같은 조직이 부자나 가난한 집 아이나 모든 어린이에게 확대되는 것을 보고 싶다. 그러나 실제 어떤 유아원에 대해 논의하기에 앞서 그런 기관을 원하는 이유가 무엇인지 살펴보기로 한다.

---

1 옮긴이 주: 유아원(nursery school)은 보육학교로 현재의 유아원에 해당된다. 유치원(kindergarten)과 동의어로 쓰이기도 하는데 보육학교의 프로그램은 유치원과 다르다.

우선 유아기는 의학적으로나 심리학적으로 대단히 중요한 시기라는 것에서부터 시작하자. 이 두 가지 측면은 서로 밀접하게 얽혀 있다. 예를 들면, 공포는 아이의 호흡을 어렵게 만들고 호흡이 잘 안 되면 여러 가지 병에 걸리기 쉽다.[2] 이와 같은 상호작용은 무수히 많아 의학적 지식 없이는 아이의 성격을 잘 길러 내기도 어렵고, 심리학을 모르고는 건강을 지키기도 어렵다고 본다. 그 누구도 자신을 갖기 어려운 문제다. 양쪽에 요구되는 지식의 대부분은 최근에 나온 것이며 그중 많은 지식은 전부터 내려온 좋은 전통과 대립된다. 훈육 문제에 관한 예를 들어 보자. 어린이와 의견이 다를 때 지켜야 할 대 원칙은 아이에게 양보하지 않는 것과 벌을 주지 않는 것 두 가지다. 보통 부모들은 조용히 살기 위해 가끔 양보를 한다. 그리고 격분했을 때 벌을 준다. 성공하기 위한 올바른 방법에는 인내심과 상상력의 어려운 조화가 요구된다. 이것은 심리학적인 예로 든 것이지만 의학적인 실례로는 신선한 공기를 들 수 있다. 잘 보살펴야 하고 지혜를 발휘해서 아이들을 너무 덥게 입히지 말고, 밤낮 없이 신선한 공기를 마시게 해야 한다. 그러나 보살핌도 지혜도 없다면 습기나 갑작스러운 추위로 감기에 걸릴 위험을 무시할 수는 없다.

부모에게 어린이를 다룰 수 있는 새롭고 어려운 기술을 얻기 위해 한가한 시간이나 필요한 기능을 기대하기는 어렵다. 이것은 교육받지 못한 부모에게는 당연한 것이다. 그들은 옳은 방법을 알지 못하고 설사 배웠다 해도 믿지 못하는 것이다. 나는 바다가 가까운 농촌에서 살고 있다. 그곳은 신선한 먹을거리를 쉽게 얻을 수 있고 아주 덥거나

---

2 이 주제에 대해서는 Margaret McMillan의 *The Nursery School* (Dent, 1919), p. 197; 그리고 같은 저자의 *The Camp School* (George Allen and Unwin, Ltd)을 참조.

춥지도 않다. 내가 이곳을 택한 대부분의 이유는 이곳이 아이들 건강에 이상적이기 때문이다. 대부분의 농부의 아이들이나 상인의 아이들은 안색이 창백하고 활기가 없다. 아이들은 음식조절이 안 되고, 놀이를 마음대로 하지 못했기 때문이다. 아이들은 절대로 바닷가에 가지 않는데, 그 이유는 물에 젖은 발은 위험하다고 생각하기 때문이다. 아이들은 밖에 나갈 때 두꺼운 털옷을 입고 나간다. 가장 더운 여름에도 그렇게 한다. 아이들이 시끄럽게 놀 때는 행동을 '얌전하게' 하기 위해 어떤 조치가 취해진다. 그러나 밤늦게까지 자지 않고 있을 수도 있고 어른들이 먹는 모든 종류의 불량 음식을 얻어먹기도 한다. 그 아이들의 부모는 왜 내 아이들이 추위와 바람 때문에 오래전에 죽지 않았는지 이해가 안 가는 것 같다. 어떤 실물교육도 그들의 방법에 개선의 여지가 있다는 것을 납득시키기는 어렵다. 그들은 가난하지도 않고 부모의 애정이 결핍된 것도 아니다. 그러나 그들은 잘못된 교육으로 말미암아 고집불통이다. 가난하고 과중한 노동을 하는 도시인 부모의 경우는 물론 더욱 심각하다.

그러나 고등교육을 받은 성실하고 그다지 바쁘지 않은 부모의 경우라 해도 아이들이 필요로 하는 것을 유아원에서 하는 만큼 가정에서 얻을 수는 없다. 우선 첫째로 동갑내기의 친구가 없다. 가족의 수가 적을 때, 보통 이런 가정은 소수의 가족이고 어린이들은 어른들로부터 지나치게 주목을 받게 되어 그 결과 신경질적이 되거나 조숙한 아이가 되기 쉽다. 게다가 부모들은 아이들의 다양한 경험이 주는 확실한 감동을 가질 수 없다. 그래서 오직 부자만이 어린이에게 가장 적합한 장소와 환경을 제공할 수 있다. 만일 이런 장소와 환경이 한 가정의 아이에게만 주어진다면 오만해지고 우월감을 갖게 될 뿐이며 게다가 이런 감정은 도덕적으로 대단히 유해한 것이다. 이런 이유로 최선의 부모라 해도 아이가 두 살이 될 때 적당한 학교가 근처에 있으면 적어도 하루의 몇 시간만이라도 다니게 해야 한다.

현재 부모의 신분에 따라 두 가지 학교가 있다. 부잣집 아이를 위한 프뢰벨식의 학교와 몬테소리식의 학교가 있다. 그리고 매우 가난한 아이들을 위한 소수의 유아원이 있다. 후자의 경우, 가장 유명한 것이 맥밀런 여사의 유아원이다. 앞에서 언급한 그의 책에는 어린이를 사랑하는 모든 사람이 읽어야 하는 설명이 있다. 잘사는 아이들이 다니는 어떤 곳보다 맥밀런 여사의 유아원이 낫다고 나는 말하고 싶다. 이유는 그 학교에 아이들이 많다는 것과 또 하나는 교사들이 중산층 부모들의 속물근성에 시달리는 어려움을 겪지 않아도 되기 때문이다. 아이가 다섯 살이 되면 보통 초등학교에 입학해야 한다는 교육당국의 견해에 대해 맥밀런 여사는 가능하면 한 살부터 일곱 살까지의 아이를 입학시키고 싶어 했다. 아이들은 아침 여덟 시에 와서 저녁 여섯 시까지 학교에 있다. 아이들은 학교에서 하루의 식사를 한다. 아이들은 시간이 허락하는 한 밖에서 시간을 보낸다. 그리고 실내에 있을 때도 보통 이상으로 신선한 공기를 마신다. 입학하는 어린이는 그 전에 신체검사를 받아야 하고 그리고 가능한 경우에는 보건소나 병원에서 치료를 받는다. 입학 후, 아이들은 극소수를 제외하고는 튼튼해지고 건강을 유지하게 된다. 학교에는 아름다운 정원이 있어 많은 시간을 그곳에서 노는 데 소비한다. 교수법은 대체로 몬테소리식의 노선을 따라가고 있다. 식사 후에는 아이들은 모두 잠을 잔다. 밤에 그리고 일요일에는 가난에 찌든 가정에서 술에 취한 부모와 함께 창고 같은 데서 지내야 하지만 아이들의 체격과 지능은 중류가정의 아이들이 도달하는 최상의 것과 같다. 여기 일곱 살 어린이들에 관한 맥밀런 여사의 보고가 있다.

'아이들은 거의 모두 키가 크고 자세가 좋다. 키가 크지 않아도 모두 자세가
바르다. 실제로 평균적으로 보면 큰 편이고 깨끗한 피부와 반짝이는 눈, 그
리고 비단결 같은 머리카락을 가지고 있다. 아이들은 남녀 구별 없이 중류
가정의 상급에 해당하는 아이들의 평균보다 조금 더 위에 있다. 아이들의
체격에 대해서는 이 정도로 하고, 정신적으로 남자아이는 활발하고 사교적
이고 생활의 새로운 경험에 대해 열의를 가지고 있다. 그는 읽고 쓰는 것을
완벽히, 혹은 거의 완전히 습득했다. 쓰기도 잘 쓰고 자신을 어렵지 않게 표
현한다. 영어 구사력도 좋고 불어도 할 수 있다. 아이들은 자신의 것만 하는
게 아니라 수년 동안 자기보다 어린 아이들을 돌보기도 한다. 그는 계산할
줄도 알고 측정도, 설계도 할 수 있으며, 과학에 대해서도 어느 정도 준비가
되어 있다. 그의 첫 학년은 애정과 편안으로 즐거운 시간을 보낼 수 있었고
그의 마지막 2년은 흥미 있는 경험과 실험으로 가득 차 있다. 그는 정원 일
에 대해서도 안다. 그래서 나무도 심고, 물도 주고, 그리고 식물에 대한 것
뿐만 아니라 동물을 돌보는 것도 할 수 있다. 일곱 살 어린이는 노래도 하
고, 춤도 추고, 여러 가지 게임도 한다. 그들은 머지않아 초등학교에 입학을
하게 될 어린이들이다. 그렇다면 아이들을 위해 어떤 준비를 해야 하는가?
나는 첫째, 초등학교 교사들의 일에 변화가 오리라 생각한다. 즉 밑에서부
터 이 청결하고 건강한 아이들의 돌연한 출현으로 변화가 온다는 것이다.
말하자면, 유아원은 하나의 새로운 실패작으로 쓸모없는 것이 되거나 그렇
지 않으면 그 영향은 즉시 초등학교뿐만 아니라 중등학교에까지 미치게 될
것이다. 유아원은 교육의 대상인 아이들의 새로운 모습을 예상하며 조만간
모든 학교뿐만 아니라 사회생활 전반에 걸쳐, 그리고 국가와 다른 국가와의
관계에까지 영향을 미치지 않을 수 없을 것이다.'

나는 이와 같은 주장이 과장된 것으로 보지 않는다. 만일 유아원이

보편화된다면, 한 30년 사이에 오늘날 계급을 구분하는 교육에서 심각한 차이를 제거할 수 있을 것이다. 또한 오늘날 대단히 운이 좋은 사람들에게만 주어진 정신적, 신체적 발달이 주는 행복을 인구 전체가 향유하게 될 수 있다. 그리고 또한 진보를 어렵게 하는 질병, 무지, 그리고 악의에 찬 무서운 압력을 제거할 수 있을 것이다. 1918년에 나온 교육법령에 의하면, 유아원은 국고금으로 충당하게 되어 있다. 그러나 게디스 삭감안(Geddes Axe)이 통과되면서 일본과의 전쟁을 용이하게 하기 위해 순양함을 건조하고 싱가폴에 선착장을 만드는 것이 더 중요하다는 결정을 내렸다. 현재 정부는 연간 65만 파운드를 소비하며 이런 목적을 위해 덴마크의 자연산 버터 대신 자치령에서 만든 베이컨과 버터에 방부제를 넣어 국민들에게 해독을 주고 있다. 이 목적을 달성하기 위해 어린이들은 질병과 고통과 잠들어 버린 지성의 저주를 받고 있다. 만일 이 돈이 유아원에 투자되었다면 많은 사람들이 구제될 수 있었다고 본다. 현재 어머니들은 투표권을 행사할 수 있다. 언젠가는 어머니들의 한 표가 아이들을 위해 유용하게 사용된다는 것을 알게 될 것이다.

이와 같은 광범위한 고찰을 떠나 아이들을 위한 올바른 양육은 어머니들이 만족할 만큼 할 수 있는 일이 아닌 고도의 기술적인 작업이라는 것을 인식하는 것이며 또한 이 일은 성장한 후에는 학교교육과 전혀 무관하다는 것을 인식해야 한다. 맥밀런 여사의 말을 다시 인용해 보자.

'유아원의 아이들은 상당히 좋은 체격을 가졌다. 근처에 있는 빈민가의 아이들이 따라오려면 한참 멀지만. 그뿐 아니라 좀 더 "좋은" 지역에 사는 중산층 아이들보다 더 좋다고 본다. 여기에는 부모의 애정이나 "부모의 책임감"이 요구하는 것보다 더한 어떤 것이 있음은 명백하다고 본다. 부모의 경험만으로 대충 하는 방법은 지금까지의 모든 것을 부숴 버렸다. 지식이 동반되지 않은 "부모의 애정"은 쓸모가 없게 되었다. 아이들의 양육이 실패한 것은 아니다. 양육한다는 것은 고도의 기술 작업이다.'

재정 문제에 관해서:

'아이들 100명을 수용하는 유아원은 현재 일인당 연간 12파운드의 비용이 든다. 그중 3분의 1은 가장 가난한 지역의 부모라도 부담할 수 있다. 학생들을 직원으로 쓴다면 유아원은 비용이 더 들 것이다. 그러나 증가액은 대부분 수업료와 미래의 교사 유지비로 지불될 것이다. 야외 유아원과 훈련소에서 약 100명의 어린이들과 30명의 학생들에게 드는 비용도 연간 2,200파운드 정도로, 그렇게 큰 차이가 나는 것은 아니다.'

하나 더 인용해 보자.

'유아원이 성취한 가장 큰 것 중에 하나는 아이들이 현재의 교과과정을 더 빨리 습득할 수 있다는 점이다. 아이들의 절반 정도, 아니면 2/3가 지금 있는 초등학교에서 배운다면 한층 더 높은 학습을 위한 준비가 되어 있을 것이다. 간단히 말해서 유아원이 만일 정말 **제대로 된** 학교라면, 다섯 살까지의 어린이를 맡아 기르는 것만이 아니라면, 우리의 교육조직 전체에 대단히 그리고 급속하게 강력한 영향을 미칠 것이다. 또한 초등학교에서 시작해 모든 학교가 성취해야 할 훈련과 문화의 수준을 조속히 높일 수 있을 것이다. 우리들이 현재 그 속에서 살고 있는 질병과 고통의 혼란, 즉 교무실보다 의무실을 더 크게 하는 혼란이 일소되는 것은 확실하다고 본다. 두터운 벽, 공포를 주는 문, 견고한 운동장, 태양빛이 차단되는 거대한 교실풍경 등 현재 우리가 볼 수 있는 풍경이 괴상하게 보일 것이다. 이것은 또한 교사에게 희망을 주는 것이다.'

유아원은 유년기의 성격훈련과 그다음에 오는 지식교육의 중간 위치에 있다. 유아원은 동시에 양쪽 일을 맡게 된다. 한쪽이 다른 한쪽을 보완하면서, 아이가 성장함에 따라 수업시간도 점점 더 큰 비율을 차지하게 된다. 몬테소리 여사가 그의 방법을 완성한 것도 이와 같은 기능을 가진 시설에 의해서였다. 로마의 큰 집을 빌려 큰 방 하나에 세 살에서 일곱 살까지의 아이들을 수용했다. 그리고 몬테소리 여사는 이 '어린이 집'[3]의 관리를 맡았다. 뎁트포드의 경우처럼 여기서도 가장 가난한 집에서 온 어린이들이다. 그리고 육아의 악조건인 가정환경의 신체적, 정신적 불이익을 극복할 수 있다는 결과를 보여 준 것도 뎁트포드의 경우와 같다.

세갱(Séguin)[4] 시대 이후 유아교육 방법의 발달이 백치나 정신박약아, 즉 영아의 정신 상태에 멈춘 아이들의 연구에서 비롯되었다는 것은 주목할 만한 것이다. 내가 믿기에는, 이 같은 우회로 도는 이유는 정신 질환을 앓는 아이의 행동이 비난받아야 할 일은 아니며 또한 매질로 치료할 수 있다고도 보지 않기 때문이다. 아놀드 박사의 매질이 그들의 '게으름'을 치료할 수 있다는 것을 믿는 사람은 아무도 없다. 결과적으로 이런 환자들에게 화를 내는 게 아니라 과학적인 치료를

---

3 Montessori, *The Montessori Method* (Heinemann, 1912), p. 42 이하 참조.
4 옮긴이 주: Edouard Séguin(1812-1880)은 프랑스의 정신박약아 연구자인데 주로 농아를 위한 학습 과정을 개발하고 농아학교 건립의 기초를 세웠다.

받게 했다. 만일 환자들이 이해하지 못한다 해도 어떤 교육학자라도
화를 내며 환자들에게 달려들어 너희들 스스로 부끄러운 줄 알라고
말하지는 못할 것이다. 사람들이 아이들에게 도덕적인 설교 대신 과
학적인 태도를 취했다면, 그렇게 교육받았다면, 그들은 정신적 결함
이 있는 사람을 연구하는 일도 없었을 것이고 오늘날 알려진 대로 새
로운 교육방법을 발견했을 것이다. '도덕적 책임감'이라는 개념은 여
러가지 악에 대한 '책임을 지는 것'을 말한다. 두 아이가 있다고 가정
하자. 하나는 운이 좋아 유아원에 들어오고, 다른 하나는 여전히 해결
되지 않은 빈민가에서 산다고 하면 어떻게 될까? 후자의 아이가 나중
에 커서 전자의 아이보다 덜 자랑스럽게 된다 해도 '도덕적 책임감'
을 느껴야 하는가? 그의 부모는 자식을 가르치지 못한 무지와 돌보지
않음에 대해 '도덕적 책임감'을 느껴야 하는가? 부자들은 사립학교
에서 교육을 받았고 그 때문에 행복한 사회건설보다는 하찮은 사치품
을 선호하는 이기심이나 우매함에 대해 '도덕적 책임감'을 느껴야 하
는가? 모든 것은 환경의 희생물에 불과하다. 아이들은 모두 유년기에
성격이 비뚤어졌고, 그리고 학교에서 지성의 발달이 저지당한 것이
다. 그들을 '도덕적 책임감'이 있는 것으로 보고, 그들이 지닐 수도
있었을 행운을 갖지 못했다는 이유로 비난한다고 해서 좋을 게 없다.

교육에서도 다른 인간사에서와 마찬가지로 발전하는 길은 오직 한
길밖에 없다. 그것은 사랑으로 둘러싸인 과학이다. 과학이 없는 사랑
은 허무하고 사랑이 없는 과학은 파괴적이다. 아이들을 위한 교육을
발전시킨 모든 일은 어린이를 사랑한 사람들에 의해 이루어진다. 즉
모든 것은 과학이 이 문제에 관해 가르칠 수 있는 모든 것을 인식한
자들에 의해 성취된 것이다. 이거야말로 오늘날 여성을 위한 고등교
육으로부터 이끌어 낸 이득의 하나로 볼 수 있다. 지난 시대에는 과학

과 어린이에 대한 사랑이 함께한다는 것은 드문 일이었다. 젊은이의
정신을 형성하는 힘은 과학에 의해 우리가 소유하게 되었으나 가공할
만한 오용의 가능성 때문에 무서운 힘이 된다. 만일 악한의 수중에 들
어간다면 그 힘은 자연계의 우발적인 사고보다 더 무자비하고 잔인한
세상으로 바뀌게 할 것이다. 아이들에게 종교를, 애국심과 용기를, 혹
은 공산주의와 프롤레타리아 사상을, 그리고 혁명적 열성을 가르친다
는 구실하에 완고하고 호전적이며 잔인한 것을 가르칠 수도 있을 것이
다. 교육은 사랑으로 고무되어야 하고 아이들 마음속에 있는 사랑
의 해방을 목적으로 해야 한다. 만일 그렇지 않다면 교육은 과학적 기
술의 발달에 비례해 더욱 나쁜 쪽으로 갈 전망이 크다. 아이들에 대한
사랑은 지역사회에 하나의 강력한 효력을 지니는 것이다. 이것은 유
아 사망률의 감소와 교육의 질적 향상에 의해 입증되었다. 그러나 아
직도 너무나 허약하기만 하다. 아니면 오늘날 정치가들이 살인과 억
압의 사악한 계획을 세워 수없는 아이들의 생명과 행복을 희생시키는
일은 차마 하지 못할 것이다. 그러나 사랑은 존재하고 또한 점차 증가
하고 있다. 그럼에도 다른 형태의 사랑은 이상하게 감소하고 있다. 어
린이를 아낌없이 돌보는 바로 그 사람이, 그 어린이가 장차 성인이 되
었을 때 좀 더 집단적인 광기라 할 수 있는 전쟁에서 죽게 놔둔다는
것이다. 사랑은 어린이가 어른이 되는 그런 과정에서 점점 더 확대되
어야 한다는 희망이 너무 지나친 것인가? 어린이를 사랑하는 사람들
은 부모의 염원과 같은 어떤 것을 성인이 되는 과정에 따라가게 할 수
는 없는 것인가? 아이들에게 튼튼한 신체와 강인한 정신을 심어 준
우리는 보다 좋은 세상을 만들기 위해 그 능력과 용기를 사용하게 할
수는 없는 것인가? 아니면 아이들이 이런 일을 위해 전진할 때 우리
는 공포에 질려 또다시 그들을 노예근성과 훈련으로 되돌아가게 하는

지, 과학은 둘 중 하나를 위해 준비가 되어 있다. 직업적 도덕가들은 증오를 온갖 미사여구로 위장하지만, 선택은 있어야 한다. 사랑이냐 미움이냐의 선택이다.

3

지식교육
Intellectual Education

일반원리

지금까지 우리의 주제가 된 성격형성은 대부분 유년기에 관한 일이어야 한다. 올바른 지도를 받았다면 성격형성은 여섯 살 정도에 거의 완성된다. 내가 의미하는 것은, 여섯 살 이후에는 성격이 나빠질 수 없다는 것은 아니다. 즉 어떤 나이든 생활환경이나 조건이 전혀 해롭지 않은 시기는 없는 것이다. 내가 뜻하는 것은 6세 이후의 남자어린이나 여자어린이는 올바른 조기교육을 받은 아이라면, 적절한 환경의 영향을 받아 장차 올바른 방향으로 나아갈 수 있는 습관과 욕망을 가질 수 있다는 것이다. 첫 6년 동안 올바르게 자란 남녀아이들로 구성된 학교는 학교당국이 약간의 양식이 있는 한, 좋은 환경을 만들 수 있을 것이다. 여러 가지 도덕 문제에 많은 시간과 노력을 허비할 필요는 없다고 본다. 왜냐하면 때에 따라 필요한 덕목은 순전히 지식교육만으로 자연스럽게 얻게 되기 때문이다. 나는 이것을 학자연하게 하나의 절대적 규칙으로 정립할 생각은 없다. 오히려 학교가 어디에 중점을 두어야 하느냐의 문제에 관해 하나의 지도 원리를 언급할 뿐이다. 내가 확신하는 것은 다음과 같은 것이다. 만일 여섯 살짜리 아이가 잘 자랐다면 학교당국은 주로 지식 발달에 중점을 두고 이에 따라 바람직한 성격이 보다 더 발달할 수 있게 하는 것이 최선이라고 본다.

도덕적인 배려에 매여 영향을 받는 교육은 지성을 위해 그리고 궁극적으로는 성격을 위해서도 나쁘다고 본다. 어떤 지식은 유해하고 어떤 무지는 좋다는 식의 교육은 생각할 수 없는 것이다. 지식은 지적 목적을 위해 제공되어야 하고 어떤 도덕적 혹은 정치적인 결론을 입증하기 위해 가르쳐서는 안 된다. 가르치는 목적은 학생의 입장에서 보면 일부분은 그의 호기심을 만족시키기 위해서고, 다른 부분은 호기심을 채우기 위해 필요한 기술을 학생에게 제공하기 위해서다. 교사의 입장에서 본다면 얼마간의 결실을 얻을 수 있는 호기심을 자극하는 것이 있어야 한다. 비록 가르치는 방향이 학교 교육과정의 범위를 넘어서는 것이라 해도 호기심을 실망시키지는 말아야 한다. 나는 교육과정이 중단되어야 한다는 것을 말하는 것은 아니다. 오히려 호기심은 칭찬 받을 만한 것으로 봐야 하고, 그 때문에 남녀어린이는 모두 방과 후에 예를 들면, 도서관에서 책을 통해 그 호기심을 만족시키는 법을 배워야 한다고 본다.

그러나 이런 관점에서, 나는 시작부터 당면해야 할 논쟁에 부딪히게 될 것이다. 만일 어린이의 호기심이 불건전하거나 혹은 빗나간 것이라면 어떻게 할 것인가? 만일 외설스런 것이나 남을 괴롭히는 것에 관련된 것이라면? 오직 남이 하는 것을 들여다보는 것에만 흥미를 느낀다면? 이런 형태의 호기심도 장려해 줘야 하나? 이런 질문의 대답으로 우리는 한계를 정해야 한다. 가장 단호한 방법은 아이의 호기심이 그런 방향으로 끝도 없이 이어지지 않도록 우리는 행동에 조심해야 한다. 그러나 그렇다고 해서 그런 것을 알고 싶어 하는 것이 나쁘다고 느끼게 해야 한다거나 또는 그런 지식에서 아이들을 필사적으로 떼어 놔야 한다는 것을 말하는 것은 아니다. 거의 언제나 이런 지식의 매력은 그것이 금지사항이기 때문이다. 몇몇 경우에 이 매력은 병적인 정신 상태와 결합되어 있고 의학적 치료가 필요한 것이다. 그러나 어떤 경우에도 금지와 도덕적 위협은 올바른 처방이 아니다. 여기서 가장 흔하고도 가장 중요한 예로 음란한 말에 대한 관심을 들어 보자. 내 생각에, 이런 관심은 성에 대한 지식을 다른 여러 가지 지식과 같은 것으로 생각하는 어린이들에게 일어날 수 있다고는 믿지 않는다. 음란물을 입수한 사내아이는 그 그림을 손에 넣을 수 있는 방법을 안 것에 대해, 또한 자기만큼 흥미를 느끼지 못한 친구가 그것을 얻지 못한 것을 알고 자랑스럽게 생각한다. 만일 그 아이가 성에 대한 모든 것을 공개적으로 올바르게 알게 된다면, 그는 그런 것에 흥미를 잃을 것이다. 그럼에도 만일 그 아이가 계속 흥미를 갖는다면 나는 이 문제에 유능한 의사의 치료를 받게 할 것이다. 그 치료 방법으로, 우선 그 아이의 가장 충격적인 생각을 완전히 자유롭게 발표할 수 있게 용기를 주는 것부터 시작하여, 다음은 그 이상의 모든 지식을 계속 넘쳐나게 하고, 마침내는 그 문제가 그 아이에게는 피곤할 만큼 싫증나게 될 때까지 점차 기술적이고 과학적인 것으로 바뀌게 할 것이다. 그 아이가 더 이상 알고 싶은 게 없고, 그가 알고 있는 게 별 흥미를 끌지 못하게 되면 그 아이는 치료가 된 것이다. 중요한 점은 지식 그 자체는 나쁘다고 할 수 없으며, 다만 어떤 특정한 한 가지에만 빠지는 습관이 나쁘다는 것이다. 집착이라는 것은 우선 강제로 떼어 놓는다고 해서 치료되는 게 아니라 오히려 그 문제를 과다하게 질리도록 제공하는 데서 치료가 된다. 이런 방법을 통해 흥미는 병적인 것이 아닌 과학적인 것으로 만들 수 있다. 여기까지 오면 그 흥미는 다른 여러 가지 흥미 속에 제자리를 찾게 될 것이다. 그러고 나면 그 집념은 사라진다. 이런 방법이 좁은, 그리고 병적인 호기심을 치료하는 올바른 방법이라고 나는 확신한다. 금지나 도덕적 위협은 이를 더욱 악화시킬 뿐이다.

　성격을 개선하는 것이 학과교육의 목적은 아니라고 해도 그중에는 지식의 성공적인 탐구에 빼놓을 수 없는 대단히 바람직한 몇 가지가 있다. 이것을 지적인 덕목이라 해도 좋다. 이런 덕목은 지적 결과로 당연히 나오는 것으로, 따로 추구해야 할 덕목은 아니다. 그 주된 덕목은 다음과 같은 것이다. 즉 비록 어렵고, 인내심과 근면성, 집중력과 정확성이 있어야 하지만 호기심과 열린 마음이 있다면 지식은 가능하다는 믿음이다. 그중에도 호기심은 그 기초가 된다. 호기심이 강하게 올바른 사물로 향할 때, 나머지 모든 덕목은 따라오게 되어 있다. 그러나 그렇다고 해도 호기심을 지적 생활 전체의 기초로 둘 만큼 그 정도로 활동성이 있는 것은 아니다. 무엇이든 어려운 것을 해 보겠다는 욕망이 있지 않으면 안 된다. 왜냐하면 획득된 지식은 운동경기나 게임에서의 숙련된 기술과 같이 학생 마음속에 들어 있어야 한다. 그런 기술의 일부가 단지 학교의 형식적인 작업을 위한 필요에 그친다 해도 그것은 불가피한 것이다. 그러나 이 같은 기술이 학생들에게 인기가 있는 학문적인 목적이 아닌 다른 목적을 위해서도 필요한 것으로 생각되면 이미 대단히 중요한 무엇인가를 성취한 것이다. 학교에 다니는 동안 지식이 생활과 분리되는 것은 대단히 유감스러운 일이지만 이것이야말로 불가피한 것이다. 이 같은 분리를 어떻게든 피할 수 없을 때는 문제에 대한 지식의 유용성 — 넓은 의미의 '유용성' — 에 대해 수시로 언급해야 한다. 그러나 그럼에도 나는 순수한 호기심을 위해 상당히 넓은 자리를 마련하고자 한다. 왜냐하면 이러한 순수한 호기심이 없었다면 가장 높은 가치의 지식(예를 들면, 순수 수학과 같은)이 결코 발견되지 못했을 것이다. 세상에는 그 용도가 전혀 보이지 않는, 그러나 그 자체로 가치가 있는 지식이 많이 있다. 따라서 나는 젊은이들이 너무 근시안적으로 모든 지식 속에 포함된 외적 목적을 바라보는 것을 원치 않는다. 이해관계를 떠난 호기심은 젊은이에게 자연스러운 것이며 또한 속성상 대단히 높은 가치가 있다. 실제 상황에서 응용될 만한 기술을 가지고 싶은 욕망에 대해 내가 호소하고 싶은 것은 그 순수한 호기심이 약해질 때다. 모든 행위의 원인은 그 자체의 위치가 있고 어떤 동기도 다른 동기를 배척해서는 안 된다.

열린 마음은 지식에 대한 욕망이 순수할 때는 언제나 존재하는 그런 속성이다. 따라서 자기들은 이미 진리를 알고 있다는 신념이나 지식에 대한 욕망 외에 다른 욕망이 섞여 있을 때만은 그 속성을 유지하기 어렵다. 이런 이유로, 어른보다는 청년에게 이 편견 없는 마음이 쉽게 보이는 것이다. 인간의 여러 가지 활동은 거의 필연적으로 지적으로 애매한 일에 어떤 결정을 내려야 하는 것과 관련되어 있다. 목사는 신학에 무관심할 수 없고, 군인은 전쟁에 공평무사할 수 없다. 변호사는 범죄를 저지른 자는 당연히 벌을 받아야 한다고 생각한다. 단 범죄인이 최고의 변호 비용을 지불할 때 말고는. 학교 교장은 언제나 자기가 받은 훈육과 경험에 일치하는 교육제도를 편들 것이다. 정치가는 자기에게 한 자리를 주는 정당의 원칙을 믿을 수밖에 없을 것이다. 사람은 일단 직업을 선택한 후에는 다른 직업을 택했더라면 더 좋았을 것이라는 생각을 늘 하는 것은 아니다. 따라서 어른이 된 후, 열린 마음이란 한계가 있다고 본다. 물론 가능한 한 한계가 없는 것이 좋긴 하지만. 그러나 젊은이에게는 윌리엄 제임스가 말하는 '강요된 선택'이라는 게 거의 없다고 본다. 따라서 또한 '믿으려는 의지'를 위한 기회도 훨씬 적을 것이다. 젊은이는 모든 문제를 편견 없이 생각해야 하고 또한 일단 논의한 결과라면 다른 어떠한 의견도 포기할 수 있어야 한다. 사상의 자유는 완전한 행동의 자유를 뜻하는 것이 아니다. 남미 카리브해의 모험담에 넘어가 소년을 바다로 뛰어들게 하는 자유를 줘서는 안 된다. 그러나 소년의 교육이 계속되는 동안 소년은 교수가 되는 것보다 해적이 되는 것이 더 좋다고 생각하는 자유는 줘야 한다.

집중력은 대단히 가치 있는 속성이 있다. 대부분의 사람에게 그런 속성은 교육 이외의 방법으로는 획득하기 어려운 것이다. 젊은이는 나이를 먹으면서 어느 정도 이 능력이 자연스럽게 성장하게 되는 것이 사실이다. 아주 어린아이는 한 가지 생각을 단 몇 분 동안도 지속하지 못한다. 그러나 아이의 주의력은 어른이 될 때까지 해마다 덜 산만해진다. 그럼에도 그들의 집중력은 장기간의 지식교육 없이는 충분히 획득하기 어렵다. 완전한 집중력의 특징으로 세 가지 특질을 들 수 있다. 즉 집중력이 강해야 하고, 지속성이 있어야 하고, 끝으로 자발적이어야 한다. 집중력이 강한 것으로 아르키메데스의 이야기를 들을 수 있다. 로마군이 시라쿠사(Syracuse)를 점령하고 그를 죽이러 왔는데 그는 전혀 알지 못했다고 한다. 수학 문제에 몰두했기 때문이다. 상당한 시간 동안 한 가지 일에 집중할 수 있다는 것은 어려운 일을 해내는 데 필수적인 것이다. 그리고 또한 복잡하고 난해한 문제를 이해하는 데도 필수불가결한 것이다. 흥미 있는 대상이라면 자연스럽게 자발적인 관심이 생겨 깊이 집중하게 된다. 대부분의 사람들은 기계적인 성격을 띤 퍼즐에 오래도록 집중할 수 있다. 그러나 그 자체는 별로 유익한 것이 못 된다. 정말 가치 있는 것이 되려면 집중력은 의지의 지배를 받아야 한다. 내가 의미하는 것은 다음과 같다. 즉 어떤 단편적인 지식이 그 자체로 별 흥미가 없는 것이라도 그렇게 해야만 하는 적절한 동기가 있다면 강제로라도 자신을 끌고 가야 획득할 수 있다는 뜻이다. 내 생각에 고등교육에 의해 얻을 수 있는 것은 무엇보다도 먼저 이 같은 의지에 의한 집중력의 관리라고 본다. 이런 점에서 구식교육은 칭찬 받을 만하다고 본다. 근대적 교육방법이 과연 사람들로 하여금 지루한 일을 자발적으로 참을 수 있게 한다고는 보지 않는다. 그러나 이 같은 결점이 현대교육의 실제에 존재한다고 해도 그것은 결코 치료 불가한 것은 아니다. 이 문제에 대해서는 나중에 다시 언급하겠다.

인내심과 근면성은 좋은 교육에서 당연히 나오는 것이다. 전에는 이 두 가지를 대부분 외적 권위에 의해 억지로 얻은 좋은 습관을 강화함으로써 얻을 수 있다고 생각했다. 의심할 여지없이 이 방법도 얼마만큼 성공할 수 있다. 마치 길들여진 말을 보게 되는 경우처럼. 그러나 내 생각에는 여러 가지 난관을 극복하기 위해 필요한 야심을 자극하는 편이 더 좋을 것 같다. 어려운 문제를 단계적으로 나누고, 처음에는 비교적 쉽게 성공의 기쁨을 맛보게 하는 방법도 있을 것이다. 이 방법은 어린이에게 끈기에 대한 보수를 얻는다는 경험을 하게 해 준다. 그런 다음, 점점 그 끈기의 양을 증가시킬 수 있을 것이다. 이와 완전히 동일한 것이 지식은 어렵지만 불가능한 것이 아니라는 신념에도 해당된다. 이런 신념은 조심스럽게 단계별로 배열된 문제를 풀도록 학생들을 유인하는 것이 가장 효과적이다.

주의력을 의지로 통제하는 것과 마찬가지로 정확성은 교육개혁자들이 그다지 중요하게 다루지 않는 문제다. 발라드 박사는 『변화하는 학교』 16장에서, 여러 면에서 초등교육이 많이 개선되었으나 이 점에서는 과거만 못하다고 분명히 말하였다. 그는 말하기를, '80년대와 90년대 초기에는 학년시험으로 아이들에게 부과된 방대한 양의 시험이 있는데, 이 시험 성적은 진급을 위한 목적으로 계획된 것이다. 같은 시험을 현대의 아이들에게 치르게 한다면 그 결과는 분명히 그리고 일관되게 나쁘게 나올 것이다. 이에 대해 변명의 여지는 있다. 그러나 사실임에 틀림은 없다고 본다. 전체적으로 현재의 학교 ― 특히 초등학교에서 하는 공부 ― 는 25년 전보다 그 정확성이 결여된 것으로 본다.' 이 문제에 대한 발라드 박사의 논의는 전적으로 대단히 훌륭한 것으로 내가 여기에 첨가할 것은 하나도 없다. 그의 결론을 인용해 보기로 하겠다. '모든 면에서 볼 때 정확성이라는 것은 아직도 귀중하고 마음을 분발하게 하는 이상적인 것이다. 그것은 지성의 덕목이다. 즉 정확성은 그 자체의 이상을 달성하기 위해 무엇을 목표로 할 것인지 지시한다. 우리의 사상, 말과 행동이 어디까지가 정확한가 하는 것이야말로 진리에 대한 우리의 성실성을 어느 정도 추정할 수 있게 하기 때문이다.'

현대 교육방법의 주창자가 느끼는 어려운 점은 지금까지 가르쳐 온 정확성은 지루하다는 것이고 만일 교육이 재미있는 것이 될 수만 있다면 무한히 큰 이득이 된다는 것이다. 여기서 우리는 분명한 구분을 지어야 한다. 즉 단순히 교사가 강요하는 바람에 일어난 지루함은 전적으로 나쁘다고 본다. 그러나 학생들이 그들의 야망을 만족시키기 위해 자발적으로 극복한 지루함은 너무 도가 지나치지 않는다면 가치가 있다고 본다. 쉽게 만족을 얻을 수 없는 욕망, 예를 들면, 계산법을 익힌다든가, 호메로스(Homer)를 읽는다든가, 바이올린을 잘 연주한다든가 하는 데서 야기되는 욕망으로 자극을 주는 것은 교육의 일부가 되어야 한다. 이런 것들은 각각 다른 정확성을 내포하고 있다. 유능한 남녀학생들은 그들이 열망하는 지식이나 기능을 획득하기 위해 끝도 없는 지루함을 참아야 하며 기꺼이 그 호된 훈련을 따라야 한다. 태어날 때 별 재능을 갖지 못한 학생들도 만일 감동적인 교육을 받는다면 이와 같은 야심으로 분발할 수 있을 것이다. 교육의 추진력은 교사의 권위가 아니라 배우고 싶어 하는 학생의 염원이어야 한다. 그러나 그렇다고 해도 어떤 단계에서든 쉽고 부드러운 흥미 본위가 되어야 한다는 것은 아니다. 이것은 특히 정확성의 문제에 해당된다. 정확한 지식을 얻는다는 것은 지루한 것이 되기 쉽다. 그러나 모든 우수한 것에는 필수적인 것이다. 적절한 방법을 사용한다면 아이들에게 이 사실을 확실하게 알게 할 수 있다. 이런 점에서 현대적인 학습방법이 실패했다면 그것은 잘못된 것이다. 이 문제에서도 다른 많은 문제와 같이 구식 훈련방식의 나쁜 점에 대한 반동으로 지나치게 느슨해졌지만 이런 애매한 느슨함은 구식 권위와는 다른 보다 내적인, 심리적인 새로운 훈련에 자리를 양보해야 한다. 이 새로운 훈련에 의해 정확성은 지적인 표현이 될 수 있을 것이다.

정확성에는 여러 종류가 있다. 그 여러 종류는 각기 독자적인 중요성을 지니고 있다. 그중에서 중요한 몇 가지 종류를 들어 보자. 근육을 사용할 때의 정확성, 심미적인 정확성, 사실에 대한 정확성과 논리적인 정확성 등이다. 모든 소년 소녀는 여러 가지 면에서 근육을 사용할 때 정확하게 하는 것이 중요하다는 것을 안다. 건강한 어린이가 이 정확성을 몸에 배게 하기 위해 나머지 모든 시간을 들이는 것은 자기 몸 관리를 위해 또한 그보다 자신의 평판이 따라오는 경기를 위해서도 필요한 것이다. 그러나 그보다도 한층 더 학교수업과 관련된 것으로 이와는 다른 정확성의 형태가 있다. 예를 들면, 잘 알아들을 수 있는 언어구사, 숙달된 글씨쓰기, 악기의 정확한 연주 등이다. 아이들은 이런 것을 환경에 따라 중요하게 혹은 대단치 않게 생각한다. 심미적 정확성은 규정짓기 어려운 것이다. 즉 그것은 정서를 일으키는 감각적인 자극이 적절하냐 아니냐에 달려 있기 때문이다. 이것을 가르치기 위한 중요한 형식의 하나는 아이들에게 시를 암송하도록 하는 것 — 예를 들면, 연극을 목적으로 셰익스피어를 암송하는 것 — 이고 그들이 틀렸을 때는 왜 원본이 더 좋은지를 느끼게 하는 것이다. 심미적 감각이 확대될 경우, 아이들이 좋아하는 무용과 노래를 배우게 되는데 그와 같은 특기는 전통적인 판에 박힌 방법으로 정확하게 가르쳐야 한다. 이런 방법으로 배운 학생들은 작은 차이에도 민감하게 반응하게 되고 이런 민감함은 정확성에 빼놓을 수 없는 것이다. 나는 연극이나, 노래나, 춤이 미적 정확성을 가르치는 가장 좋은 방법이라고 생각한다. 그림 그리기는 그다지 좋다고 보기 어렵다. 왜냐하면 그림을 그리는 것은 미적 표준에 의한 것이 아니고 오히려 모델에 얼마만큼 충실하냐에 따라 그 가치를 두기 때문이다. 물론 틀에 박힌 공연 또한 모델을 재연하게 한다는 것도 사실이다. 그러나 그것은 미적 동기에 의해 만들어지는 모델이다. 즉 모방하는 것이 좋은 게 아니라 모델이 좋기 때문이다.

사실에 관한 정확성은 그 자체만을 위해 추구한다면 그것은 참을 수 없을 정도로 지루한 것이 되겠다. 영국왕의 연대나 여러 나라의 이름, 그 나라 수도의 이름을 공부하는 것은 아동기에 공포의 대상이 되었다. 따라서 정확성은 흥미와 반복에 의해 확고히 해야 한다. 나는 바닷가의 곶(capes) 이름을 절대 외우지 못했지만, 그래도 여덟 살 때 지하철의 정류장 이름은 거의 전부 외울 수 있었다. 만일 아이들이 해안을 도는 선박에 관한 영화를 볼 수 있다면, 그들은 즉시 곶 이름을 외울 것이다. 나는 그 이름을 외우는 것에 가치를 두고 싶지 않다. 그러나 만일 가치가 있다면 그것은 가르치는 방법이 될 것이다. 지리를 가르치는 방법으로는 영화를 보여 주는 것이 좋다. 마찬가지로, 역사 또한 처음에는 영화로 가르쳐야 한다. 처음 시작할 때 비용은 엄청나게 많이 들 것이다. 그러나 정부예산으로는 그렇게 큰 것은 아니다. 그리고 그 이후에는 가르치는 일이 수월해진다는 점에서 경제적이기도 하다.

논리적 정확성은 훨씬 나중에 획득되는 것이다. 그래서 어린아이들에게 강제로 가르쳐서는 안 된다. 구구단을 바르게 말할 수 있다는 것은 물론 사실에 대한 정확성이며, 그것은 훨씬 나중 단계에서 비로소 논리적 정확성이 된다. 수학은 이 논리적 정확성을 가르치기 위한 당연한 도구이다. 그러나 수학이 하나의 제멋대로 가는 일련의 규칙으로 보여진다면 그것은 실패한 것이다. 규칙은 학습되어야 한다. 그러나 어느 단계에 도달하면 왜 이런 규칙이 있어야 하는지의 이유를 명백히 해야 한다. 만일 그렇게 하지 못한다면 수학은 별로 교육적 가치를 얻지 못할 것이다.

이제 나는 정확성과 관련된 문제, 이미 앞서 제기했던 것인데, 즉 모든 교육은 재미있게 가르치는 것이 얼마나 바람직한 것인지 또는 어느 정도 가능한 것인지에 대한 문제와 만나게 되었다. 옛날식으로 너무 많은 것을 가르치는 것은 지루하기 마련이며 오직 엄격한 권위로만 아이를 공부하게 했다(보통 여자아이는 무지한 상태로 내버려뒀다). 현대적 견해는, 교육은 철저하게 즐거운 것이 되어야 한다는 것이다. 나는 구식보다 현대적 견해에 더 많이 공감한다. 그러나 이 현대적 사고방식에도 어느 정도의 제한이, 특히 고등교육에서는, 있어야 한다고 생각한다. 이 점에서 나는 내가 옳다고 생각하는 것부터 논의를 시작하겠다.

유아심리학의 저자들은 하나같이 아기들을 강제로 먹이거나 재우지 않는 것이 중요하다는 것을 강조하고 있다. 먹는 것이나 잠자는 것은 아이가 자발적으로 해야 할 일들이다. 달래거나 강제로 해서 될 일이 아니라는 것이다. 나 자신의 경험으로도 그 생각은 옳다고 본다. 우선 우리는 그런 새로운 생각을 알지 못했다. 그래서 구식방법을 사용했다. 새로운 방법은 완전히 성공한 데 비해 구식방법은 완전히 실패했다. 그렇다고 해서 신식 부모들이 아이들 먹는 것, 자는 것에 대해 아무 일도 하지 않았다고 생각해서는 안 된다. 반대로 좋은 습관을 형성하기 위해 가능한 한 모든 일을 했다고 본다. 먹는 일은 일정한 시간에, 그리고 먹든, 안 먹든, 아이는 먹는 동안 장난치지 말고 앉아 있어야 한다. 잠잘 때도 일정한 시간에 잠자리에 누워 있어야 한다. 장난감 동물을 안고 잘 수도 있지만 그 장난감이 이상한 소리를 내거나 돌아다니거나 혹은 흥분하게 하는 것은 안 된다. 만일 좋아하는 동물이 있을 경우, 아이는 동물이 지칠 때까지 놀 수는 있지만 동물을 자게 해야 한다. 다음엔 아이 혼자 있게 놔두어야 한다. 아이는 보통 빨리 잠든다. 그러나 먹고 자는 일에 부모가 신경 쓰고 있다는 것을 아이들이 눈치채게 해서는 안 된다. 일단 눈치채게 되면 아이는 자기가 먹고 자는 것을 부모가 간절히 바라고 있다고 생각해서 어떤 권리를 느끼게 된다. 그 권리는 점차 어리광이 늘거나 혹은 벌을 자초하게 만든다. 아이가 먹어야 하고 잠자야 하는 것은 부모를 기쁘게 하기 위해서가 아니라 자기가 필요해서 하는 것이 되어야 한다.

이 심리학은 분명 실제 교육에 크게 적용될 수 있다. 만일 당신이 강제로 아이를 가르치려고 할 때 아이는 별로 재미없는 것을 당신을 기쁘게 하기 위해 할 수 없이 한다는 결론을 내린다. 그때 아이는 심리적인 저항을 느끼게 된다. 만일 이런 저항이 시작되면 그때부터 계속 이어질 것이다. 좀 더 자란 후에, 시험에 합격하기를 바라는 것이 확실해지면 지식에 대한 순수한 관심과는 아무 상관없는 단지 합격하기 위한 목적으로 공부하게 된다. 반대로, 만일 부모가 처음부터 알고 싶어 하는 아이의 욕구를 자극할 수 있다면, 그다음 호의를 베푼다는 의미로 아이가 원하는 지식을 제공한다면, 모든 상황은 달라진다. 외부에서 가하는 훈련은 대폭 줄어들고 집중력은 힘들지 않게 생기게 된다. 이 같은 방법으로 성공을 거두기 위해서는 몇 가지 조건이 필요하다. 이런 조건을 어린아이들에게 성공적으로 적용한 사람이 몬테소리 여사이다. 일은 흥미를 끌어야 하고 또한 너무 어려우면 안 된다. 우선 처음에는 좀 더 큰 다른 아이들의 성공사례가 있어야 한다. 이 순간에는 아이들에게 이보다 더 확실하게 기분 좋은 일은 없을 것이다. 아이들이 할 수 있는 일은 얼마든지 있고 아이들은 자기가 좋아하는 일을 스스로 하게 된다. 이런 관리하에서는 거의 모든 아이들은 완전히 행복하고, 그리고 어떤 강요도 당하지 않고 5세 이전에 읽고 쓰기를 배울 것이다.

이와 동일한 방법이 좀 더 나이든 아이에게 어느 정도 효과적으로 적용될 수 있는지에 대해서는 논의의 여지가 있다. 아이가 점점 자라면서 좀 더 직접적이 아닌 동기에도 반응을 하게 된다. 그래서 세세한 것 하나하나에 흥미를 느낄 필요는 없어지게 된다. 그러나 나는 배우고 싶다는 욕구가 아이들 내부에서 나와야 한다는 보편적인 원리는 어떤 연령에도 해당되어야 한다고 생각한다. 환경은 배우고 싶은 욕구를 자극하거나, 아니면 그 대신 지루하고 외톨이가 되거나, 둘 중 하나를 택할 수 있게 해야 한다. 그리고 어떤 경우에도 이 같은 둘 중 하나를 택하는 것을 좋아하는 아이에게는 누구나 그런 기회를 허용해야 한다. 이 개인적인 선택을 존중하는 원리는 아동기 이후에는 필수적인 것이다. 그리고 이것을 연장 확대할 수도 있다. 그러나 만일 외부의 권위가 학습의 유인으로 작용하는 데 필요한 것이라면, 그것이 의학적인 이유가 아닐 경우, 선생이 잘못했거나 아니면 전에 받은 도덕적 훈련이 나빴기 때문이다. 다섯 살에서 여섯 살까지 훈련이 잘된 아이는 유능한 교사라면 누구라도 그 이후의 발달단계에서 어린이의 흥미를 이끌어 낼 수 있을 것이다.

만일 이렇게 하는 일이 가능하다면 유리한 점은 무한하다. 교사는 학생의 적이 아니라 친구로 나타날 것이다. 어린이는 교사와 함께하는 일이기 때문에 학습 속도가 빨라진다. 학생은 피로를 덜 느끼며 공부할 수 있다. 왜냐하면 산만하고 지루한 주위를 집중시키기 위해 시종일관 긴장할 필요가 없기 때문이다. 그리고 스스로 이루어 냈다는 성취감이 더 커졌기 때문이다. 이런 장점 때문에 학생은 교사에 의해 강요되지 않고 스스로의 욕구의 힘으로 배울 수 있다는 가정을 해 볼 수 있다. 만일 적은 수의 아이들이 이 방법으로 실패했을 경우, 그런 아이들은 별도로 다른 방법으로 가르쳐야 한다. 그러나 내 생각에, 아이의 지능에 적합한 방법을 쓴다면 실패하는 경우는 매우 드물 것으로 본다.

지금까지 살펴본 정확성과 관련된 몇 가지 이유 때문에 진정으로 완전한 교육이란 시종일관 흥미위주로 진행할 수 있다고는 믿지 않는다. 왜냐하면 어떤 아이가 어떤 문제에 대해 알고 싶은 욕망이 강하다 해도 그 문제 안에 어느 부분은 틀림없이 별로 흥미를 느끼지 못하는 부분이 발견되기 때문이다. 그러나 내가 믿는 바로는 적절한 지도를 받는다면 소년 소녀는 이 재미없는 부분을 배우는 이유를 이해하고 강요당하지 않아도 이 부분을 무난하게 넘어갈 것이다. 나는 주어진 공부의 성과에 따라, 좋거나 혹은 나쁜 결과에 따라, 상벌이라는 자극을 사용해야 한다고 본다. 학생이 필요한 기능을 습득했는지 아닌지는 게임이나 운동경기의 경우처럼 분명해야 한다. 그뿐만 아니라 문제의 재미없는 부분의 중요성에 대해 선생은 분명한 설명을 해야 한다. 만일 이 모든 방법이 들어맞지 않는다면 그 학생은 머리가 나쁜 바보로 분류되어야 하고 정상적인 지능을 가진 아이들과는 별도로 가르쳐야 한다. 그런 경우에도 이것을 벌로 받아들이지 않게 하는 주의가 필요하다.

아주 드문 경우를 제외하고 아동기(대개 4세 이후)에 선생은 아버지나 어머니가 되어서는 안 된다. 교육이란 특별한 형태의 기술을 필요로 하는 일이다. 그것은 배울 수는 있지만 대부분의 부모들은 배울 기회가 없었던 것이다. 사실 아이가 어릴수록 여기에 필요한 교육기술이 큰 몫을 한다. 이와는 별도로 형식적인 교육이 시작되기 전에 부모들은 계속 아이와 접해 왔기 때문에 아이는 부모에 대해 선생에게는 부적절한 습관과 기대가 형성되어 있다. 그뿐만 아니라 부모는 아이의 발달에 지나치게 많은 관심을 쏟고 그리고 지나치게 열성적일 수 있다. 부모는 아이가 똑똑하면 지나치게 기뻐하고 아이가 우둔하면 지나치게 화를 낸다. 의사가 자기 가족을 치료하지 못하는 것과 교사가 자기 아이를 가르치지 않는 이유는 같은 것이다. 그렇다고 부모가 자연스럽게 가르칠 수 있는 것을 포기하라는 것은 아니다. 내가 의미하는 것은 단지 일반적으로 형식적 학교교육을 위해 부모가 최고라는 것은 아니다. 비록 그들이 남의 아이를 잘 가르칠 자격이 있다고 하더라도.

그 첫날부터 마지막 날까지, 교육의 전 과정을 통해 지적인 모험심은 있어야 한다. 이 세상은 퍼즐로 가득 차 있어 충분한 노력을 쏟지 않으면 이해할 수 없다. 퍼즐처럼 지금까지 알지 못했던 것을 이해했다는 느낌은 유쾌하고도 즐거운 것이다. 모든 선량한 교사는 이런 느낌을 줄 수 있어야 한다. 몬테소리 여사는 아이들이 글을 쓸 줄 안다는 것을 알게 되었을 때의 기쁨을 서술했다. 나 또한 뉴턴이 중력의 법칙으로 케플러의 제2의 법칙을 추론해 냈다는 것을 처음 읽었을 때 거의 도취되었던 느낌을 지금도 잊을 수 없다. 이처럼 순수하고 또 이처럼 유익한 기쁨은 다른 데서는 찾기 어렵다. 창의적이고 개인적인 학습은 학생에게 발견의 기회를 주게 된다. 그렇게 해서 모든 것을 교실에서 배우는 것보다 더 자주 그리고 더 예민하게 지적인 모험 감각을 일깨워 줄 것이다. 따라서 가능하다면 어디서든지 학생으로 하여금 수동적이 아닌 능동적이게 하라. 이거야말로 교육을 고통이 아니라 행복으로 만드는 비결의 하나이다.

14세 이전의 교육과정

무엇을 가르칠 것인가, 그리고 어떻게 가르칠 것인가의 문제는 서로 밀접한 관계가 있다. 왜냐하면 더 좋은 교육방법이 고안되면 더 많은 것을 배울 수 있기 때문이다. 특히 학생들은 공부가 지루하다고 생각하는 경우보다 배우고 싶은 욕구가 생길 때 더 많이 배울 수 있다. 나는 이미 방법에 대해 언급한 바 있지만 다음 단원에서 더 많이 언급할 것이다. 지금 여기서는 최상의 가능한 방법으로 가르친다는 가정하에 무엇을 가르칠 것인지 고찰해 보겠다.

어른들이 알아야 할 지식은 무엇인지 생각해 보면, 이 세상에는 누구나 알아야 할 지식이 있다는 것과 그리고 어떤 사람은 알아야 하고 다른 사람은 알 필요가 없는 다른 지식이 있다는 것을 알게 된다. 어떤 사람은 의학지식이 있어야 한다. 그러나 인류의 대다수는 생리에 대한 지식과 위생에 대한 기초적인 지식이면 족하다. 어떤 사람은 고등수학을 알아야 하고, 수학에 흥미 없는 사람에게는 초보적인 것으로 충분하다. 어떤 사람은 트롬본을 연주할 줄 알아야 하고 그리고 고맙게도 모든 학생이 이 악기를 연습할 필요는 없다. 대체로 14세 이전까지 학교에서 가르치는 지식은 누구나 알아야 한다. 즉 특별한 경우를 제외하고는 전문적인 것은 14세 이후에 하는 것이 좋겠다. 그러나 14세 이전에 소년 소녀의 특기를 발굴하는 것이 교육목적의 하나가 되어야 하는 경우, 그리고 실제로 재능이 있다면 그 후로는 용이 주도한 지도가 있어야 한다. 이런 이유로, 누구나 여러 과목의 기초를 배운다는 것은 좋다고 본다. 기초단계에서 잘 안 되는 아이는 더 이상 그 공부는 할 필요가 없다.

배워야 할 것이 무엇인지 결정하고 나면 우리는 어떤 순서로 여러 가지 학과를 가르칠 것인지 결정해야 한다. 이런 경우, 우리를 자연스럽게 안내해 주는 것은 그 난이도에 따르게 된다. 즉 가장 쉬운 것부터 시작하는 것이다. 이 두 가지 원리에 따라 대부분 저학년의 교육과정이 결정된다.

나는 아이가 다섯 살쯤 되면 읽기와 쓰기를 할 줄 안다고 가정한다. 이것은 몬테소리 학교의 주요 업무이다. 아니면 장차 어떤 개선책이든 나와야 한다. 또한, 아이들은 지적 인식에 대한 감지력에 어느 정도의 정확성, 초보적인 수준의 노래와 그림그리기, 춤, 그리고 다른 아이들이 많이 있는 곳에서 학습에 주의를 집중시킬 수 있는 능력 등을 배우게 된다. 그러나 물론 다섯 살 어린이가 이 모든 것을 완전하게 한다는 것은 아니다. 따라서 그 후 몇 년 동안은 계속해서 이 모든 것을 배울 필요가 있는 것이다. 나는 여러 가지 지적 능력을 필요로 하는 일을 일곱 살 이전에 시도해야 한다고는 생각지 않는다. 그러나 충분한 교육방법이 있다면 여러 가지 어려움은 많이 감소된다고 생각한다. 산수는 어린이 시기에는 까닭 없이 무섭기만 한 것이다. 나는 구구단을 외우지 못해 몹시 슬프게 울었던 기억이 난다. 몬테소리 교구를 사용할 때처럼 조금씩 신중하게 문제와 씨름한다면, 격려하기 위해 비법을 사용했으므로 텅 빈 절망감을 느낄 필요는 없다. 그렇다고 해도 결국 충분한 기능을 익히려 한다면 상당히 지루한 여러 가지 규칙을 습득해야 한다. 흥미위주로 고안된 교육과정 속에 이 과목을 끼워 넣는다는 것은 저학년 학과목으로는 여간 골치 아픈 게 아니다. 그럼에도 산수공부의 어느 정도 숙달은 그 실제적인 이유를 위해 필요한 것이다. 또한 산수는 정확성을 위한 자연스러운 입문서가 된다. 즉 산수 문제의 답은 맞거나 틀리거나 둘 중 하나다. 결코 '흥미가 있거나,' '암시가 있는 것' 은 아니다. 산수는 그 실제적인 유용성과는 상관없이 저학년 교육의 하나의 근본이 되는 중요성을 지닌다. 따라서 산수공부는 주의 깊게 단계별로 나누어 너무 어렵지 않게 해야 한다. 너무 많은 시간이 한꺼번에 산수에 쏟아지는 일이 있어서는 안 된다.

 나 어렸을 때의 지리와 역사시간은 가장 잘못 가르쳐졌던 과목이었다. 나는 지리시간이 무서울 정도로 싫었고 역사시간은 좀 참을 만했다. 그것은 그나마 역사에 대한 열정이 계속 이어졌기 때문이다. 두 과목 모두 어린이에게 좀 더 매력적인 것으로 만들 수 있었다고 본다. 내 아들은 따로 공부한 적은 없지만 지리는 유모보다 훨씬 더 많이 알고 있다. 아이는 다른 아이들과 함께 경험한 기차나 기선에 대한 애착이 있어 지리공부를 한 것이다. 아이는 그의 공상 속에서 기선이 가는 항로에 대해 알고 싶어 해서, 내가 중국에 가는 여정을 들려주는 동안 아이는 최대의 관심을 기울여 듣고 있었다. 그런 다음, 아이가 원한다면 나는 여행 중의 여러 나라 그림을 보여 주기도 한다. 어떤 때는 커다란 세계지도를 끌어내어 지도에 그려진 길을 주의 깊게 들여다보기도 했다. 일 년에 두 번 런던과 콘월(Cornwall) 사이를 기차로 여행하는 것을 무척 좋아했다. 아이는 어느 정거장에서 기차가 서는지, 어느 객차가 끊어지는 것인지 다 알고 남극과 북극에 대한 재미에 빠져 버렸으며 동극과 서극이 없다는 것에 납득할 수 없었다. 아이는 바다 건

너 프랑스와 스페인, 그리고 미국에 가는 방향을 알고 있다. 그리고 이런 나라들에 대해 보이는 대로 많은 것을 알고 있다. 이런 지식의 어떤 것도 가르쳐서 배운 것은 하나도 없다. 다만 강한 호기심의 결과일 뿐이다. 모든 어린이들은 여행을 통해 관련된 지리공부에 흥미를 느끼게 된다. 나라면 지리공부를 부분적으로는 사진을 통해, 그리고 여행가의 이야기를 통해 가르치고 대부분 여행가가 여행에서 본 것을 영화로 보여 주면서 가르치겠다. 지리적인 사실에 대한 지식은 유용하다. 그러나 본질적인 지적 가치는 없다. 그렇지만 지리가 사진으로 만들어져 생생한 느낌을 준다면 그것은 상상력에 재료를 제공한다는 의미에서 장점이 된다. 이 세상에는 더운 나라, 추운 나라, 평탄한 나라, 산이 많은 나라, 백인뿐만 아니라, 흑인, 황색인, 갈색인과 적색인이 있다는 것을 아는 것은 좋은 일이다. 이런 종류의 지식은 친숙한 환경의 횡포를 감소시키고 좀 더 자란 다음에는 먼 곳에 있는 나라들이 실제로 존재하는 것을 느낄 수 있게 한다. 이런 느낌은 여행 이외에는 결코 얻기 어려운 것이다. 이런 이유로, 저학년의 어린이교육을 위해 나는 지리공부에 큰 부분을 할애한다. 그래도 아이들이 이 시간을 전혀 즐기지 않았다면 나는 단념할 수밖에 없다. 또한 세계의 여러 다른 나라에 관한 기초적인 지식과 지도와 사진이 들어 있는 책을 주고 아이들에게 여러 나라의 특성에 대한 간단한 글을 쓰게 한다.

　지리에 적용된 원리는 역사공부에 더욱 적절하게 적용된다. 시간에 대한 감각이 처음에는 미숙하기 때문에 좀 더 학년이 올라간 다음에 시작되는 것이지만 내 생각에 역사공부는 다섯 살 정도에 시작하는 것이 좋을 듯하다. 처음에는 훌륭한 인물의 재미있는 이야기를 들려주고 그림도 충분히 보여 준다. 나 자신은 그 나이에 영국역사의 그림책을 가졌다. 마틸다 여왕이 애빙던에서 얼음이 언 템스 강을 건

넜다는 이야기는 나에게 큰 감동을 주었다. 18세에 이와 동일한 일을 했을 때, 스티븐 왕이 나를 쫓는다는 공상을 하면서는 그렇게 무서울 수가 없었다. 다섯 살 된 남자아이가 알렉산드로스 대왕의 생애 이야기에 흥미를 갖지 않는다면 믿기 어려운 일이다. 콜럼버스는 아마 역사보다는 지리에 더 가깝다고 본다. 콜럼버스라는 사람은 두 살짜리 아이에게, 적어도 바다를 아는 아이들에게 흥미를 준다는 것을 나는 증언할 수 있다. 아이가 여섯 살쯤 되면 세계사의 윤곽 정도는 익혀야 한다. 어느 정도 웰즈(Wells)의 방법처럼, 역사책의 내용을 필요한 만큼 단순화하고, 그림이나 가능하면 영화도 보여 주며 배우게 해야 한다. 만일 아이가 런던에 산다면, 자연사박물관에 가서 낯선 야수들을 볼 수 있어야 한다. 그러나 나는 열 살이나 그 정도의 나이 이전의 어린이에게 영국박물관을 보여 주지는 않을 것이다. 왜냐하면 역사를 가르칠 때 아이들이 성숙할 때까지는 어른들의 취미를 강요하는 면이 없도록 주의할 필요가 있다. 우선, 아이들이 재미있어 할 두 가지 면이 있는데 하나는 대중적인 가두행렬과 축제이다. 즉 지질학에서 인류에 이르는, 야만인에서 문명인에 이르는 과정을 보여 주는 가두행렬과 같은 것이다. 두 번째는 좋아하는 영웅에 관한 여러 가지 역사적 사건에 대한 극적인 이야기 등이다. 그러나 나는 우리 마음속에 다음과 같은 생각을 하나의 진보로 향하는 실마리로 간직해야 한다고 생각한다. 우리가 사나운 동물로부터 물려받은 잔인성에 시종 방해를 받으면서도 우리는 점차 지식을 통해 우리 자신과 우리의 환경은 조금씩 발전하게 한다는 생각을 언제나 가져야 한다는 것이다. 이 같은 생각은 전체로서의 인류의 개념, 즉 외부 세계의 혼동 상태에 대항해서, 그리고 내부의 암흑과 투쟁하면서, 아주 작은 이성의 불씨가 점점 커져 마침내 암흑의 밤을 일소하는 큰 빛으로 밝혀진다는 생각이다.

인종 간의, 국가 간의, 그리고 종교 간의 분열은 이와 같은 '혼돈'의 세계와 '낡은 암흑시대'와의 투쟁에서 우리의 진실한, 오직 하나의 인간적인 활동을 방해하는 어리석은 것으로 봐야 한다.

우선, 나는 이 주제의 실례를 보여 주고 그다음 이 주제 자체에 대해 논의하겠다. 나는 추위에 움츠리고 있는 미개인 그리고 날 과일을 갈아 먹는 미개인의 그림을 보여 줘야 한다. 그다음, 불을 발견한 것과 그 결과가 무엇인지 보여 줄 것이다. 이와 관련해 프로메테우스의 이야기가 등장한다. 나는 나일 강 계곡에서 농사가 시작되었다는 것과 양이나 암소 그리고 개를 가축으로 기르는 것을 보여 줘야 한다. 나는 통나무로 만든 작은 배가 세계 최대의 정기선박으로 발달한 과정을 보여 주고, 굴속에서 살던 사람들의 거류지에서 런던이나 뉴욕과 같은 도시로 발전한 것을 보여 줄 것이다. 나는 희랍의 단기간의 빛나는 지성을 보여 주고, 널리 확산된 로마의 위용을, 그리고 이어지는 중세의 암흑과 과학의 도래를 보여 줄 것이다. 이 모든 것은 아주 어린아이에게도 자세하게, 재미있게 만들 수 있는 것들이다. 나는 또한 전쟁에 대해, 그리고 박해와 잔인성에 대해 입을 다물지 않겠다. 나는 결코 군사적 정복자들을 찬양하지는 않을 것이다. 참된 정복자란 나의 교실에서는 누구든 세상 안팎의 암흑을 추방한 사람들, 즉 부처님과 소크라테스, 아르키메데스, 갈릴레오와 뉴턴, 그리고 우리들 자신과 자연을 극복하는 데 도움을 준 모든 사람들이다. 그래서 나는 인류를 위해 당당하게, 그리고 빛나는 운명이라는 개념을 구축해야 한다. 우리가 전쟁 혹은 기타 유전적인 어리석은 행동을 되풀이한다면 우리는 잘못된 것이며 오직 인간의 지배력에 무엇이든 더 보태게 될 때만이 옳다고 본다.

저학년의 학생을 위해서는 무용을 가르치는 시간을 정해야 한다.

무용은 아이들에게 큰 즐거움이 될 뿐만 아니라 신체를 위해 그리고 심미적인 감각훈련에도 좋다. 무용의 기본을 배운 다음 단체무용을 배워야 한다. 왜냐하면 어린이들이 쉽게 이해할 수 있는 협동의 형식을 배울 수 있기 때문이다. 노래도 마찬가지다. 다만 노래는 무용과 같은 근육의 즐거움을 주는 게 아니고 그 시작이 좀 어렵기 때문에 무용보다는 늦게 시작하는 것이 좋다. 모든 아이들이 좋아하는 것은 아니지만 대부분의 아이들은 노래 부르는 것을 즐긴다. 그리고 동요를 배운 후에는 정말 아름다운 노래를 배워야 한다. 처음 아이들의 취미를 망가뜨리고 나중에 이것을 다시 수정할 이유가 없다. 기껏해야 사람을 까다롭게 만든다. 아이들도 어른과 마찬가지로 음악적 재능에는 큰 차이가 있다. 좀 더 큰 아이들 중에 뽑힌 아이를 위해 어려운 노래를 배우는 교실을 마련할 필요가 있다. 노래를 배우는 것은 강요되어서는 안 되고 자발적이어야 한다.

문학공부는 자칫 잘못을 저지르기 쉬운 과목이다. 늙은이건 젊은이건 문학에 대해 잘 아는 것처럼 하는데, 시인의 생년월일이나 그들의 작품이름 등을 안다는 것은 아무 소용이 없는 것이다. 어떤 입문서 같은 데 쓰여 있는 것은 무엇이든 가치 없는 것이다. 가치 있는 것은 몇몇 대표적인 좋은 문학 작품에 대한 강한 친근감을 말한다. 그 친근감은 문장뿐만 아니라 사상의 스타일에도 영향을 미친다. 옛날에는 성서가 영국아이들에게 이런 것을 제공했다. 그리고 어느 정도 확실히 산문의 스타일에 유익한 영향을 주기도 했다. 그러나 요즘 아이들은 성경을 거의 가까이하지 않는다. 내 생각에 문학이 주는 좋은 영향은 문학을 암기하는 방법 외에는 충분히 얻을 수 없다는 것이다. 이런 연습은 예전에는 기억력 훈련을 위해 추천되었다. 그러나 심리학자들은 이런 방법으로는 거의 아무 효과도 없다는 것을 보여 주었다. 요즘

교육학자들도 점점 암기를 낮게 평가한다. 그러나 내 생각에는 그들이 틀린 것이다. 왜냐하면 이런 방법으로 기억력이 증가할 가능성이 있다는 이유보다는 말하고 쓰고 할 때 기억이 언어의 아름다움에 영향을 주기 때문이다. 아름답게 말하기와 쓰기는 생각의 자발적인 표현으로 별다른 노력 없이 나와야 한다. 그러나 그러기 위해서는 원시적인 미적 충동을 이미 상실한 사회에서는 생각을 표현하는 습관을 갖는 것이 필요하고 그런 습관은 오직 좋은 문학에 대한 정통한 지식에 의해서만 나올 수 있다는 생각을 습관화할 필요가 있다고 본다. 이것이 바로 암기가 나에게 왜 중요한지 말해 준다.

그러나 단순히 '자비의 본질'이라든가, '이 세상은 모두 하나의 무대'라는 틀에 박힌 토막지식을 배운다는 것은 대부분의 아이들에게 지루하고 부자연스러운 것으로 보인다. 따라서 그 목적에는 부적합하다. 암기학습은 연기를 통해 배우는 것이 더 좋다. 왜냐하면 암기는 모든 아이들이 좋아하는 어떤 것에 필요한 수단이 되기 때문이다. 세 살 이후부터 아이들은 하나의 역할을 연기하는 것을 좋아한다. 아이들은 자발적으로 하고 싶어 하고 더구나 좀 더 공들여 하는 방법을 알게 되면 그 즐거움은 최고에 달한다. 나는 내가 브루투스와 카시우스의 싸우는 장면을 연기하면서 다음과 같은 열변을 토할 때의 즐거웠던 기억을 잊을 수 없다:

그따위 로마인보다 한 마리의 개가 되어
달에 대고 짖어 대는 편이 낫다.

『줄리우스 카이사르』라든가『베니스의 상인』또는 어떤 다른 연극에서 역할을 맡은 아이들은 자기의 역할만이 아니라 다른 역할도 많이 알게 된다. 그 연극은 오랫동안 그들의 머릿속에 남아 있을 것이다. 그리고 그 즐거움은 계속 이어질 것이다. 결국 좋은 작품은 즐거움을 주기 위해 만들어진 것이다. 그리고 아이들이 만일 그런 즐거움을 끌어내지 못했다면 결국 아무런 도움도 얻을 수 없을 것이다. 이런 이유로 나는 어렸을 때의 문학공부는 연극에서 어떤 역할을 맡아 배우는 것으로 제한하고 싶다. 나머지는 좋은 책을 자발적으로 읽으면 되고, 그런 책은 학교도서관에 가면 구할 수 있을 것이다. 오늘날 사람들은 아이들을 위한다고 바보 같은 감상적인 이야기를 쓰고 있다. 그것은 아이들을 진심으로 생각하지 않는다는 의미에서 아이들을 모욕하는 것이다. 『로빈슨 크루소』의 강도 높은 진지함과 비교해 보라. 어린이를 다룰 때 감상주의는 어디서나 극적인 공감대를 얻지 못한다. 어떤 아이도 유치한 것에 끌리는 아이는 없다. 왜냐하면 아이는 가능한 한 어른처럼 보이게 행동하는 것을 배우고 싶어 한다. 따라서 아이들의 책은 유치한 방법으로 어른의 생색을 내는 그런 즐거움을 연출해서는 안 된다. 최근에 출판되는 어린이용 도서의 대부분은 그 부자연스러운 유치함으로 말미암아 혐오감을 일으킨다. 이것은 어린이를 괴롭히거나 아니면 정신적 성장의 욕구를 혼란스럽게 하거나 당혹스럽게 한다. 이런 이유로 어린이를 위한 최고의 책은 본래 어른을 위해 나온 책이지만, 어떤 경우에는 아이들에게 적당한 책이 된다. 그 유일한 예외는 어린이를 위해 쓴 책인데 어른들이 좋아하는 책, 예를 들면, 에드워드 리어(Lear)라든가 루이스 캐럴(Lewis Carroll)의 책과 같은 것이다.

근대어의 문제는 전체적으로 보면 쉬운 문제는 아니다. 어렸을 때는 한 가지 근대어의 완전한 습득이 가능하다. 나이가 들면 어렵기 때문에 조기 언어교육은 그만한 충분한 이유가 있다. 어떤 사람들은 외국어를 너무 일찍 배우게 되면 모국어의 지식이 손상되는 것을 두려워하기도 하지만 나는 그렇게 믿지 않는다. 톨스토이나 투르게네프는 아주 어렸을 때 영어, 불어, 그리고 독일어를 배웠는데도 러시아어를 완벽하게 구사했다. 기번은 영어만큼 쉽게 불어로 쓸 수 있었다. 그렇다고 영어문장이 잘못되지는 않았다. 18세기를 통해 영국의 귀족들은 누구나 소년기에 불어공부를 하는 것이 보통이었다. 그리고 많은 사람들이 이태리어도 배웠다. 그런데도 그들의 영어는 오늘날 그들 자손들의 영어보다 훨씬 훌륭했다. 어린이의 연극에 대한 흥미는 각기 다른 사람에게 두 가지 언어로 말할 때 서로 혼동되지 않도록 하는 것이다. 나는 영어와 동시에 독일어를 배웠다. 그리고 열 살까지 유모나 가정교사와 독일어로 말을 했다. 그다음, 불어를 배웠다. 불어로 가정교사와 대화를 했다. 어느 나라 언어이든 한 번도 영어와 혼동하지는 않았다. 왜냐하면 그것은 개인적인 관련을 가졌기 때문이다. 내 생각에 근대어를 가르쳐야 한다면 원주민에게 배워야 한다고 본다. 왜냐하면 원주민에게 배우는 것이 아이의 모국어와 동일한 언어를 쓰는 어른한테 배우는 것보다 자연스럽게 배울 수 있기 때문이다. 따라서 모든 학교가 아이들을 위해 프랑스인을 교사로 써야 하고, 가능하면 독일인 교사도 채용해야 한다고 생각한다. 그들은 극히 초보적인 단계를 제외하고는 그들의 모국어를 형식적으로 가르쳐서는 안 되고 아이와 함께 놀기도 하고, 아이에게 말을 걸고, 재미있는지 아닌지를 외국어로 이해하고 대답하는 것으로 판단해야 한다. 외국어 여교사는 '자크 형제'나 '아비뇽 다리 위에서'[1]로 시작해서 좀 더 복잡한 놀이로 진전시킬 것이다. 이런 방법으로 외국어는 별다른 정신적 피곤을

---

[1] 옮긴이 주: 프랑스의 동요 Frère Jacques와 Sur le Pont d'Avignon.

겪지 않고 습득이 가능할 뿐만 아니라 놀이처럼 아주 큰 즐거움을 겸할 수 있다. 게다가, 그 후 어느 시기보다도 훨씬 완전하게 그리고 가치 있는 학습시간을 훨씬 적은 비용으로 습득하게 될 것이다.

수학과 과학교육은 이 단원에서 고찰하는 나이로는 마지막 나이가 되는 12세에 시작하는 것이 좋겠다. 물론 산수는 이미 배웠고 천문학이나 지질학에 대해, 선사 시대의 동물이나 유명한 탐험가들, 그리고 여러 가지 자연스럽게 흥미를 끄는 것에 대해 이야기를 들었다고 가정하자. 그러나 지금 내가 말하는 것은 기하, 대수, 물리, 화학의 형식적인 교육이다. 소수의 남녀 학생은 기하나 대수를 좋아한다. 그러나 대부분의 사람들은 좋아하지 않는다. 이것이 전적으로 잘못된 교수법 때문인지는 잘 모르겠다. 수학에 대한 감각은 음악의 재능과 마찬가지로 대부분 타고나는 것이다. 그리고 이 같은 감각은 보통 정도의 것이라 해도 대단히 희귀한 것으로 생각된다. 그럼에도 소년 소녀가 수학에 취미가 있는지 알아야 한다. 수학에 재능이 있는 학생을 발견하기 위해서다. 또한 수학 지식이 별 소득을 주지 못했다 해도 이 세상에 이런 과목이 있다는 것만 알아도 득이 된다. 잘만 가르치면 대부분 기하학의 초보를 이해할 수 있다. 대수는 기하와 동일하다고 할 수 없다. 왜냐하면 대수는 기하보다 훨씬 추상적이며 관심이 구체적인 것에서 떠나지 못하는 사람들에게는 전혀 이해할 수 없는 것이기 때문이다. 물리학이나 화학에 대한 취미는 잘만 가르친다면 수학의 취미만큼 드물지는 않을 것이다. 수학이나 과학 둘 다 12세에서 14세까지의 소년 소녀가 어느 정도의 적성을 지니고 있는지 확실하게 알 때까지 적어도 학습은 해야 한다고 본다. 물론 그 결과가 즉시 나오는 것은 아니다. 나는 처음에는 대수가 싫었다. 그 후, 어느 정도 소질이 있어 보였지만. 어떤 경우에는 14세에 소질이 있는지 없는지 확실히 알 수 없을 것이다. 이런 경우에는 시험적인 방법을 계속해 볼 수도 있다. 그러나 많은 경우, 14세쯤이면 결정될 수 있다. 어떤 아이들은 이 과목을 결정적으로 선호하며 좋은 성적을 낼 수 있고, 다른 아이들은 이 과목을 싫어하고 공부도 못한다. 똑똑한 아이가 수학을 싫어하고 둔한 아이가 좋아하는 일은 대단히 드문 일이다.

수학과 과학에 관해 지금까지 언급한 것은 그대로 고전어에도 해당된다. 12세와 14세 사이에 라틴어를 가르치는 것이 좋다. 소년 소녀가 이 과목을 좋아하고 소질이 있는지 없는지를 알 수 있을 만큼의 분량을 가르치는 것이다. 14세의 교육이 학생의 소질이나 취향에 따라 다소간 전문화되는 것이 어떨지 생각해 본다. 14세 바로 전의 학년은 그 이후의 학년에서 무엇을 가르치는 것이 최선인지 찾는 기간이 되어야 한다.

전 학년을 통해 야외수업은 계속되어야 한다. 잘사는 집의 아이들은 부모에게 맡기면 되고, 그렇지 않은 아이는 당연히 부분적으로 학교에서 맡아야 한다. 내가 말하는 야외수업은 운동경기를 말하는 것이 아니다. 운동경기는 물론 충분히 인정된 중요한 것이다. 그러나 지금 내가 생각하고 있는 것은 이와는 다른 것이다. 즉 농사에 대한 지식, 동물, 식물에 대한 친근감, 정원 만들기, 시골생활을 관찰하는 습관 등을 말하는 것이다. 도시에서 자란 사람들이 나침반을 모르고, 태양이 도는 방향을 모르고, 가옥의 어느 쪽이 바람받이가 안 되는지 모른다는 것을 알고, 또한 암소나 양에 대한 지식이 부족한 것을 알고 놀란 적이 있다. 이런 일은 배타적인 도시생활의 결과에서 오는 것이다. 이것이야말로 왜 노동당이 지방 유권자의 지지를 얻지 못하는지 그 이유의 하나가 된다고 말한다면 아마도 나를 환상적인 사람이라고 할지 모른다. 그러나 왜 도시에서 자란 사람들이 그렇게 철저하게 원시적이고 근본적인 모든 것에서 이탈했는지, 그에 대한 이유가 되는 것은 확실하다. 이것은 그들의 생활태도에서 보이는 피상적이고 하찮은 그리고 바보 같은 것과 관련되어 있다. 물론 항상 그렇다는 것은 아니고, 그러나 자주 있는 것이다. 사계절, 기후, 모종, 수확, 농작물, 철새들, 가축 등 이런 것들은 어떤 의미에서 인간에게 중요한 의미가 있다. 또한 어머니와 같은 대지에서 너무 완전히 떠나버리지 않게 하기 위해 누구와도 친근하게 지내야 한다. 이러한 모든 지식은 아이들의 건강에도 대단히 가치 있고, 그리고 단지 그 이유 하나만을 위해서도 할 만한 가치가 있는 야외활동에서 얻을 수 있다. 그리고 도시에서 자란 아이가 시골에서 얻는 즐거움은 심오한 그들의 내적인 요구가 충족되었다는 것을 보여 준다. 이와 같은 충족감이 없다면 우리의 교육제도는 완전한 것이 아니다.

마지막 학년

15세의 여름방학이 끝난 후, 아이들은 희망에 따라 전문 과목을 정하는 것이 허락되며 대부분의 경우 그렇게 되리라고 생각한다. 그러나 확실한 선택이 없다면 그냥 그대로 학교수업을 연장하는 것이 좋다. 한편, 특별한 아이를 위해서는 좀 더 일찍 전문화가 시작되어도 좋을 것이다. 교육의 모든 규칙은 특별한 이유가 있을 때 언제든 그것을 파기할 수 있어야 한다. 그러나 내 생각으로는, 일반적인 규칙으로 평균 이상의 높은 지능을 가진 아이는 14세쯤 전문화가 시작되어야 하고 평균보다 떨어질 때는 직업교육이 있다면 모를까 보통 학교에서 전문적 교육은 전혀 할 수 없다. 이 책에서, 나는 이 문제에 대해 더 이상 말하지 않겠다. 하지만 14세 이전에 전문화를 시작해야 한다고는 믿지 않으며 설사 14세가 되었다 해도 어떤 학생의 수업시간 전부를 모두 전문화로 점령해야 한다고는 생각지 않는다. 어느 정도의 시간을 할당해야 하느냐를 토의할 생각도 없다. 또한 그런 시간을 모든 학생에게 혹은 일부 학생에게만 주어야 한다는 생각도 없다. 이런 문제는 교육과 간접적으로 관련되어 있는 경제적, 정치적 문제를 야기하고 또한 그렇게 간단히 논의할 문제가 아니다. 따라서 나는 14세 이후의 학교교육에 한정하기로 한다.

나는 학교교육 내용을 세 분야로 나눌 것이다. 즉 (1) 고전, (2) 수학과 과학, (3) 현대 인문학이다. 세 번째 분야에는 현대어, 역사, 문학이 포함되어야 한다. 각 분야별로 졸업하기 전까지 어느 정도의 전문 교육은 가능하다고 본다. 그러나 18세 이전에 이런 일이 생긴다고 보기는 어렵다. 말할 것도 없이 고전을 공부하는 사람은 라틴어, 희랍어를 둘 다 공부해야 한다. 그러나 어떤 사람은 그중 하나를, 그리고 다른 사람은 다른 것을 더 많이 공부할 수 있다. 수학과 과학은 처음에는 함께 갈 수 있지만 과학의 종류에 따라서는 수학에 의존하지 않고 크게 성취할 수도 있다. 실제로 많은 탁월한 과학자들이 전에도 수학에는 별로였다. 따라서 16세가 되면 자기가 선택하지 않았어도 전적으로 무시하지 말고 수학 혹은 과학을 공부하도록 해야 한다. 현대 인문학에도 이 원리는 적용된다.

어떤 과목은 그 실용적인 중요성 때문에 모두에게 가르쳐야 한다. 그중에는 해부학, 위생학, 생리학이 포함된다. 이 같은 과목에 대한 공부는 성인 생활에 필요한 정도로 배우면 된다. 어쩌면 이런 과목은 좀 더 저학년에 배워야 할지도 모른다. 왜냐하면 이런 과목은 자연스럽게 성교육과 관련되고 가능하다면 사춘기 이전에 가르쳐야 할 공부다. 이런 과목을 너무 빨리 시작하는 것에 반대하는 것은 이런 공부가 필요한 시기 이전에 잊혀지면 안 되기 때문이다. 내 생각에, 한 가지 해결 방법은 두 차례 혹은 그 이상 가르치는 것이다. 첫 번째는 사춘기 이전에 아주 간단하게 그 윤곽만으로 끝내고, 두 번째는 건강과 질병에 대한 기초적인 지식과 관련해서 가르쳐야 한다. 또한 나는 모든 학생들이 국회나 헌법에 대해 어느 정도 배워야 한다고 생각한다. 주의해야 할 것은, 이 문제에 대한 교육이 정치적 선전도구로 타락해서는 안 된다는 것이다.

　교육과정보다 더 중요한 것은 교수법의 문제와 어떤 정신으로 가르치느냐의 문제이다. 이와 관련해서 중요한 것은 문제를 지나치게 쉽게 만들지 않고도 흥미 있는 것으로 만드는 것이다. 정확하고 상세한 연구는 이와 관련된 전반적인 여러 방면에 관한 저서나 강의로 보충되어야 한다. 희랍연극을 관람하기 전에 길버트 머레이(Gilbert Murray)[1]나 기타 시적 재능을 가진 번역자의 책을 읽게 할 것이다. 수학은 수학 발견의 역사와 수학이 과학과 일상생활에 미친 영향에 관한 강의를 수시로 열고 또한 고등수학에서 발견되는 여러 가지 재미있는 이야기에 힌트를 주면서 변화를 주어야 한다. 마찬가지로 상세한 역사연구 또한 훌륭한 개요를 통해, 비록 그 개요에 의문의 여지가 있다 해도, 보완되어야 한다. 학생들에게 무엇이든 일반화한다는 것은 의문의 여지가 있다는 것을 말해 주고 그들이 갖는 상세한 지식을 지지할 것인지 아니면 거부할 것인지 연구하도록 권해야 한다. 과학의 경우, 최근 출간된 연구의 개요를 저술한 대중적인 책을 읽는 것은 좋다. 특수한 사실이나 법칙이 일반적인 과학의 목적에 공헌하는 것으로 알게 되면 좋다는 것이다. 이런 모든 것들은 정확하고 치밀한 연구를 위한 자극으로서는 유익하지만 만일 이런 연구의 대용품으로서 다루어진다면 유해한 것이다. 학생에게 배움의 지름길이 있다고 생각하게 해서는 안 된다. 그거야말로 엄격한 구식 훈련에 대한 반동이며 사실상 현대교육에 위험이 아닐 수 없다. 훈련에 내포된 정신적 작업은 좋은 것이다. 나쁜 점이 있었다면 이런 훈련이 지적 호기심을 없앴던 것이다. 우리는 구식 훈련위주를 고집하는 방법이 아닌 다른

1　옮긴이 주: George Gilbert Aimé Murray(1866-1957)는 영국의 고전학자이다.

방법으로 어려운 일을 해내는 법을 획득해야 한다. 나는 이것이 불가능하다고 보지 않는다. 미국에서 볼 수 있는 것인데, 대학에서 게을러 공부를 못한 학생이 법대나 의대에 가서는 열심히 공부하는 경우다. 결국 공부하는 일이 자신에게 중요하다는 충격을 받아야 하게 되는 것이다. 이것이 바로 문제의 핵심이다. 즉 학교공부가 학생들에게 중요하게 보이도록 해야 한다. 그러면 열심히 한다. 그러나 공부가 너무 쉽게 보이면 학생들은 거의 본능적으로 당신이 그들에게 진정으로 가치 있는 무엇을 제공하지 못했다는 것을 알게 된다. 똑똑한 학생들은 남녀 모두 어려운 공부가 자신의 정신을 시험하는 것을 좋아한다. 좋은 교수법과 공포의 제거는 지금은 어리석고 무기력하게 보이는 많은 소년 소녀들을 좀 더 똑똑해지게 할 수 있다.

교육 전체를 통해, 가능한 한 학생으로부터 시작되어야 한다. 몬테소리 여사는 어린아이의 경우 이런 일이 어떻게 이루어지는지 보여주었다. 하지만 좀 더 큰 아이들의 경우, 다른 방법이 필요하다. 내 생각에 진보주의 교육자들이 일반적으로 인정한 바이지만 종래에 해 왔던 것보다 훨씬 많은 개인학습을 하고 학급단위로 하는 수업을 줄이는 것이다. 그리고 개인적 학습이지만 각자가 자기 공부에 열중하는 아이들로 꽉 찬 교실에서 해야 한다. 도서실이나 작업실도 아이들에게 적당히 여유 있는 방으로 해야 한다. 하루의 학습시간 중 대부분은 자발적인 자기 주도의 학습을 위해 마련해야 한다. 동시에 학생들은 자기가 한 공부를 글로 써서 자기가 알게 된 지식에 대한 개요를 작성해야 한다. 이것은 사물에 대한 그의 기억을 확실하게 하고 독서를 산만하게 하는 대신 목적을 정하고 하는 독서가 되게 한다. 그리고 선생은 학생 하나하나에 필요한 정도로 감독을 한다. 학생이 똑똑하면 그럴수록 감독할 필요는 줄어든다. 반대로 그렇지 않을 경우, 상당한 지도가 필요할 것이다. 그렇다 해도 그들에게 명령조로 하는 것보다 오히려 암시나 질문 그리고 자극을 주는 식으로 해야 한다. 그러나 그렇다고 해도 정해진 과제에 관한 여러 가지 사실을 확인하고 이런 사실을 양식에 따라 제출하는 연습을 할 수 있도록 주제를 정해야 한다.

정규적인 공부 외에 아이들은 정치적, 사회적, 그리고 신학적인 것까지도 논쟁거리가 되는 여러 가지 중요한 문제에 관심을 갖도록 해야 한다. 아이들은 오로지 정통파의 측면에서뿐만 아니라 여러 측면에서 나온 논쟁에 필요한 책을 읽도록 자극을 주어야 한다. 그중에서 어느 한쪽 혹은 다른 쪽에 강한 느낌을 받았다면 그 입장을 지지하는 사실을 어떻게 찾아냈는지를 밝혀야 한다. 그리고 그들과 반대되는 입장에 서 있는 사람들과 토론하게 해야 한다. 토론은 진리를 확인하는 과정으로서 진지하게 해야 그 가치가 있다. 이와 같은 토론에 교사는 한쪽으로 기울어지는 일이 있어서는 안 된다. 만일 거의 모든 학생이 한편으로 쏠리는 경우, 교사는 다른 편에 서야 한다. 그것은 오직 논쟁이 그 목적이기 때문이다. 그게 아니면 교사는 단지 사실에 대한 오류를 시정해 주는 역할을 하는 데 그칠 것이다. 이런 방법으로 학생은 변론술의 경쟁에서의 승리보다 진리를 확인하기 위한 토론을 학습하게 된다.

내가 만일 아이들 학교의 교장이라면 우리 시대의 당면한 과제를 피하는 것도, 아니면 선전하는 것도 둘 다 바람직하지 않다고 본다. 아이들이 받고 있는 교육이 세상을 시끄럽게 하는 일에 대해 적절하게 맞서고 있다고 느끼게 해 줘야 한다. 즉 학교교육이 실제 생활과는 동떨어져 있지 않다는 것을 느끼게 해 줘야 한다. 그러나 나는 내 개인의 견해를 학생들에게 강요하는 일은 결코 없을 것이다. 내가 해야 할 일은 실제적인 문제에 대한 과학적 태도가 무엇인지 보여 주는 것이다. 나는 학생들이 토론은 토론으로, 그리고 사실은 사실 그 자체로 대하기를 바란다. 정치에서 특히 이런 습관은 귀하기 때문에 그만큼 가치가 있다고 본다. 모든 열광적인 정당은 신화의 보호막을 만들어 그 속에서 편안하게 정신적인 백일몽을 꿈꾼다. 정열은 너무도 흔히 지성을 죽인다. 반대로 지성은 지식인들에 의해 수시로 정열을 죽인다. 내가 목표로 하는 것은 이 두 가지 불행을 피하는 것이다. 정열적인 감정은 파괴적인 것이 아니라면 바람직한 것이다. 그리고 지성 또한 동일한 조건부로 바람직한 것이다. 나는 본질적인 정치적 정열은 건설적이기를 바란다. 그래서 나는 지성은 이런 정열에 좋은 역할로 봉사해야 한다고 생각한다. 그러나 이런 봉사는 환상의 세계에서가 아닌 진심이며 객관적인 것이 되어야 한다. 현실 세계가 충분히 우리 마음에 들지 않을 때 우리는 모두 공상의 세계로 도피하려는 성향을 보여 준다. 거기에는 우리의 욕망이 별다른 노력 없이 채워지기 때문이다. 이것이 히스테리 증세의 본질이다. 이것은 또한 국가주의자들의 원천이며 신학적 그리고 계층적 신화의 원천이다. 이것은 또한 오늘의 세계에서 거의 보편적인 것이 되어 버린 허약한 성질을 보여 준다. 이 허약한 성질과의 투쟁이야말로 후기 학교교육의 하나의 목적이 되어야 한다. 이 투쟁에는 두 가지 방법이 있다. 어떤 의미에선 서로 대립된 것이지만, 두 가지 다 필요한 것이다. 하나는 현실 세계에서 성취할 수 있는 것에 대한 우리의 감각을 증대하는 것이고, 다른 하나는 우리의 꿈을 일소하기 위한 방법으로 무엇을 할 수 있는지에 대해 감각이 예민해지는 것이다. 이 두 가지 방법은 둘 다 우리의 생활태도를 주관적인 것이 아닌 객관적으로 갖는 것을 의미한다.

주관주의의 걸작인 하나의 실례로 돈키호테가 있다. 그가 처음 헬멧(중세의 투구)을 만들었을 때, 타격을 받았을 경우 얼마나 견딜 수 있는지 그 효력을 시험했다. 그랬더니 헬멧의 형태가 쭈그러졌다. 그 다음에 그는 시험해 보지도 않고 아주 잘된 투구로 믿어 버렸다. 이 '믿어 버리는' 습관은 그의 일생을 지배한다. 유쾌하지 않은 사실에 직면할 때마다 그 사실을 부정하는 것은 모두 이와 동일한 종류의 것이다. 우리는 누구나 다소간 돈키호테이다. 만일 돈키호테가 학교에서 헬멧 만드는 방법을 제대로 배웠다면, 그리고 그가 믿고 싶은 것을 '믿어 버리기를' 거부하는 친구들이 있다면, 그는 그렇게 행동하지 않았을 것이다. 공상 속의 생활은 어린 시기에 정상적이고 흔히 있는 습관인데 왜냐하면, 어린이는 병적인 것은 아니지만 어떤 무기력감을 갖기 때문이다. 그러나 성인에 가까워지면서 꿈이란 그것이 조만간 현실화될 수 있을 때만 그 가치를 지닌다는 사실을 분명히 자각하지 않으면 안 된다. 다른 아이들이 순전히 개인적인 것을 당연한 권리로 주장하는 경우, 이를 저지하는 아이는 칭찬받을 만하다. 즉 학교에서 친구들과의 관계에서 자기의 능력을 환상적으로 믿어 버리기는 어려운 것이다. 그러나 신화를 만드는 능력은 다른 방향으로 계속 활동한다. 때로는 선생들과 합동으로. 자기들의 학교는 세계에서 최고라든가, 자기 나라는 언제나 정당하고 언제나 승리한다는 것, 또한 (그가 만일 부자라면) 자기가 속한 계급이 다른 계급보다 우월하다는 생각 등이 그것이다. 이런 모든 것은 바람직하지 않은 신화다. 이런 신화는 사실 누군가가 그 헬멧을 두 동강으로 잘라 버릴 수 있는데도 여전히 좋은 헬멧을 가졌다고 믿게 만든다. 이런 식으로, 신화는 태만을 조장하고 결국 재앙을 초래하게 된다.

　다른 많은 경우처럼, 이런 정신적 습관을 치료하기 위해서는 공포를 불행에 대한 이성적 예측으로 바꿔 놓아야 한다. 공포는 사람들로 하여금 현실로 다가온 위험을 똑바로 보기 싫어하게 만든다. 주관주의에 빠진 사람들은 가령, 한밤중에 '불이야' 하는 외침을 들었다 해도 불이 난 것은 이웃집이겠거니 짐작하고 만다. 사실이 너무 두렵기 때문이다. 그래서 그는 도피할 수 있는데 기회를 놓치게 된다. 물론 이런 것은 병적인 경우에만 일어날 수 있다. 그러나 이 같은 일은 정치판에서는 보통이다. 공포는 하나의 감정이며, 올바른 과정이 사고에 의해서만 발견될 수 있는 모든 경우에 재앙이 된다. 따라서 우리는 공포의 느낌 없이 악의 가능성을 예견하는 것을, 그리고 우리의 지성이 피할 수 있는 악을 피하는 데 유용하게 쓰이기를 원한다. 전혀 불가피한 재앙에 대해서는 용기로 정면 대결해야 한다. 그러나 지금 내가 말하고자 하는 것은 이런 재앙에 대한 것은 아니다.

이미 앞서 언급한 공포에 대해 다시 반복하고 싶지는 않다. 지금 내가 관심을 가진 것은 올바른 사고에 방해가 되는 지적 영역에서의 공포와 관련된 것이다. 이 영역에서는 성인보다는 젊었을 때 한결 쉽게 극복이 된다. 왜냐하면 어른들보다 젊은 남녀학생들에게 의견을 바꾼다는 일은 큰 재앙이 될 가능성이 적기 때문이다. 어른은 이미 그 생활이 어떤 조건 위에 서 있기 때문이다. 이런 이유로, 나는 젊은이들에게 지적 논쟁의 습관을 권장하는 것이다. 그리고 비록 그들이 중요한 진리라고 생각한 나의 견해에 대해 의문을 갖는다 해도 그들의 사고방법에 어떤 방해물도 놓고 싶지 않다. 나의 교육목적은 정설이 아니라, 이설일지라도 생각하는 방법을 가르치는 것이다. 그래서 나는 결코 환상적인 도덕적 관심에 지성을 희생시키는 일은 하지 않겠다. 일반적으로 도덕교육은 허위를 가르칠 필요가 있다고 하는 것 같다. 정치에 있어서도 우리는 자기 정당에 속한 우수한 정치가의 결점을 덮어 두려고 한다. 신학에서는, 가톨릭에 속해 있을 때는 교황의 죄를, 신교일 때는 루터나 칼뱅의 죄를 덮어 두려 한다. 성 문제에서는 실제보다 성도덕이 많이 좋아졌다는 식으로 젊은이들에게 과장한다. 어느 나라에서든 경찰이 바람직하지 않다고 생각하면 어른이라 해도 그 사실을 아는 것을 허락하지 않는다. 영국의 검열관은 인생을 거짓 없이 연기하는 연극도 허락하지 않는다. 대중은 오직 속임수로 덕을 주입할 수 있다고 믿기 때문이다. 이와 같은 태도는 모두 어떤 약점을 지니고 있다. 진리가 어떤 것이든 우리는 알아야 한다. 그래야 우리는 합리적으로 행동할 수 있다. 권력을 가진 자는 그들 노예의 눈을 가려 진리를 은폐한다. 노예들은 그렇게 해서 강자의 이익에 합당하게 일한다. 이것은 쉽게 알 수 있는 것이다. 다만 이해가 안 되는 것은 민주정치라는 게 자진해서 진리를 은폐하는 여러 법률을 만드는 일이다. 이거야말로 집단적 돈키호테주의다. 즉 그들은 헬멧이 그들이 믿고 싶은 것보다 별로 좋지 않다는 말을 듣지 않기로 결심한 것이다. 이와 같은 비열한 태도는 자유로운 남자나 여자에게 어울리는 것은 아니다. 우리 학교에서는 지식에 방해가 되는 것은 어떤 것이든 있을 수 없다. 나는 거짓이나 기만이 아닌 정열과 본능의 올바른 훈련을 통해 도덕을 탐구할 것이다. 내가 원하는 도덕은 공포도 없고 제한도 받지 않는 지식의 탐구로, 이것은 가장 근본적인 것이며, 이것 없이는 다른 사소한 것은 별 가치가 없는 것이다.

내가 말하고 싶은 것은 과학적 정신을 배양해야 한다는 것이며, 그 외의 것은 없다. 많은 우수한 과학자들도 그들의 전문 영역 외에는 이런 정신이 결여되어 있다. 그래서 나는 이런 정신을 모든 영역에 스며들게 하고 싶다. 과학적 정신이 요구하는 것은 첫째로, 진리를 탐구하려는 욕망이다. 그 욕망이 강하면 강할수록 그만큼 좋다고 본다. 더구나 이 과학적 정신에는 어떤 특질이 내포되어 있다. 처음에는 불확실하다가도 나중에는 증거에 의해 확실해진다. 우리는 마치 증거가 입증되는 결과를 이미 알고 있다는 식으로 앞질러 상상하지 말아야 한다. 또한 나태한 회의주의에 만족해서도 안 된다. 회의주의자들은 객관적인 진리는 획득할 수 없는 것이며 모든 증거는 결정적일 수 없다고 간주한다. 우리는 최선의 기반에서 획득한 신념이라 해도 얼마간의 수정이 가능하다는 것을 인정해야 한다. 그러나 인간으로서 도달할 수 있는 진리란 정도의 문제라고 생각한다. 물리학에 대한 우리의 확신은 갈릴레오 시대 이전보다는 지금은 오류가 줄었다는 사실이다. 아동심리학에 대한 우리의 신념은 아놀드 박사 때보다 확실히 진리에 접근하고 있다. 이 두 개의 경우에서 우리는 선입견이나 감정 대신 관찰을 대치함으로써 발전되었다는 것을 알 수 있다. 처음 준비단계의 불확실성이 그만큼 중요한 것은 이런 발전을 위해서이다. 이런 것을 가르치고 또한 발전하고 있는 증거를 입증하기 위해 필요한 기술을 가르쳐야 한다. 우리에게 끊임없이 거짓을 선동하는 이 경쟁적인 세상에서, 그리고 우리에게 독이 되는 약을 먹게 하고 서로 독가스를 품어 대는 이 세상에서, 비판적인 정신의 습관이야말로 가장 중요한 것이다. 눈앞에서 끊임없이 반복되는 자기 주장에 쉽게 넘어가는 것은 현대의 저주 중 하나이다. 따라서 학교는 이런 저주를 막을 수 있는 것이라면 무엇이든 해야 한다.

전 학년을 통해 지적 모험의 정신이 있어야 한다. 학생들은 학교에서 정해 준 공부 외에 스스로 어떤 것에 몰입할 수 있는 기회를 찾아야 한다. 따라서 정해 준 공부가 너무 과중해서는 안 된다. 그리고 칭찬을 받을 만하면, 언제나 칭찬해 줘야 한다. 또한 잘못이 지적되더라도 비난을 받는 일은 없어야 한다. 학생들은 결코 그들이 어리석다는 것을 부끄럽게 만들어서는 안 된다. 교육에서 가장 강한 자극은 무엇이든 해낼 수 있다는 느낌을 주는 것이다. 지루하다는 느낌을 갖게 하는 지식은 별 도움이 안 된다. 그러나 열심히 배운 지식은 그의 영구적인 재산이 될 것이다. 지식과 현실생활의 관계를 학생들에게 가시화하고 지식에 의해 세상이 달라질 수 있다는 것을 이해하게 해 줘야 한다. 교사는 선천적인 원수가 아니라 학생들의 협력자로 보이도록 해야 한다. 조기교육을 제대로 잘 받았다면, 이러한 교훈은 대부분의 소년 소녀에게 지식 습득을 매우 즐거운 것으로 받아들이게 하기에 충분하다고 본다.

통학학교와 기숙학교

아이를 기숙학교에 보낼 것인지, 아니면 통학학교[1]에 보낼 것인지는 그 환경과 체질에 따라 각자 결정하지 않으면 안 된다. 두 제도는 각각 장점이 있다. 어떤 경우는 한 제도의 장점이 더 크고, 다른 경우는 다른 제도의 장점이 더 크다. 이 단원에서는 내 아이를 위해 이 문제를 결정할 경우, 무게를 두고 싶은 논의부터 시작하겠다. 다른 양심적인 부모도 아마 비슷하게 생각할 것이다.

무엇보다도 먼저 건강을 생각해야 한다. 실제로 학교의 실상이 어떻든 간에 학교는 건강 문제에 대해 대부분의 가정보다 더욱 과학적으로 세심한 주의가 가능해야 한다. 왜냐하면 학교는 최신 지식을 가진 의사, 치과의사, 보모를 고용할 수 있는 반면, 바쁜 시간을 보내는 부모는 비교적 의학적 지식이 적기 때문이다. 그뿐만 아니라 학교는 건강에 좋은 동네에 세울 수 있기 때문이다. 대도시에 사는 경우, 이런 이유만으로도 기숙학교를 지지할 만하다. 젊은이들이 그들의 생활

---

1 옮긴이 주: 기숙학교(boarding school)는 기숙사를 겸한 학교이다(boarding은 식탁을 뜻한다). 반면 통학학교(day school)는 집에서 통학하는 학교이다.

대부분을 시골에서 보낸다는 것은 확실히 좋은 것이다. 그렇기 때문에 도시에서 살아야 할 부모들은 교육을 위해 아이들을 시골로 보내야 한다. 그러나 이런 논의는 머지않아 그 타당성을 잃게 될 것이다. 왜냐하면 예를 들어, 런던의 위생은 꾸준히 향상되어 가고 있다. 그래서 자외선을 인공시설로 받아 시골의 수준까지 올릴 수 있을지도 모르는 일이다. 그럼에도 가령 질병을 시골과 같은 정도로 줄일 수 있다 해도 상당한 신경의 긴장 상태는 남아 있을 것이다. 끊임없는 소음은 아이들이나 어른에게 나쁘다. 전원풍경, 축축한 흙냄새, 바람과 별들은 남녀 모두에게 좋은 기억으로 남아 있어야 한다. 그래서 일 년 중 많은 시간을 시골에서 보내는 것은 어떤 개선 정책이 도시의 건강을 위해 적용된다 해도 젊은이에게는 중요하다.

또 다른 논의는 대단한 것은 아니지만, 기숙학교를 선호하는 이유는 학교에 가고 오는 교통시간을 절약할 수 있기 때문이다. 대부분의 사람들에게 좋은 학교가 집 근처에 있는 것은 아니다. 그리고 통학 거리의 문제도 보통은 아니다. 이 문제는 도시생활자에게 심각하지만 시골에 사는 사람에게도 심각한 것이다.

교육방법에 어떤 개선정책이 요청될 때, 우선 기숙학교에서 채용 여부를 시도하는 것은 거의 불가피한 것이다. 왜냐하면 학교를 신뢰하는 학부모들이 모두 학교 근처에서 생활할 수는 없기 때문이다. 이런 것은 유아에게는 적용이 안 된다. 유아는 아직 전적으로 교육당국의 손안에 있지 않기 때문이다. 결과적으로, 몬테소리 여사와 맥밀런 여사가 빈민층 아이들을 대상으로 실험하게 된 것이다. 이와 반대로, 사회에서 인정받은 학교에서는 오직 부자들만이 그 자녀들의 교육적 실험을 시도할 수 있다. 그들 대부분은 물론 옛날부터 내려온 전통적인 것을 좋아한다. 다른 것을 시도해 보고 싶은 소수의 사람들은 지리적으로 넓게 흩어져 있기 때문에 어떤 통학학교를 지지하기에는 충분한 수가 안 된다. 비데일즈(Bedales)와 같은 실험은 오직 기숙학교에서나 가능한 것이다.

한편, 다른 쪽의 논의도 충분히 생각해볼 만하다. 학교에서는 생활 전체의 모든 면이 드러나는 것은 아니다. 학교는 인위적인 공간이고 학교 내의 문제가 이 세상 전체의 문제는 아니다. 휴일에만 집에 가는 남자아이는 그날만 집에서 법석을 떨며 환영받기 때문에 매일 아침저녁을 집에서 보낸 아이보다 생활에 대한 지식을 거의 못 얻을 가능성이 있다고 본다. 요즘 여자아이의 경우는 좀 다르다. 왜냐하면 많은 가정에서 그들에게 요구하는 것이 많기 때문이다. 그러나 여자아이들의 교육이 남자아이들과 동일한 수준으로 이루어짐에 따라, 그들의 가정생활도 같아질 것이다. 그래서 여자아이들의 가사에 대한 많은 지식도 사라질 것이다. 15세 혹은 16세가 지나면 남자 여자 모두 부모의 직업이나 걱정거리에 어느 만큼 동참해야 한다. 너무 많으면 공부에 방해가 되기 때문에 좋지 않다. 그러나 어른도 그들 자신의 생활이나 자신들의 관심사, 그리고 그들 자신의 중요성을 간직하고 있다는 것을 실감하게 하기 위해 어느 정도 필요하다. 학교에서는 젊은이들에게만 관심이 집중되어 있어 무엇이든 그들을 위해서만 이루어지고 있다. 공휴일이면 집안의 분위기는 젊은이들이 지배하기 쉽다. 그 결과, 자칫 거만해지고 완고해지며 어른들 생활을 전혀 모르는 상태로 부모와 멀어지기 쉽다.

이런 상태는 젊은이들의 애정 문제에 나쁜 영향을 줄 수 있다. 부모에 대한 그들의 애정은 마비되고 취미나 일이 그들과 같지 않은 어른에게 어떻게 대해야 좋은지를 배울 수 없게 된다. 내 생각에, 이런 경향은 이기심의 완성이랄까 배타적인 성격이 되어 자기만이 잘났다는 느낌을 갖게 한다. 가족은 이런 경향을 시정하는 가장 자연스러운 집단이다. 왜냐하면, 가족은 연령의 차이, 성별, 그리고 역할의 차이로 구성된 하나의 집단이기 때문이다. 가족은 동질적인 개인의 집단이 아니라는 의미에서 유기적이다. 부모는 자식이 많은 걱정을 끼치기 때문에 그들을 사랑한다. 또한 부모가 자식들에게 전혀 걱정이 안되면 자식은 부모를 진지하게 생각하지 않을 것이다. 그러나 부모의 걱정은 이치에 닿아야 한다. 말하자면, 아이들이 해야 할 일이 있고 그들 자신의 생활을 위해 필요한 만큼만 해 주는 거다. 다른 사람의 권리를 존중하는 것은 젊은이가 배워야 할 일 중 하나이다. 이런 것은 다른 어느 곳에서보다 가정에서 배우는 게 쉽다. 아버지가 쉴 새 없이 근심걱정에 시달릴 수 있고, 어머니가 여러 가지 좀스러운 일로 지쳐 있을 수 있다는 것을 아이들이 알고 있는 것이 좋다. 그리고 부모에 대한 효도는 사춘기의 기억 속에 남아 있어야 한다. 가족의 애정이 없는 세상이란 지배자로 군림하려다가 실패하면 아주 비굴해지는 그런 살벌하고 기계적인 세상이다. 이 같은 나쁜 영향이 어쩌면 아이를 기숙학교에 보내서 생기는 일이 아닐까 하는 두려움마저 든다. 그래서 나는 이런 영향이 기숙학교가 갖는 큰 장점을 상쇄할 만큼 심각한 것으로 생각한다.

물론 현대 심리학자들이 주장하는 것처럼 부모의 지나친 간섭이 얼마나 해로운건지 모른다. 그러나 두 살 또는 세 살 때 학교에 가는 아이들에게는 그런 일이 벌어진다고는 믿지 않는다. 내 생각에, 조기에 통학학교 교육을 받을 수 있는 아이는 부모의 지배와 무관심 사이에 정당한 타협이 가능하다고 본다. 우리가 지금까지 해 온 여러 가지 고찰로 보아 만일 좋은 가정이란 전제가 주어진다면, 분명 이것이 하나의 최선의 길이라고 생각한다.

감수성이 예민한 아이의 경우, 아이들만으로 구성된 사회에 놔둔 다는 것은 어느 정도 위험할 수 있다. 12세 전후의 사내아이들은 대 부분 어느 편인가 하면, 야만적이고 감수성이 둔한 단계에 있다. 극히 최근에 이름난 어떤 공립학교에서 노동당에 동정적이었다는 이유로 신체적인 큰 부상을 입은 일이 있었다. 남자아이의 취미나 견해가 평 균적인 아이들과 다를 때, 심각한 고통을 당할 수 있다. 지금도 남아 있는 현대적이며 진보적인 기숙학교에서까지도 보어(Boer) 전쟁 중, 그 편을 들었던 아이들이 봉변을 당했다. 독서를 좋아하거나 공부를 싫어하지 않는 아이는 거의 틀림없이 학대를 당한다. 프랑스에서는 가장 총명한 학생은 **고등사범학교**(École Normale Supérieure)²에 다니 고 보통 아이들과는 어울리지 않는다. 이 계획은 분명히 장점을 가지 고 있다. 이것은 우수한 지식인의 신경파괴와 그들이 속물들의 아첨 꾼이 되어 버리는 것을 막아 주기 때문이다. 영국에서도 이런 일은 많 이 일어난다. 이 계획은 인기 없는 학생이 당하는 긴장이나 불행을 피 하게 해 준다. 또한, 총명한 학생들이 그들에게 적합한 가르침을 받을 수 있게 해 주고 지능이 좀 떨어지는 아이들보다 빠른 속도로 더 많은 것을 얻게 해 준다. 그러나 한편, 이것은 우수한 학생들을 나중에 사 회의 다른 사람들로부터 고립된 생활을 하게 하고 또한 보통 사람을 이해하기 어렵게 할 것이다. 그러나 이 같은 불리한 점이 있을 수 있 다 하더라도 나는 전체적으로 보아 이 방법이 영국 상류사회의 방법 보다 낫다고 생각한다. 운동경기에서 어쩌다 좋은 성적을 내지 못했 다고 우수한 두뇌의 소유자, 혹은 우수한 도덕적 기질을 가진 아이들

---

2   옮긴이 주: 고등사범학교(École Normale Supérieure)는 프랑스의 수재들이 입학하 는 대학이다.

을 괴롭히는 그런 방법보다는 낫다고 생각한다.

어쨌든 사내아이들의 야만성은 불치의 병은 아니며 사실상 예전보다는 많이 줄어들었다. 소설 『톰 브라운의 학창 시절』[3]은 암담한 광경을 보여 준다. 요즘 사립학교와 비교한다면 과장되기도 했다. 그것은 우리가 앞에서 고찰해 온 조기교육을 받은 아이들에게는 적용되기 어려운 것이다. 나는 또한 남녀공학이 비데일즈가 보여 준 것처럼 기숙학교에서도 가능한 것이지만, 사내아이에게 예의바른 좋은 영향을 줄 수 있다고 생각한다. 나는 태생적인 성차를 쉽게 인정하지 않지만, 그래도 여자아이가 이상한 아이를 잔인하게 때리는 경향이 사내아이들에 비해 덜하다고 생각한다. 그러나 현재 지적으로, 도덕적으로 혹은 감수성이 평균 이상인 학생을 보내고 싶은 기숙학교는 거의 없다고 본다. 그 학생이 정치에 보수적이거나 신학에 정통파가 아니더라도 말이다. 그와 같은 사내아이들을 위해서는 현재 존재하는 사립학교 제도는 나쁜 것으로 확신한다. 그와 같은 사내아이들 중에는 예외적으로 우수한 학생들이 대부분이다.

이상으로, 기숙학교에 대한 찬반 논의에서 두 가지 본질적인 그리고 대치할 수 없는 것이 있다. 그 두 가지는 서로 대립된 것이다. 한쪽은 시골의 공기와 넓은 장소가 있는 혜택이 있고, 다른 한쪽은 가족의 사랑과 가족의 책임감에서 알게 되는 교육이 있다. 시골에 사는 부모의 경우, 기숙학교를 선호하는 다른 이유가 있다. 말하자면, 집 근처에 좋은 통학학교가 없다는 것이다. 이와 같이 서로 의견이 다르다 보면 어떤 보편적인 결론을 끌어내기는 어렵다고 본다. 어린이들이 튼

---

3   옮긴이 주: *Tom Brown's School Days*는 Thomas Hughes의 교훈 소설로 1857년 출간되었다.

튼하고 활달하다면 건강 문제는 그렇게 심각하게 다루지 않아도 된다. 그렇게 되면 기숙학교에 대한 논의는 끝나는 것이다. 한편, 부모에게 효도하는 아이들이라면 통학학교가 좋다는 논의는 끝나는 것이다. 왜냐하면 가족 간의 애정을 그대로 간직하기 위해서는 공휴일이면 충분하고, 학교에 가는 동안은 그 애정이 과잉되지 않게 해 주기 때문이다. 예외적으로 감수성이 뛰어난 아이는 기숙학교에 가지 않는 것이 좋다. 그리고 극단적인 경우, 전혀 학교에 다니지 않는 것도 좋다. 물론 학교가 좋으면 나쁜 집보다는 낫고, 좋은 집은 나쁜 학교보다 낫다. 그런데 둘 다 좋다면 경우에 따라 각기 그 장점에 따라 결정해야 한다.

지금까지 나는 개인의 선택이 가능한 잘사는 사람들의 입장에서 저술하였다. 그러나 사회적 견지에서 정치적으로 본다면 다른 논의가 생길 수 있다. 한쪽에는 기숙학교의 돈이 드는 문제가 있고, 다른 쪽에서는 아이를 집에서 떠나게 하면 주택 문제가 간단하다는 점이다. 극단적인 경우를 제외한다면, 나는 누구나 18세까지는 학교교육을 받게 해야 한다고 보고 전문적 직업교육은 18세 이후에나 시작해야 한다고 믿는다. 지금 다루고 있는 주제에 대해 양쪽에서 여러 가지 논의가 있을 수 있으나 앞으로 상당 기간은 경제적 고려가 이 문제를 결정하게 될 것이다. 말하자면, 임금노동자의 아이들의 경우, 대부분 통학학교를 선호하게 될 것이다. 이런 결정이 잘못되었다는 명확한 논거가 없는 이상, 교육적인 근거에 의한 것이 아니라 해도 우리는 그 선택을 받아들여야 한다.

18

대학

지금까지 우리는 좋은 사회제도하에서는 누구에게나 열려 있는, 그리고 실제로 모든 사람이 누려야 할 성격교육과 지식교육에 대해 고찰해 왔다. 가령 음악적 천재와 같은 특수한 이유가 없는 한 그렇다고 본다(만일 모차르트가 18세까지 정규학교에 다녔다면 불행했을지도 모른다). 그러나 나는 설사 이상적인 사회라 해도 많은 사람들은 대학에 가지 않을 거라고 생각한다. 현재 21세 혹은 22세까지 학교교육이 연장되었지만 그 혜택을 받는 인구는 소수에 불과하다고 확신한다. 분명 오늘날 역사가 있는 대학에 출몰하는 부잣집 망나니들은 대학에서 별 이익을 받지 못하고 있으며 단지 기분전환이 몸에 밴 것뿐이다. 따라서 우리는 어떤 원칙으로 대학에 갈 사람을 선택해야 하는지를 묻지 않을 수 없다. 현재로는 대개 그 부모가 대학에 보낼 능력이 있을 때 대학에 간다. 물론 이런 선발의 기준은 장학금제도에 따라 수정되고 있다. 분명 이 선택 기준은 재정적이 아닌 교육적인 것이 되어야 한다. 학교교육을 잘 받은 18세의 남녀학생들은 충분히 유익한 일을 할 수 있다고 본다. 만일 그들이 그 이후 3년 내지 4년을 더 연장한다면 사회는 당연히 그 기간 동안이 유익하게 사용되기를 기대할 권리가 있다. 그러나 누가 대학에 가야 하느냐를 결정하기에 앞서 사회생활에서 대학의 기능이 무엇인지 생각해 볼 필요가 있다.

영국대학은 지금까지 삼 단계를 거쳐 왔다. 두 번째 단계는 아직 완전히 세 번째 단계로 이행되지는 않았다. 처음에는, 대학은 성직자를 위한 훈련학교였다. 중세 대학은 거의 전적으로 성직자에게만 한정된 것이었다. 그런 다음 르네상스에 와서는 모든 부자들은 교육을 받아야 한다는 관념이 보급되었다. 그렇지만 여자가 남자만큼 교육을 받을 필요는 없다고 생각했다. 17세기, 18세기, 19세기를 통해, 그리고 아직도 옥스퍼드에서는 소위 '신사를 위한 교육'이 제공되고 있다. 제1장에서 우리가 고찰한 바와 같은 이유로 따진다면, 당시 대단히 유익했던 이상은 오늘날에는 시대에 뒤떨어진 이상이 된 것이다. 즉 귀족정치에 의존하는 이상은 민주정치나 산업적 재벌정치하에서는 꽃피우기 어려운 것이다. 만일 귀족정치가 있어야 한다면 그때는 교양 있는 신사들로 구성되어야 한다. 그러나 귀족정치는 없는 것이 더 낫다. 이 문제에 대해 나는 토론할 필요를 느끼지 않는다. 왜냐하면 영국에서는 이미 선거법 개정안과 곡물법안의 폐지가 결정되었고, 미국에서는 독립전쟁에 의해 이미 결정되었기 때문이다. 아직도 이 나라에 귀족주의의 여러 가지 잔재가 있는 것은 사실이다. 그러나 그 정신은 이것과 전혀 다른 재벌정치의 정신이다. 성공한 사업가들의 속물근성은 그들의 아들을 '신사'로 만들기 위해 옥스퍼드에 보낸다. 그러나 그 결과 그 아들들은 사업에 혐오증을 느끼고, 다시 상대적인 빈곤에 빠져 생활비를 벌어야 할 필요를 갖게 된다. 따라서 '신사를 위한 교육'은 국민생활의 하나의 중요한 역할을 잃었다. 그리고 앞으로는 무시되어 버릴 것이다.

이렇게 대학은 중세에 독점했던 자리와 대단히 유사한 그 위치로 되돌아가게 되었다. 대학은 전문직을 위한 훈련학교가 되어 가고 있다. 변호사, 성직자, 그리고 의사들은 보통 대학교육을 받았고 일반 행정사무관도 대학공부를 했다. 전문적 직업인들의 수는 증가하고, 여러 가지 사업에 종사하는 기술자들은 대학 졸업생들이다. 세상이 점점 복잡해지고 산업이 과학화되면서 그럴수록 전문가들이 더욱더 많이 필요하게 된다. 그렇게 되면 그 수요는 대학에서 공급하지 않으면 안 된다. 구식 사람들은 기술학교가 순수학문 세계로 넘나드는 것을 개탄한다. 그러나 그런 일은 계속될 것이다. 왜냐하면 그것은 '문화'와는 상관없는 재벌계급의 요청으로 생겼기 때문이다. 순수한 학문연구의 적은 민주주의의 반란보다 더한 바로 그들이다. '쓸모없는 학문' 즉 '예술을 위한 예술'과 같은 것은 재벌주의의 이상이 아니라 귀족주의의 이상이다. 이런 이상이 살아남은 것은 르네상스의 전통이 아직 죽지 않았기 때문이다. 나는 이 같은 이상이 무너져 내리는 것을 대단히 안타깝게 생각한다. 왜냐하면 순수한 학문이야말로 귀족주의와 관련된 가장 우수한 결실로 봐 왔기 때문이다. 그러나 귀족주의의 폐단은 그 장점을 능가할 정도로 큰 것이었다. 우리가 바라든 아니든 간에 산업주의는 귀족주의를 소멸시킬 것이다. 따라서 우리는 귀족주의를 새롭고 더욱 강력한 힘으로 연결시켜 우리가 할 수 있는 것을 지키기로 결심해야 한다. 단지 전통에만 매달리는 한 우리는 지는 싸움을 하는 꼴이 된다.

만일 순수한 학문연구가 대학교육의 하나의 목적으로 존속되어야 한다면 그것은 소수의 유한계급을 즐겁게 하기보다는 사회전체로서의 생활과 관련된 것이어야 한다. 나는 이해관계를 떠난 학문을 대단히 중요하게 생각한다. 그래서 학문연구를 위한 자리가 줄어드는 게 아니라 늘어나기를 희망한다. 영국에서, 그리고 미국에서 양쪽 다 이 자리를 줄게 하는 주된 세력은 무지한 백만장자로부터 기부금을 받을 욕심에서 비롯되었다. 이런 경향을 치료하는 방법은 산업계의 통솔자들이 이해할 수 없는 사업에 기꺼이 공금을 투자할 수 있는 교육적 민주주의의 창조에 있다. 이것은 결코 불가능한 것은 아니다. 그러나 이것을 위해서는 일반적인 지적 수준의 향상이 요청된다. 만일 학식 있는 지식인들이 부자들의 식객노릇에서 자유로워진다면 훨씬 쉽게 될 수 있다. 지식인들의 이런 태도는 후원자들이 생활비를 부담하는 자연스러운 근거가 되었던 시대로부터 내려온 것이다. 물론 학문과 학자를 혼동할 수는 있다. 순전히 공상적인 예를 하나 들겠다. 학자는 유기화학 대신 양조업을 가르치는 것으로 경제적인 이익을 얻을 수 있다. 즉 그는 돈을 벌 수는 있지만 학문은 희생된다. 그러나 학자가 연구에 더 많은 순수한 애정이 있다면 양조업을 가르치는 교수들에게 돈을 주는 업자들을 정치적으로 편들지는 않을 것이다. 그리고 만일 민주주의의 편을 든다면 민주주의는 그의 학문적 가치를 적극적으로 인정할 것이다. 이와 같은 모든 이유로 내가 바라고 싶은 것은 학술단체가 부자들의 은혜에 기대는 것보다는 공공기금에 의존하는 것이다. 이런 폐단은 영국보다는 미국에서 더하다. 그러나 영국에도 있고, 또한 점점 늘어날 것이다.

이 같은 정치적인 고찰을 떠나서 대학은 두 가지 목적을 위해 존재한다고 가정한다. 하나는 남녀에게 일정한 전문직 훈련을 시키는 것이고, 다른 하나는 직접적 실용성과 상관없는 학문연구를 추구하는 것이다. 따라서 우리는 대학에서 이런 전문직 훈련을 받는 사람과 학문연구에 스스로 높은 가치를 부여하는 특수한 종류의 능력을 지닌 사람을 만나고 싶다. 그러나 이것 자체만으로는 어떻게 우리가 전문직에 종사할 남녀학생을 선발하느냐를 결정하지 못한다.

현재, 부모가 상당한 재산을 갖고 있지 않다면 그 아이들은 법학이나 의학과 같은 전문직을 갖기는 어렵다. 왜냐하면 훈련하는 데 비용이 많이 드는 데다 수입이 당장 들어오는 것이 아니기 때문이다. 결국, 선택의 원리는 일에 대한 적합성이 문제가 아니라 사회적으로, 그리고 상속받을 재산이 있느냐가 문제가 된다. 의학의 실례를 들어 보자. 어떤 사회가 효율적으로 일을 처리하는 의료행위를 원한다면 그 사회는 의학적 훈련을 받을 수 있는 능력과 예리한 감각의 젊은이를 선발할 것이다. 현재 이 원칙은 부분적으로 실행되고 있고, 그만큼 비용을 부담할 수 있는 사람들 중에서 선발한다. 그러나 가장 우수한 의사가 될 수 있는 사람 중에 많은 사람들이 너무 가난해서 공부를 못하는 경우도 상당히 있다. 이것은 참으로 통탄할 만한 재능의 낭비다. 또 다른 종류의 예를 들어 보자. 영국은 인구 밀도가 높은 나라이며 그 식량의 태반을 수입에 의존하고 있다. 여러 가지 입장이 있지만 전쟁이 날 때의 안전성을 고려할 때, 식량의 많은 부분이 국내에서 생산된다면 그것은 하나의 큰 이익이 될 것이다. 그러나 우리의 한정된 국토를 충분히 개발한다는 어떤 방법도 제시된 적이 없다. 농부들은 대체로 조상 대대로 내려오는 농부의 자손들이다. 그러나 농토를 구입한 사람들은 어떤 농업적 기술도 불필요한 자본의 소유주이다. 덴마크의 농업 방법은 잘 알려진 바와 같이 우리보다 생산적이다. 그러나 우리나라 농민들에게는 그런 사실을 알려 주는 어떤 시도도 해 본 적이 없다. 우리는 소규모의 땅을 가진 농부 누구에게나 그 이상의 농토를 개발할 수 있는 과학적 농경법의 면허를 가져야 한다고 주장해야 한다. 이것은 마치 우리가 자동차 운전자에게 운전면허증을 요구하는 경우와 같다. 조상 대대로 상속한다는 원칙은 정부가 이미 폐기한 바 있다. 그러나 우리의 실제생활에서는 여러 국면에서 좀처럼 사라지지 않고 있다. 이것이 존재하는 한 이 원리는 이전에 공공사업 면에서 도출된 것과 같은 비능률을 증가시킬 것이다. 우리는 이것을 다음과 같은 두 개의 서로 연결된 규칙으로 바꿔 놓아야 한다. 첫째, 필요한 기술을 습득하지 않은 사람은 누구도 중요한 사업에 손댈 수 없다는 것과 둘째, 그것을 희망하는 가장 유능한 사람에게 기술을 가르칠 것, 이 두 가지이다. 그들의 부모의 자산과는 전혀 무관하다는 뜻이다. 이 두 가지 규칙이 엄청난 능률의 효과를 거둘 수 있을 거라고 확신한다.

그러므로 대학은 특수한 재능을 가진 사람을 위한 특권으로 간주되어야 한다. 그리고 돈은 없어도 능력 있는 학생이 공부하는 동안 공공비용으로 배울 수 있어야 한다. 누구도 능력시험에 합격하지 않고는 입학이 허락되지 않고 또한 누구든 그의 시간을 유익하게 사용함으로써 학교당국을 만족하게 하지 않고서는 남아 있을 수 없게 해야 한다. 부잣집 학생이 3, 4년 동안 그럭저럭 놀다 가는 그런 대학의 개념은 사라지고 있다. 그러나 아직도 우리는 찰스 2세 때처럼 불합리한 시대에 살고 있다.

대학생은 남녀 모두 태만해서는 안 된다고 할 때, 나는 황급히 다음과 같은 말을 첨가할 것이다. 즉 학과시험 제도에 기계적으로 따르지 말라는 점이다. 이 나라의 실제 대학에서는 유감스럽게도 무수한 강의에 참석하기를 주장한다. 개별적인 학습을 선호하는 논의는 몬테소리 여사의 유아교육에서 강력하게 주장되었던 것인데, 이 논의는 20세 전후의 청년들, 특히 예민하고 탁월한 젊은이들에게 더 강력하게 제의되어야 한다. 내가 대학에 다녔을 때 대부분의 내 친구들도 그랬지만, 대학 강의는 시간낭비라는 느낌이 들었다. 좀 과장되기는 했지만 지나친 말은 아니다. 강의가 필요한 진짜 이유는 강의가 명확하게 드러나는 일이기 때문이다. 그렇기 때문에 사업가는 강의에 기꺼이 돈을 지불하는 것이다. 만일 대학교수들이 최상의 교수 방법을 채택한다면, 사업가들은 그들을 태만하다고 보고 정원 감소를 주장할 것이다. 옥스퍼드나 케임브리지 대학은 그 명성 때문에 어느 정도 정당한 교수 방법을 사용할 수 있다. 그러나 새로 생긴 대학은 사업가와 대립하기 어렵다. 대다수의 미국대학이 또한 그와 같다. 교수들은 학기 초에 읽어야 할 책의 목록을 주고, 어떤 학생은 좋아하고 다른 학생은 좋아하지 않는 책에 대한 대략적인 설명을 해 주어야 한다. 교수는 책의 중요한 주제를 지적으로 파악해야 답이 나오는 그런 논문을 요구해야 한다. 교수는 학생이 제출한 논문에 대해 개별적으로 만나야 한다. 1주일에 한 번 혹은 2주일에 한 번 저녁에 와서 만나 주는 정도의 것은 해야 하고 그 논문과 관련된 산발적인 대화도 해야 한다. 이 모든 것은 구식 대학에서 했던 것과 크게 다른 것은 아니다. 만일 학생이 교수가 제시한 문제와는 다르다 해도 그 난이도가 비슷한 문제에 대한 논문을 선택한다면, 그것은 허용되어야 한다. 학생의 근면성 여부는 그의 논문에 의해 판단된다.

그러나 한 가지 대단히 중요한 것이 있다. 그것은 대학교수라면 누구나 자기만의 연구가 있어야 한다는 것이다. 그리고 그 연구 주제를 다른 나라들이 얼마나 알고 있는지 그 실정을 파악할 수 있는 여유 있는 시간과 충분한 정력을 가져야 한다. 대학에서 어떻게 가르쳐야 하느냐 하는 교육학의 기술 문제는 더 이상 중요하지 않다. 중요한 것은 그 주제에 관한 지식과 그 연구의 성과에 대한 정열이다. 너무 과중한 일에 치이거나 혹은 가르치는 일로 신경이 피곤한 사람은 안 된다. 연구는 점차 싫증이 나게 되고, 그의 지식은 젊었을 때 배웠던 것에 한정되게 된다. 대학교수는 누구나 안식년(7년마다 한 번)을 외국의 대학에서 보내거나, 아니면 그 밖에 해외에서 연구되고 있는 것에 대한

지식을 얻으면서 보내야 한다. 이것은 미국에서는 흔한 일인데 유럽
은 지나친 지적 자만심으로 그 필요성을 느끼지 못한다. 이 점은 아주
잘못된 것이다. 케임브리지에서 나에게 수학을 가르친 사람들은 거의
대부분 2, 30년 전 유럽대륙의 수학을 취급하지 않았다. 즉 학부기간
내내 바이어스트라우스(Karl T. Weierstrauss)의 이름을 들어 본 적
이 없다. 나중에 여행하면서 나는 근대수학과 처음으로 접촉하게 되
었다. 이런 것이 매우 드물거나 예외적인 것은 아니다. 여러 세대에
걸쳐, 여러 대학에 대해 같은 말을 할 수 있을 것이다.

대학에서 가르치는 일에 중점을 두는 사람들과 연구에 중점을 두
는 사람들 간에 약간의 대립은 있다. 이것은 대체로 가르친다는 것에
대한 잘못된 개념에서 비롯된 것이며, 또한 대학에 머무는 데 반드시
요구되는 근면성이나 능력이 수준에 못 미치는 학생들의 수가 많기
때문이다. 유행에 뒤떨어진 교장의 사고방식이 다소나마 대학에 남아
있다. 학생들에게 좋은 도덕적 효과를 주기 위한 욕망과 대부분 실패
로 끝난 무가치한 지식이지만 도덕적으로 도움이 된다는 생각으로 구
식방법의 훈련을 원하는 사람이 있다. 학생들이 공부에 지치게 해서
는 안 된다. 그러나 학생들이 게을러서 혹은 능력이 딸려서 시간을 낭
비하고 있다면, 학교에 남아 있게 해서는 안 된다. 유익하고 엄격한
유일한 도덕은 공부하는 도덕이다. 나머지는 모두 어렸을 때 일이다.
공부하는 도덕은 이것 없이는 학교에 남아 있지 못하도록 엄하게 추
방해야 한다. 왜냐하면 그들은 다른 일을 하는 게 더 좋기 때문이다.
교수는 가르치는 일에 긴 시간을 보내지 않아도 된다. 그러나 교수는
연구하는 일에 충분한 시간이 있어야 하고 우리는 교수가 여가를 현
명하게 사용하기를 기대해야 한다.

인류 생활에서 대학의 기능을 생각할 때, 학문 연구는 적어도 교육

만큼 중요한 것이다. 새로운 지식은 진보의 주요 원인이며 또한 이것 없이는 세상은 머지않아 정체되고 만다. 연구는 한동안 기존 지식의 보급과 보다 넓은 범위에서 유용하게 지속될 수도 있다. 그러나 그 과정은 저절로 지속되는 것이 아니다. 그리고 또한 지식탐구라 해도 그 것이 실용적인 것이라면 홀로서기는 불가능하다. 실용주의적 지식은 이해관계를 떠난 연구, 즉 보다 좋은 세상을 이해하기 위한 욕구 이외에는 아무런 동기가 없는 연구에 의해 결실을 맺게 될 필요가 있다. 모든 위대한 발전은 처음 순수한 이론에서 출발하여 어느 정도 지난 다음에 실제적인 응용이 가능하다는 것을 알 수 있다. 만일, 상당히 훌륭한 이론이지만 실제로는 별 유용성이 없다 해도 그 자체로서의 가치는 남게 된다. 왜냐하면 이 세상을 이해하는 일은 궁극적인 가치가 있기 때문이다. 만일 과학과 조직이 우리 육체의 여러 가지 욕구를 만족시키고 전쟁과 잔인성을 일소한다면 지식과 미의 추구는 창조에 대한 끊임없는 우리의 열망을 활용하게 할 것이다. 나는 시인이나 화가, 작곡가 혹은 수학자가 먼 훗날 나타날 효과에 대해서, 즉 현실 세계에서의 그들의 활동의 결과에 전념하기를 바라는 것은 아니다. 그는 오히려 상상력을 추구하며 처음에 순간적으로 희미하게 보였던 어떤 것을 파악하고 그것을 실행에 옮기는 일에 몰두해야 한다. 그와 같은 열렬한 사랑은 이 세상에 존재하는 여러 가지 기쁨과는 비교가 안 된다. 모든 위대한 예술, 그리고 모든 위대한 과학은 최초에 실체가 없는 환상 속에 내포된 정열적인 욕망에서 나온다. 또한 아름다움은 사람들로 하여금 안전하고 쉬운 일에서 멀리 떠난 영광스런 고뇌의 유혹을 받게 한다. 이와 같은 정열을 간직한 사람들은 공리주의적 철학의 족쇄에 묶여서는 안 된다. 왜냐하면 인간을 위대하게 하는 모든 것은 바로 이 사람들의 정열에 의존하기 때문이다.

결론

이제 이 책의 종점에 서서 지나온 길을 다시 돌아보며 마음에 떠오른
조감도를 그려 보자.

사랑에 의해 인도된 지식은 교육자가 필요로 하는 것이며 동시에
학생이 획득해야 할 지식이다. 어린 시절에는 아이에 대한 사랑이 가
장 중요하다. 한편 학년이 올라가게 되면서 지식에 대한 사랑이 점차
필요하게 된다. 최초의 중요한 지식은 생리학, 위생학, 그리고 심리학
이며 그중에서 심리학은 특히 교사에게 관련된 것이다. 아기가 태어
나면서 가지고 나온 본능이나 반사작용은 그 환경 여하에 따라 천차
만별의 습관이 되고, 따라서 천차만별의 다양한 성격이 조성된다. 이
런 일은 대부분 어렸을 때 이루어진다. 그 때문에 성격형성에 최대의
희망을 거는 시기가 바로 이때다. 현존하는 악을 좋아하는 사람들은
인간의 본성은 바뀌지 않는다는 확신을 가지고 있다. 만일 그들이 뜻
하는 것이 여섯 살 이후에는 변하지 않는다는 것이라면 어느 정도 옳
다고 본다. 만일 아기가 태어날 때 지닌 본능과 반사작용은 절대 바꿀
수 없다는 것을 의미한다면 그 또한 어느 정도 맞는 말이 된다. 비록
우생학이 상당한 성과를 이루어 낸다고 하더라도 말이다. 그러나 만

일 그들이 이런 경우 언제나 생각하는 것처럼, 현존하는 인간과는 근본적으로 다른 사람들을 만들어 내는 방법은 전혀 없다는 뜻이 된다면 그들은 모든 현대 심리학에 정면으로 대립하는 것이 된다. 가령 태어날 때 같은 성격을 가진 두 아기가 있다고 하자. 그 환경이 다르다면 두 아기는 성격이 전혀 다른 성인으로 자랄 것이다. 교육이 할 일은 타고난 본능을 파괴적이 아닌 건설적인 것으로, 무뚝뚝한 성격이 아닌 상냥한 성격으로, 용기 있고, 솔직하고, 또한 현명한 조화를 이룬 성격으로 자라게 하는 것이다. 대부분의 어린이들이 이렇게 자라 왔고 잘 자란 어린이라면 그렇게 될 수 있는 것이다. 만일 지식을 활용하고 여러 가지 검사방법이 응용된다면 30년 이내에 질병, 악행이나 무지에서 완전히 벗어난 사람을 길러 낼 수 있다. 우리가 그렇게 하지 않는 것은 전쟁과 억압을 선호하기 때문이다.

본능이라는 원자재는 여러 면에서 바람직한 행동이나 그렇지 않은 행동을 모두 동등하게 이끌어 갈 수 있다. 과거에는 사람들이 본능의 훈육이라는 것을 이해하지 못했다. 따라서 옛날 사람들은 억압에 의존할 수밖에 없었다. 벌을 주고 공포를 주는 것이 도덕을 유도하는 강한 자극이 되었던 것이다. 오늘날, 우리는 억압은 나쁜 방법이라는 것을 안다. 그런 방법은 실제로는 결코 성공할 수 없으며, 또한 그것은 정신장애를 일으키기 때문이다. 본능을 훈육한다는 것은 전혀 다른 기술에 의한 전혀 다른 방법이다. 습관과 기술은 본능을 위해 하나의 방향을 제시한다. 그 방향에 따라 본능을 이 길로 혹은 저 길로 인도하게 된다. 올바른 습관과 올바른 기술을 창조함으로써 우리는 어린이의 본능 그 자체를 바람직한 행동으로 촉진시킬 수 있다. 유혹에 저항할 필요가 전혀 없기 때문에 긴장감도 없다. 방해를 받지 않기 때문에 아이는 자발적인 해방감을 맛본다. 그렇다고 내 말이 절대적인 의미를 갖는다는 것은 아니다. 언제나 예측할 수 없는 우발적인 일이 벌어지기 때문에 때로는 구식방법이 필요하게 될 수도 있다. 그러나 아동심리에 관한 과학이 완성될수록 그리고 유아원에서 얻은 경험이 많을수록 그만큼 새로운 방법이 더 완벽하게 응용될 수 있다.

나는, 지금까지 우리에게 열려 있는 훌륭한 가능성을 독자에게 제시하려고 했다. 이것이 무엇을 의미하는지 생각해야 한다. 즉 건강, 자유, 행복, 친절, 지성, 이 모든 것을 보편화하는 것이 무엇인지 생각해야 한다. 만일 우리가 그것을 원한다면 한 세대 안에 이상적인 시대를 초래할 수 있다.

그러나 이 모든 것은 사랑 없이는 아무것도 이루어질 수 없다. 지식은 존재한다. 그러나 사랑이 없다면 그 지식은 응용할 수 없는 것이다. 때로는 어린이들에 대한 애정 결핍이 우리를 절망에 빠지게 한다. 예를 들면, 이 시대의 저명한 도덕 지도자들이 성병에 걸린 아이의 출산을 방지하기 위해 어떤 조치를 내리는 데 별 관심을 보이지 않을 때가 그렇다. 그럼에도 서서히, 틀림없이 우리의 자연적 충동의 하나인 어린이에 대한 사랑은 퍼져 나간다. 흉악한 시대에는 일반 남녀의 기질 속에 있는 자연스런 따뜻한 마음을 억압해 왔다. 이제 겨우 교회는 세례받지 않은 영아에 대한 저주를 가르치지 않게 되었다. 국가주의는 인간성의 원천을 메마르게 하는 또 다른 교리이다. 전쟁 중 실제로 우리는 거의 대부분의 독일 아이들을 구루병(곱사등)에 걸리게 했다. 우리는 자연이 부여한 친절한 마음을 열어 놔야 한다. 만일, 어떤 교리가 아이들을 비참하게 한다면, 우리를 어떻게 유혹하든 간에 거부해야 한다. 모든 경우에 잔인성이 담긴 교리의 심리적 원천은 공포다. 이것이 바로 왜 어린 시절에 공포를 제거해야 하는지 역설한 하나의 이유이다. 우리 자신의 마음속 깊은 곳에 잠복해 있는 공포를 뿌리째 뽑아내자. 근대교육에 의해 열려 있는 행복한 세상의 가능성은 설사 어떤 개인적인 위험이 지금보다 더 큰 경우가 있다 해도 그 위험을 무릅쓸 충분한 가치가 있는 것이다.

우리가 젊은이들로 하여금 공포, 금지, 그리고 반항적 혹은 뒤틀린 본능으로부터 벗어나게 한다면, 그때 우리는 숨겨진 어두운 곳이 없는 자유롭고 완전한 지식의 세계를 열어 줄 수 있을 것이다. 그리고 우리가 현명하게 가르친다면, 받아들이는 학생들에게는 힘든 과업이 아닌 하나의 즐거움이 될 것이다. 현재 일반적으로 전문직 계층의 아이들에게 제공하는 지식의 양을 늘리는 것은 중요하지는 않다. 중요한 것은 모험과 자유의 정신이며, 미지의 세계를 발견하기 위한 여행을 시작하려는 각오이다. 만일 학교교육이 이와 같은 정신으로 유지된다면 보다 더 지적인 학생들은 그들 자신의 노력으로 이를 보충하게 될 것이다. 이를 위해 여러 가지 기회가 제공되어야 한다. 지식이란 자연의 지배력과 파괴적 정열의 왕국으로부터의 해방에 다름 아니다. 즉 지식 없이는 우리가 희망하는 세계를 건설할 수 없다. 공포 없는 자유 안에서 교육받은 세대는 우리가 할 수 있는 것보다 더 넓고, 더 대담한 희망을 가질 수 있다. 우리 세대는 아직도 의식 밑바닥에 깔려 있는 미신적인 공포와 투쟁하지 않으면 안 된다. 우리가 아닌, 우리가 창조한 자유로운 남녀는 자유로운 세상을 보아야 한다. 처음에는 그들의 희망을 보고 그다음 마지막에는 빛이 가득한 실제 세상을 보아야 한다.

그 길은 분명하다. 우리는 아이들이 그 일을 해낼 수 있을 만큼 충분히 그들을 사랑하는가? 아니면 우리가 고통을 받은 만큼 그들에게 고통을 줄 것인가? 그들의 젊은 시절에 뒤틀림, 위협과 방해로 결국 소모적인 전쟁으로 죽게 하는, 방어하기에는 너무 겁나는 그런 상황을 줄 것인가? 옛날부터 내려오는 수천 가지 공포가 행복과 자유의 길을 막고 있다. 그러나 사랑은 공포를 이길 수 있다. 그리고 만일 우리가 아이들을 사랑한다면, 주어진 우리의 능력이 있는 한 그 위대한 선물을 보류해야 할 어떤 방해도 있을 수 없다.

자유의 사도 — 버트런드 러셀의 생애와 사상

주미 한국일보 논설위원

민경훈

> 단순하면서도 견딜 수 없게 강렬한 세 가지 열정이 내 생을 지배했다. 사랑
> 에 대한 동경, 지식의 추구, 그리고 인류의 고통에 대한 참을 수 없는 동정
> 이 그것이다. 이들은 거대한 바람처럼 나를 이리저리 고통의 바다 위로, 절
> 망의 벼랑 끝까지 휘몰았다. … 그럼에도 나는 삶이 가치 있음을 발견했고
> 다시 기회가 주어진다면 기꺼이 다시 살 용의가 있다.
>
> – 『러셀 자서전』

철학자 아이어(A. J. Ayer)는 "광범위한 학식과 인간이 살아가야
할 방향을 제시한 철학자라는 이미지에 가장 걸맞은 우리 시대 인물
은 버트런드 러셀"이라고 말한 바 있다. 그의 말이 아니더라도 20세
기 철학자 가운데 그만큼 큰 영향력을 행사한 사람은 많지 않다는 것
을 부인할 사람은 없을 것이다.

그는 일찍부터 수학, 철학 분야에 독보적인 업적을 남겼을 뿐 아니
라 보다 나은 사회를 만들기 위해 시대의 이슈와 정면으로 부딪쳐 싸
운 행동하는 사상가였다. 그는 철학 교재로 지금도 널리 쓰이고 있는
『철학의 여러 문제』(*The Problems of Philosophy*), 『서양철학사』(*A*

History of Western Philosophy) 등을 집필하여 철학을 일반에 소개하는 데 앞장섰으며 그 외에도 정치, 경제, 사회, 문화에 관한 수십 권의 저술을 남겼다.

버트런드 러셀은 1872년 5월 18일 웨일스에서 태어났다. 러셀의 집안은 영국 대표적 명문의 하나로 친조부는 두 차례나 수상을 역임하기도 했다. 그의 어머니 캐서린도 명문가 출신으로 러셀은 '진골 중의 진골'이었다. 그의 아버지 존은 당시로는 드문 무신론자로 대표적인 자유주의 사상가 J. S. 밀에게 아들의 대부를 맡아 달라고 부탁했다. 밀은 러셀이 태어난 후 1년 만에 죽었으나 러셀은 밀의 사상에 깊은 영향을 받았다.

러셀에게는 7살 위인 형 프랭크와 4살 위인 누나 레이첼이 있었으나 러셀이 4살 때 어머니가 디프테리아로 사망하고, 그 뒤 얼마 안 되어 누나 레이첼도 사망한다. 불과 2년 뒤에는 아버지마저 오랜 우울증 끝에 숨을 거뒀다. 러셀의 아들과 손녀까지 정신병으로 고생한 것을 보면 이는 집안 내력인 것 같다.

다시 2년 뒤에는 친조부도 사망, 러셀의 교육은 사실상 엄격한 기독교도였던 할머니 손에 맡겨지게 된다. 할머니는 소송을 벌여 자식이 불가지론자로 키워지기를 바랐던 아들의 유언을 뒤집고 손자를 기독교식으로 교육한다. 할머니의 가훈이었던 "다수를 따라 불의에 가담하지 마라"(출애굽기 23:2)는 러셀의 평생 모토가 된다.

나이 차가 많은 형과도 소원했고 자기 마음을 털어놓을 상대가 없던 러셀의 유년 시절은 고독했고 여러 차례 자살을 생각했다. 그는 『자서전』에서 섹스와 종교, 수학에 깊은 관심을 가졌고 수학을 더 배우고 싶은 마음에 자살을 포기했다고 적고 있다. 형 프랭크가 준 유클리드 기하학 책 한 권이 그의 인생을 바꿔 놓았다.

그는 청소년 시절 셸리의 시를 좋아해 남은 시간은 그의 시를 외우는 것으로 보냈다. 그의 어린 시절 소망은 나중에 셸리와 같은 사람을 만나는 것이었다. 이와 함께 그는 어려서부터 배운 기독교의 도그마에 회의를 품기 시작했다. 18세에 대학에 들어가서는 기독교를 완전히 버리고 평생 반기독교 입장을 고수했다. 그럼에도 그의 딸이 선교활동을 하기 위해 도움을 요청하자 금전적 지원을 해 줬다. '마음대로 안 되는 게 자식 농사,' '자식 이기는 부모 없다' 는 한국에만 국한된 현상은 아닌 모양이다.

그가 케임브리지 대학에 들어가서는 수학과 철학에서 두각을 나타내 스승 화이트헤드와 수학 분야의 기념비적 저작인 『수학 원리』를 저술했고 나중에는 제자 비트겐슈타인과 함께 분석철학을 창립했다. 1910년에 나온 『수학 원리』는 그 분야에서 그의 명성을 확고히 하는 데 결정적 역할을 했다.

그가 이룩한 수학적 업적 가운데 일반인에게도 잘 알려진 것으로 '러셀의 역설' 이란 것이 있다. 가령 어떤 사람이 '모든 인간은 항상 거짓말만 한다' 라고 했을 때 이 사람의 주장은 진실인가 거짓인가. 이 사람이 진실을 말했다면 모든 인간이 거짓말을 한다는 주장은 거짓이 되고 이 사람이 거짓말을 했다면 모든 인간이 거짓말만 한다는 주장은 사실이 아닌 것이 된다.

'러셀의 역설' 은 집합 이론의 근간을 뒤흔들게 된다. 그는 또 수학은 결국 논리학으로 귀결된다는 논리주의(logicism)를 펴기도 했다.

17살 때 만난 미국 여성 퀘이커교도인 앨리스 스미스와 사랑에 빠져 22살 때 첫 결혼생활을 시작하나 7년 만에 파경을 맞으며 그 후 20년 동안 형식적인 결혼생활을 계속하다 1921년 결국 이혼한다.

그는 1896년 『독일 사회 민주주의』라는 책을 저술하는데 이것이 그의 수많은 사회과학 서적 중 첫 번째 것이다. 그는 또 시드니와 베아트리스 웹 부부가 창립한 점진적 사회주의 지지 모임인 '파비안 협회'에 회원으로 가입하기도 했다.

제1차 대전이 발발하자 반전 운동에 앞장서다 케임브리지에서 추방되고 투옥까지 당하지만 전쟁이 끝나자 1919년 복직된다.

그는 자본주의의 병폐인 '임금 노예제'를 비판하며 한때 사회주의를 주창했으나 1920년 혁명이 일어난 러시아를 방문하고는 사회주의에 대한 일체 환상을 버렸다. 레닌을 직접 만난 후에는 "내가 만나 본 사람 가운데 가장 사악한 인간"이란 말을 남겼다. 스탈린에 의한 무자비한 정적 숙청과 대량 학살이 일어나고 있는 것을 뻔히 보면서도 끝끝내 이를 비호했던 수많은 가짜 진보주의자들과 그는 구분해야 한다.

러셀은 그 후 베이징에서 1년 동안 강의했으며 한국을 '동방의 등불'이라고 찬사를 보낸 타고르 등 명사들과 만난다. 그러나 거기서 중병에 걸려 일본 신문에는 '러셀 사망'이라는 부고 기사가 났다. 나중에 일본 신문 기자들이 인터뷰를 요청하자 그의 연인 도라가 "러셀은 사망했기 때문에 인터뷰를 할 수 없다"라고 답했다는 일화도 있다.

도라와 함께 1921년 영국에 돌아온 러셀은 그녀가 임신했다는 사실을 알고 앨리스와 서둘러 이혼한다. 곧이어 아들 존과 딸 캐서린이 태어나며 러셀은 이들에게 이상적인 교육을 하기 위해 1927년 도라와 함께 비콘 힐(Beacon Hill)이라는 학교를 세운다. 1930년에는 둘째 딸 해리엇이 태어나는데 러셀은 재정난 등 어려움에 시달리던 학교를 포기하고 떠나지만 도라는 1943년까지 학교를 계속한다. 자기 자식을 이상적으로 키워 보기 위해 러셀 같은 천재가 시작한 학교가 결국 실패로 끝난 것을 보면 이론과 실제 간의 거리가 얼마나 큰지 알 수 있다.

1931년 형 프랑크가 죽자 러셀은 작위를 이어받아 '러셀 경'이 된다. 그러나 학교 실패 등의 이유로 도라와의 관계는 점점 더 멀어진다. 러셀은 1936년 도라와 이혼하고 옥스퍼드 대학생이자 자녀들의 가정 교사였던 패트리셔 스펜스와 결혼한다. 그 사이에서 낳은 콘래드는 후에 유명한 역사가 겸 자민당의 중진 정치인이 된다.

러셀은 처음 나치 독일에 저항하기 위한 재무장에 반대했으나 나중에는 전쟁은 항상 악이지만 때로는 전쟁보다 더한 악도 있음을 인정하고 독일과의 전쟁을 지지한다. 제2차 대전 전, 러셀은 미국으로 건너와 시카고 대학과 UCLA에서 가르쳤으며 뉴욕 시립대 교수로 임명됐으나 그의 성도덕과 관련된 '부도덕한 언행'이 문제가 돼 쫓겨난다. 존 듀이와 앨버트 아인슈타인을 비롯한 저명인사들이 그의 복직 운동에 나서지만 그는 반스 재단이 후원하는 순회강연에 나서며 여기서 발표된 글들은 나중에 그의 대표작 『서양철학사』의 토대가 된다.

철학에 관한 책 중 드물게 흥미진진한 『서양철학사』는 나오자마자 베스트셀러가 돼 그의 위태롭던 재정 형편을 안락하게 해 준다. 러셀은 책을 팔아 먹고 산 몇 안 되는 철학자 중 한 명이다. 1944년에 그는 다시 영국으로 돌아가 트리니티 칼리지 강단에 선다.

40년대와 50년대는 BBC 방송을 통해 철학과 시사 문제에 관한 대담 프로에 출연, 전 세계적인 명성을 얻는다. 1948년에는 노르웨이로 강연을 하러 가다 비행기가 추락, 이 사고로 승객 43명 중 19명이 사망했으나 러셀은 무사히 구조된다.

1948년 러셀은 소련이 팽창주의를 고집하는 한 소련이 핵무기를 갖기 이전에 공격하는 것이 현명하다는 발언을 해 논란에 휩싸인다. 1949년에는 영국 최고 훈장인 '메리트 훈장'(Order of Merit)을, 다음 해에는 노벨 문학상을 받는다.

1952년 러셀은 스펜스와 이혼하고 네 번째 아내 에디스 핀치와 결혼, 드물게 평화롭고 안락한 삶을 누린다. 그러나 큰 아들 존의 정신병으로 고통받으며 존과 역시 정신 병력이 있는 아내 수전 사이에서 나온 손녀들까지 정신 분열 증세를 보이자 러셀은 이들의 후견인이 된다.

50년대와 60년대 러셀은 반핵 반전 운동에 앞장서며 특히 월남전 반대에 정력적으로 나서 신좌파 젊은이들의 우상이 된다. 1955년에는 아인슈타인과 함께 핵무기 철폐를 요구하는 러셀-아인슈타인 성명을 내보낸다. 1958년에는 핵무기 철폐 캠페인 초대회장을 맡고 1961년 89세의 나이로 반핵 시위를 벌이다 체포된다. 1969년에는 3권짜리 『자서전』을 완성하고 1970년 2월 2일 독감으로 눈을 감는다. 그의 유언에 따라 종교적 장례식은 없었으며 그의 유해는 자기가 태어난 웨일스의 산에 뿌려진다.

그의 긴 생애 동안 일관되게 추구한 것은 그가 『자서전』에서 쓴 것과 같이 지식과 인간에 대한 사랑, 그리고 고통 받는 인류의 구원이었다. 그의 교육철학도 이를 위한 수단의 일부임은 물론이다. 그는 인간의 여러 사회 활동 가운데 가장 중요한 것으로 교육을 들었다. "교육이야말로 새 세상을 여는 열쇠"라는 말은 그의 교육관을 단적으로 보여 준다. 타고난 잠재력을 마음껏 발휘하도록 한 인간을 키운다는 것 자체가 무엇보다 가치 있는 일일 뿐 아니라 보다 나은 사회를 만들기 위해서는 이런 인간을 길러 내는 것이 필수적이기 때문이다.

그는 이상적인 삶을 '지식에 의해 인도되고 사랑에 의해 영감을 받는'(guided by knowledge, inspired by love) 것으로 봤다. 교육자가 해야 할 일은 인간이 이런 삶을 살 수 있도록 인도해 주는 것이다. 그는 자신이 경험했던 영국 학교의 규율 위주 교육에도 반대했지만 그렇다고 루소식 방임주의도 거부했다.

교사가 권위를 내세우며 학생을 억누르면 아이는 노예근성을 갖게 되거나 반항아가 된다. 반면, 학생이 멋대로 행동하도록 방치하면 아이는 폭군이 되거나 불량배가 되기 쉽다. 어디까지 자유를 허용하고 어디까지 훈육할 것인가는 과학이 아니고 예술에 가깝다.

『러셀의 교육론』은 교육에 관한 그의 생각을 간략하면서도 체계적으로 모은 그의 대표 저서 중 하나다. 휴머니즘과 인간의 본성에 대한 통찰을 담은 그의 교육철학이 입시와 암기 위주 교육에 멍들고 있는 한국교육 현실을 바로잡는 작은 길잡이 역할을 하게 되기를 기원한다.